高职高专汽车类专业技能型教育规划教材

汽车空调结构原理与维修

范爱民　主编

机 械 工 业 出 版 社

本教材结合工作实际，全面、系统地介绍了现代汽车空调的结构、工作原理、检修和维护技术。全书共分8章，内容有：空调的基础知识，汽车空调制冷原理、汽车空调主要部件的结构与工作原理；汽车空调系统的电路与电气设备；自动调节的汽车空调系统；汽车空调通风、取暖与配气系统；汽车空调系统的维护与检修；汽车空调系统维修后的性能检测程序和步骤；汽车空调故障诊断及修理。本教材还针对高职高专学生技能要求的特点，用较多的篇幅介绍汽车空调系统的检修、维护方法和技术规范，书中部分章节附有一定数量的实训项目，使理论与实践技能相结合，使教材具有一定的实用价值，便于指导教学和工程实践。

本教材图文并茂，深入浅出，通俗易懂，可作为高职高专院校汽车检测与维修技术专业及相关专业的教材，也可作为学习现代汽车空调技术的培训教材，还可作为汽车驾驶员、汽车空调专业维修技术人员的入门及提高书籍。

图书在版编目(CIP)数据

汽车空调结构原理与维修/范爱民主编. —北京：机械工业出版社，2009.3（2018.8重印）

高职高专汽车类专业技能型教育规划教材

ISBN 978-7-111-25885-8

Ⅰ. 汽… Ⅱ. 范… Ⅲ. ①汽车—空气调节设备—结构—高等学校：技术学校—教材②汽车—空气调节设备—车辆修理—高等学校：技术学校—教材 Ⅳ. U463.85

中国版本图书馆CIP数据核字(2008)第205671号

机械工业出版社(北京市百万庄大街22号 邮政编码100037)

策划编辑：徐 巍 责任编辑：徐 巍 刘国明

责任校对：张晓蓉 封面设计：王伟光 责任印制：常天培

北京铭成印刷有限公司印刷

2018年8月第1版第13次印刷

184mm×260mm·13.5印张·332千字

27901—29400册

标准书号：ISBN 978-7-111-25885-8

定价：28.00元

凡购本书，如有缺页、倒页、脱页，由本社发行部调换

电话服务	网络服务
服务咨询热线：010-88379833	机 工 官 网：www.cmpbook.com
读者购书热线：010-88379649	机 工 官 博：weibo.com/cmp1952
	教育服务网：www.cmpedu.com
封面无防伪标均为盗版	金 书 网：www.golden-book.com

“高职高专汽车类专业技能型教育规划教材”
编　委　会

序　言

据统计，“十一五”期间中国汽车运用维修人才缺口80万。未来5年汽车人才全面紧缺，包括汽车研发人才、汽车营销人才、汽车维修人才和汽车管理人才等。2003年，教育部启动了“国家技能型紧缺人才培养项目”，“汽车运用与维修”是其中的项目之一。2006年，教育部和财政部又启动了国家示范性高等职业院校建设计划，其中的一个重要内涵就是以学生为主体，以就业为导向，建立新的职教课程体系、教育模式与教学内容，而教材建设是最重要的一个环节。

为适应目前高等职业技术教育的形势，机械工业出版社汽车分社召集了全国20多所院校的骨干教师于2007年6月在广东省韶关大学组织召开“高职高专汽车类专业技能型教育规划教材”研讨会，确定了本套教材的编写指导思想和编写计划，并于2007年8月在湖南长沙召开“高职高专汽车类专业技能型教育规划教材”主编会，讨论并通过了本套教材的编写大纲。

本套教材紧紧围绕职业工作需求，以就业为导向，以技能训练为中心，以“更加实用、更加科学、更加新颖”为编写原则，旨在探索课堂与实训的一体化，具有如下特点：

1. 教材编写理念：融入课程教学设计新理念，以学生为主体，以老师为指导，以提高学生实践职业技能和创新能力为目标，理论紧密联系实践，思想性和学术性相统一。理论知识以够用为度，技能训练面向岗位需求，注重结合汽车后市场服务岗位群和维修岗位群的岗位知识和技能要求，使学生学完每一本教材后，都能获得该教材所对应的岗位知识和技能，反映教学改革和课程建设的新成果。

2. 教材结构体系：根据职业工作需求，采用任务驱动、项目导向的新模式构建新课程体系。理论教学与技能训练有机融合，系统性与模块化有机融合，方便不同学校、不同专业、不同实验条件剪裁选用。

3. 教材内容组织：精选学生终身有用的基础理论和基本知识，突出实用性、新颖性，以我国保有量较大的轿车为典型，注意介绍现代汽车新结构、新技术、新方法和新标准，加强“实训项目”内容的编写，引导学生在“做”中“学”。内容安排采用实例引导的方式，以激发学生的阅读兴趣，符合学生的认知规律。

4. 教材编排形式：图文并茂，通俗易懂，简明实用，由浅入深，深浅适度，符合高职学生的心理特点。每一章均结合人力资源和社会保障部职业资格考试要求，给出复习思考题，使教学与职业资格考试有机结合。

此外，为构建立体化教材，方便教师和学生学习，本套教材配备了实训指导光盘

和多媒体教学课件。实训指导光盘的内容为实训项目的规范性操作录像和相关资料，附在教材中；多媒体教学课件专供任课教师采用，可在机械工业出版社教材服务网(www. cmpedu. com)和中国科技金书网(www. golden-book. com)免费下载。

虽然本套教材的各参编院校在教、学、做一体化教学方面进行了有益的探索，但限于认识水平和工作经历，教材中难免仍有不足之处，恳请各位专家、同行给予批评指正。

高职高专汽车类专业技能型教育规划教材编委会

前　言

随着汽车工业的发展和人们对汽车的舒适性、安全性、可靠性要求的提高，空调系统已成为现代汽车的标准装置。由于汽车电子技术的高度发展和在轿车上的广泛应用，空调系统的结构越来越复杂，控制部分的电子化程度也越来越高，特别是计算机与局域网技术的普及与应用，使汽车空调的舒适度与技术性能有了明显的提高。总之，汽车空调的日益普及和不断创新，已使它成为汽车行业一个新的发展方向。

在编写本书时，我们遵照教育部高职高专教材建设的要求，紧紧围绕培养高等技术应用型人才的需要，从人才培养目标的实际出发，以能力为本位，重在技术能力的培养，确定编写思路与教材特色。

本书主要特点有以下几点：

1. 目标明确，即立足于高等技术应用型专业，以培养高等职业技术应用型人才为根本任务。因此，在内容的选取上以“适度、够用”为原则。

2. 坚持理论与实践并重、理论与实践相结合的原则，理论知识和实训项目紧密结合，突出职业教育的功能，力争达到理论与实践的完美结合，知识与应用的有机统一。

本书内容深入浅出，系统地阐述了现代汽车空调系统的结构、工作原理、维修和故障诊断技术，其中车型以国产桑塔纳轿车为主。全书共分8章，第1、2章介绍了汽车空调的组成、分类、工作特点以及空调制冷技术的基础知识；第3、4、5、6章分别介绍了汽车空调制冷系统的基本结构，通风、取暖与配气系统，电气控制系统和自动控制系统；第7、8章介绍了汽车空调系统的维修、故障诊断与排除方法。

本书由顺德职业技术学院范爱民任主编，参加编写的还有赵良红、敖传宝等老师。韶关学院的蔡兴旺教授担任了此书的主审。本书编写分工如下：第1、2、3、6章以及各章实训部分由范爱民编写；第4、5章由赵良红老师编写；第7、8章由敖传宝老师编写。

在编写本书过程中，借鉴和参考了大量国内外汽车厂家的技术资料和相关出版物，在此向相关人员致以诚挚谢意！

由于编者水平有限，书中难免出现错误，敬请读者批评指正。

编　者

目　录

第1章

绪论

学习目标：

- 了解汽车空调的基本概念与发展历程
- 掌握汽车空调的功用、特点
- 掌握汽车空调的组成与分类
- 学会空调设备在汽车的布置方式

1.1 汽车空调的发展历程

空调是指在封闭的空间内，对温度、湿度及空气的清洁度进行调节控制的设备。

空调是汽车现代化标志之一，现代汽车空调的基本功能是在任何气候和行驶条件下，都能改善驾驶员的工作条件和提高乘员的舒适性。由于汽车空调针对的是车内的人，故偏重于舒适性的要求。舒适性是由人体对车内的温度、湿度、空气流速、含氧量、有害气体含量、噪声、压力、气味、灰尘、细菌等参数指标的感觉和反应决定的。现代汽车自动空调就是将车内空间的环境调整到人体最适宜的状态，创造良好的劳动条件和工作环境，以提高司机的劳动生产率和行车安全；同时保护乘员的身体健康，利于乘员旅游观光、学习或者休息。因此，汽车空调系统必须具备完善的功能，以及完成这些功能所需要的装置；这些装置既可单独使用，也可综合使用。

汽车空调的功能是随着人们对汽车的舒适要求不断提高，而从低级到高级、由功能简单向功能齐全方向发展的，其过程可以概括为以下五个阶段：

第一阶段：单一供暖。1925 年首先在美国出现利用汽车冷却液通过加热器的方法取暖，到 1927 年发展到具有加热器、鼓风机和空气滤清器等部件的比较完整的供热系统。目前，在国内大部分货车上仍然使用单一供暖系统。

第二阶段：单一制冷。1939 年，由美国通用汽车公司首先在轿车上安装带机械制冷降温功能的空调器，成为汽车空调的先驱。目前，在热带、亚热带地区，汽车空调仍然使用单一制冷系统。

第三阶段：冷暖一体化。1954 年，美国通用汽车公司首先在纳什牌轿车上安装了冷暖一体化的空调器，汽车空调才基本上具有调节控制车内温度、湿度的功能。随着汽车空调技术的改进，目前的冷暖一体化空调基本上具有降温、除湿、通风、过滤、除霜等功能。这种方式是目前使用量最大的一种形式。

第四阶段：自动控制的汽车空调。冷暖一体化汽车空调需要人工操纵，这显然增加了驾驶员的工作量，同时控制质量也不太理想。1964 年，美国通用汽车公司将自动控制的汽车空调安装在凯迪拉克轿车上。这种自动空调装置使用了电子控制方法，只要预先调好温度，机器就能自动地在调定的温度范围内工作，达到调节车内空气的目的。

第五阶段：微机控制的汽车空调。1973 年美国通用汽车公司和日本五十铃汽车公司一起联合研究微机控制的汽车空调系统，1977 年同时安装在各自生产的汽车上。随着微电子技术的发展，微机控制的汽车空调功能不断地增加和完善，实现了控制显示数字化，冷、暖、通风三位一体化，故障诊断智能化。目前，高档轿车全自动空调已经与车身计算机系统组成局域网络，计算机根据车内外的环境条件，自动控制空调系统的工作，实现了空调运行与汽车运行的相关统一，极大地提高了调节效果，节约了燃料，从而提高了汽车的整体性能和最佳舒适性。

我国汽车空调工业的发展大致经历了三个阶段：第一阶段是从 20 世纪 60 年代初到 70 年代末，主要是利用汽车发动机排出的废气或冷却液产生的热量来供给车内采暖。第二阶段是从 80 年代初至 90 年代初。80 年代初期，我国从日本购进制冷降温用的汽车空调系统装配在红旗、上海等小轿车和豪华大客车上；80 年代中后期，我国长春、上海、北京、广州、佛山等地的汽车生产厂家从日本、德国引进先进的空调生产线和自动空调技术，生产大中型客车、轻型车及轿车的空调系统。第三阶段是从 90 年代开始到现在。国内有一批形成生产规模的汽车空调制造企业，分别从国外引进最先进的压缩机、冷凝器和蒸发器的生产技术和生产线，同时按照《蒙特利尔议定书》和《中国消耗臭氧层物质逐步淘汰国家方案》的要求，普遍完成汽车空调制冷系统工质由 R12 向 R134a 的转换。至此，我国汽车空调技术在短时间内接近了世界先进水平。

1.2 汽车空调的功能与特点

1.2.1 汽车空调的功能

汽车空调即汽车室内空气调节的简称，它用以调节车内的温度、湿度、气流速度、空气洁净度等，从而为乘员创造清新舒适的车内环境。

1. 调节车内的温度

汽车空调在冬季利用其采暖装置升高车室内的温度。轿车和中小型汽车一般以发动机冷却液作为暖气的热源，而大型客车则采用独立式加热器作为暖气的热源。在夏季，车内降温则由制冷装置完成。

2. 调节车内的湿度

普通汽车空调一般不具备这种功能，只有高级豪华汽车采用的冷暖一体化空调器，才能对车内的湿度进行适量调节。它通过制冷装置冷却、去除空气中的水分，再由取暖装置升温以降低空气的相对湿度。但目前在多数汽车上还没有安装加湿装置，只能通过打开车窗或通风设施，靠车外新风来调节。

3. 调节车内的空气流速

空气的流速和方向对人体舒适性影响很大。夏季，气流速度稍大，有利于人体散热降

温；但过大的风速直接吹到人体上，也会使人感到不舒服。舒适的气流速度一般为0.25m/s左右。冬季，风速太大了会影响人体保温，因而冬季采暖时气流速度应尽量小一些，一般为0.15～0.20m/s。根据人体生理特点，头部对冷比较敏感，脚部对热比较敏感，因此，在布置空调出风口时，应采取上冷下暖的方式，即让冷风吹到乘员头部，暖风吹到乘员脚部。

4. 过滤、净化车内的空气

由于车内空间小，乘员密度大，车内极易出现缺氧和二氧化碳浓度过高的情况；汽车发动机废气中的一氧化碳和道路上的粉尘、野外的花粉都容易进入车内，造成车内空气污浊，影响乘员的身体健康，因此必须要求汽车空调具有补充车外新鲜空气、过滤和净化车内空气的功能。一般汽车空调装置上都设有进风门、排风门、空气过滤装置和空气净化装置。

1.2.2　汽车空调的特点

汽车空调是以消耗发动机的动力来调节控制车内环境的。了解汽车空调特点，有利于汽车空调的使用和维修。汽车空调主要有如下特点：

1. 抗冲击能力强

汽车空调安装在运动中的车辆上，承受剧烈、频繁的振动和冲击，因此汽车空调的各个零部件应有足够的强度和抗振能力，接头牢固并防漏。汽车空调制冷系统极容易发生制冷剂的泄漏，破坏整个空调系统的工作条件，甚至破坏制冷系统的部件，如压缩机。所以，各部件的连接要牢固，要经常检查系统内制冷剂的量。统计表明，汽车空调因制冷剂泄漏而引起空调故障的约占全部故障的80%，而且泄漏频率很高。

2. 动力源多样

空调系统所需的动力来自发动机。轿车、轻型汽车、中小型客车及工程机械，其空调所需的动力和驱动汽车的动力都来自同一发动机，这种空调系统叫非独立空调系统；对于大型客车和豪华型大中客车，由于所需制冷量和暖气量大，一般采用专用发动机驱动制冷压缩机和设置独立的采暖设备，故称之为独立式空调系统。非独立空调系统，会影响汽车的动力性能，但比独立式在设备成本和运行成本上都经济。汽车安装了非独立式空调后，耗油量平均增加10%～20%（和汽车的速度有关），发动机的输出功率减少10%～12%。非独立式汽车空调的采暖系统一般利用发动机的冷却液。独立式空调系统则采用独立采暖燃烧器。

3. 制冷制热能力强

要求汽车的制冷制热能力大，其原因在于：

1）车内乘员密度大，产生热量多，热负荷大，而冬天人体所需的热量也大。

2）汽车为了减轻自重，隔热层薄；汽车的门窗多、面积大，所以汽车隔热性能差，热量流失严重。

3）汽车都在野外工作，直接接受太阳的热、霜雪的冷、风雨的潮湿，环境恶劣，千变万化。要使汽车空调能迅速地降温，在最短的时间里达到舒适的环境，要求制冷量特别大。非独立式空调系统，由于汽车发动机的工况变化频繁，所以，制冷系统的制冷剂流量变化大。例如，汽车高速运动时，发动机的转速高达6000r/min，而在怠速时才600～700r/min，两者相差10倍之多，这导致压缩机输送的制冷剂变化大。制冷剂流量变化大，导致汽车空调设计困难，制冷效果不佳，而且会引起压力过高或者压缩机的液击现象而发生事故。

4. 结构紧凑、质量小

由于汽车本身的特点，要求汽车空调结构紧凑，能在有限的空间进行安装，而且安装了空调后，不至于使汽车增重太多，影响其他性能。现代汽车空调的总质量已经比20世纪60年代下降了50%，是原始汽车空调装置质量的1/4，而制冷能力却比60年代增加50%。

1.3 汽车空调系统的组成与分类

1.3.1 汽车空调系统的组成

汽车安装空调系统的目的是为了调节车内空气的温度、湿度，改善车内空气的流动性，提高空气的清洁度。因此，汽车空调系统主要由以下几部分组成：

（1）制冷装置　对车内空气或由外部进入车内的新鲜空气进行冷却或除湿，使车内空气变得凉爽舒适。

制冷装置由压缩机、冷凝器、储液干燥器、膨胀阀、蒸发器、冷凝器散热风扇、制冷管道、制冷剂等组成，如图1-1所示。

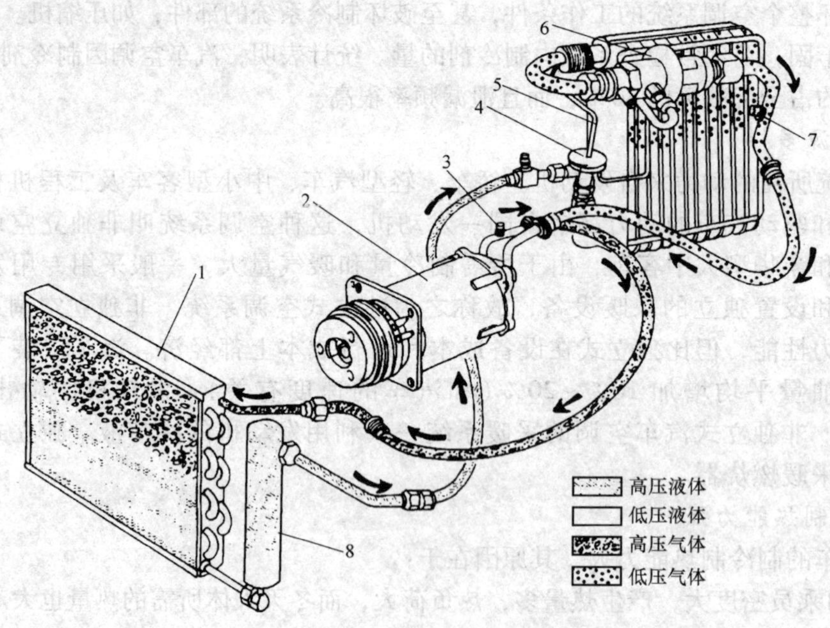

图1-1　汽车制冷装置结构

1—冷凝器　2—压缩机　3—高压维修阀口　4—膨胀阀　5—蒸发器
6—吸气节流阀　7—低压维修阀口　8—储液干燥器

（2）暖风装置　主要用于取暖，对车内空气或由外部进入车内的新鲜空气进行加热，达到取暖除霜的目的。它由加热器、水阀、水管、发动机冷却液组成，如图1-2所示。

(3) 通风装置 将外部新鲜空气吸进车内，起通风和换气作用。同时，通风对防止风窗玻璃起雾也起着良好作用。它由进气模式风门、鼓风机、混合气模式风门、气流模式风门、导风管等组成，如图1-3所示。

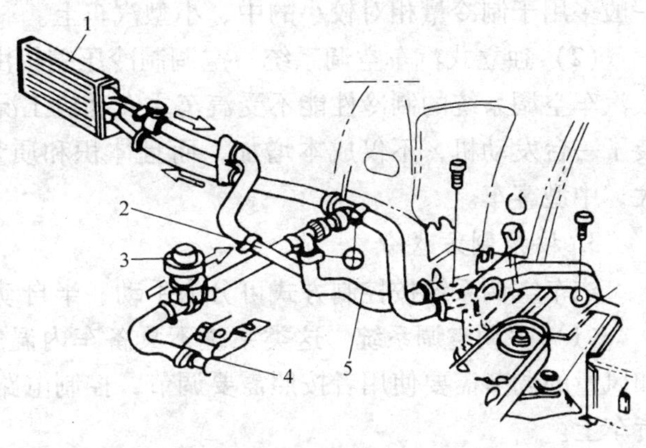

图1-2 暖风装置供水管路
1—加热器 2—发动机进水管 3—水阀
4—发动机出水管 5—预热管

(4) 空气净化装置 除去车内空气中的尘埃、臭味、烟气及有毒气体，使车内空气变得清洁。它由车内、外空气交换和车内空气循环两部分组成。

(5) 控制装置 对制冷、取暖和空气配送系统的温度、压力进行控制，同时对车内的温度、风量、流向进行调节，并配有故障诊断和网络通信的功能，完善了控制系统的自动程度。

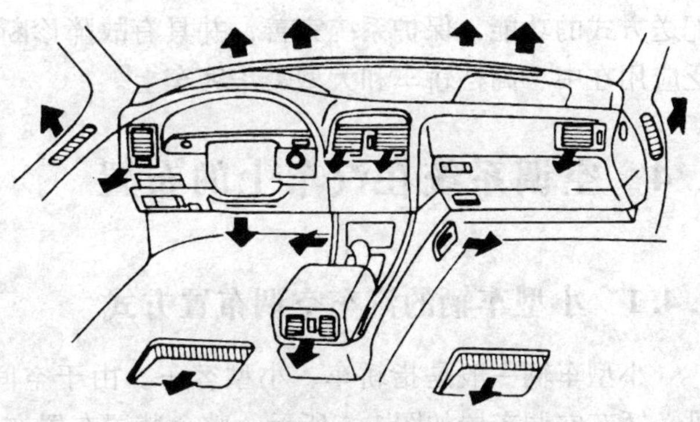

图1-3 通风装置风门布置图

控制装置包括点火开关、A/C开关、电磁离合器、鼓风机开关、调速电阻器、各种温度传感器、制冷剂高低压力开关、温度控制器、送风模式控制装置、各种继电器。近几年来不少高级轿车上普遍采用了电脑自动控制，大幅度降低了人工调节的麻烦，提高了空调经济性和空调效果。

将上述全部或部分有机地组合在一起安装在汽车上，便组成了汽车空调系统。在一般的轿车和客、货车上，通常只有制冷装置、暖风装置和通风装置，在高级轿车和高级大、中客车上，还有加湿装置和空气净化装置。

1.3.2 汽车空调系统的分类

1. 按功能分

汽车空调系统按功能可分为单一功能和组合式两种。

1）单一功能是指冷风、暖风各自独立，自成系统，一般用于大、中型客车上。

2）组合式是指冷、暖风合用一个鼓风机、一套操纵机构。这种结构又分为冷、暖风分别工作和冷、暖风可同时工作两种方式，多用于轿车上。

2. 按驱动方式分

汽车空调系统按驱动方式可分为非独立式汽车空调系统和独立式汽车空调系统两种。

(1) 非独立式汽车空调系统 空调制冷压缩机由汽车本身的发动机驱动，汽车空调系统的制冷性能受汽车发动机工况的影响较大，工作稳定性较差，尤其是低速时制冷量不足，而在高速时制冷量过剩，并且消耗功率较大，影响发动机动力性。这种类型的汽车空调系统一般多用于制冷量相对较小的中、小型汽车上。

(2) 独立式汽车空调系统　空调制冷压缩机由专用的空调发动机(也称副发动机)驱动，故汽车空调系统的制冷性能不受汽车主发动机工况的影响，工作稳定，制冷量大，但由于加装了一台发动机，不仅成本增加，而且体积和质量增加。这种类型的汽车空调系统多用于大、中型客车。

3. 按控制方式分

汽车空调系统按控制方式可分为手动、半自动和全自动(智能)空调系统三种。

(1) 手动空调系统　这类系统不具备车内温度和空气配送自动调节功能，制冷、采暖和风量的调节需要使用者按照需要调节，控制电路简单，通常使用在普及型轿车和中、大型货车上。

(2) 半自动空调系统　这类系统虽然具备车内温度和空气配送调节功能，但制冷、采暖和送风量等部分功能仍然需要使用者调节，它配有电子控制和保护电路，通常使用在普及型或者部分中档轿车上。

(3) 全自动(智能)空调系统　这类系统具有自动调节和控制车内温度、风量以及空气配送方式的功能，保护系统完善，并具有故障诊断和网络通信功能，工作稳定可靠，目前广泛应用在中、高档轿车和大型豪华客车上。

1.4 空调系统在汽车上的布置

1.4.1 小型车辆的汽车空调布置方式

小型车辆一般是指轿车、小型客车。由于空间限制，它们常常采用直联方式驱动压缩机。轿车空调布置如图 1-4 所示。整个装置布置在轿车车头主发动机侧面。压缩机 3 通过主

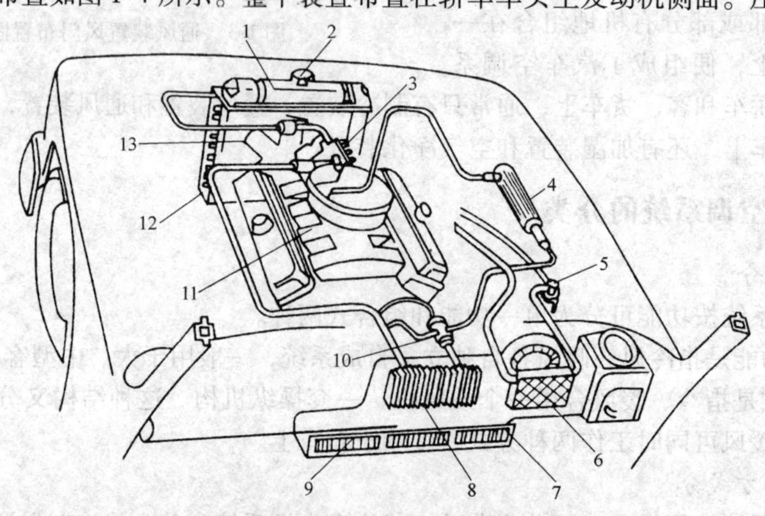

图 1-4　一般轿车空调布置

1—散热器　2—散热器盖　3—压缩机　4—储液干燥过滤器　5—热水阀　6—热风送风格栅
7—驾驶室　8—蒸发器　9—冷风送风格栅　10—膨胀阀　11—主发动机
12—冷凝器　13—冷凝器风扇

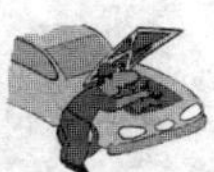

发动机 11 由 V 带(未注出)带动，系统直联式驱动。冷凝器 12 与散热器 1 安装于发动机之前。冷凝器和散热器由风扇 13 进行风冷。这样轿车行驶时，迎风会增加冷却效果。冷却机组——蒸发器和蒸发器冷却风扇(未注出)布置在操纵面下方，冷风经由蒸发器 8、冷风送风格栅 9 吹入车厢内。采暖时，制冷系统停止运行，热水通过热水阀 5 进入热交换器，用风扇(与蒸发器共用)将吸热后升温的外界空气从热风送风格栅 6 进入车厢内供暖。储液干燥过滤器 4 和自动感温调节制冷剂流量的膨胀阀 10 的安装和管道联接情况图中均已示出。其原则是安装时管道应尽量短，调试维修方便。管道长一方面使流阻增加，另一方面使功耗增大。

直联式布置的小型车辆，压缩机由主发动机带动，为了避免影响主发动机怠速稳定性和汽车加速性能，这类车用的压缩机均采用电磁离合器，这样遇到紧急情况时会自动分离。这类车的空调装置配置的冷凝器大部分都装在主发动机之前，因此散热器散热的效果会受到影响，散热器内的冷却液易沸腾。所以配置时应考虑二者之间的距离，且冷凝器护风圈的间隙亦要小，以防止风量的损失。目前，已采用了在冷凝器前增设风扇的方式，这样除增大风量外，还使冷凝器的冷却不受汽车行驶速度的影响。它的驱动电源由蓄电池供电，一般冷凝采用竖装。

制冷机组一般安装在驾驶室内。这就要设法降低蒸发器和风机出口的阻力，以减少风量损失和降低噪声。小型汽车空调的膨胀阀在出厂之前已调试完毕，一般情况下，无须再进行调整。膨胀阀安装在蒸发器进口处。空调的管道通常采用高压气液通用软管和低压气液通用软管。除考虑防振外，另外亦便于安装布置。如图 1-5 所示，为桑塔纳轿车空调系统制冷循环系统在汽车的布置。压缩机进出气管道均采用软管，从储液干燥过滤器至膨胀阀采用的是

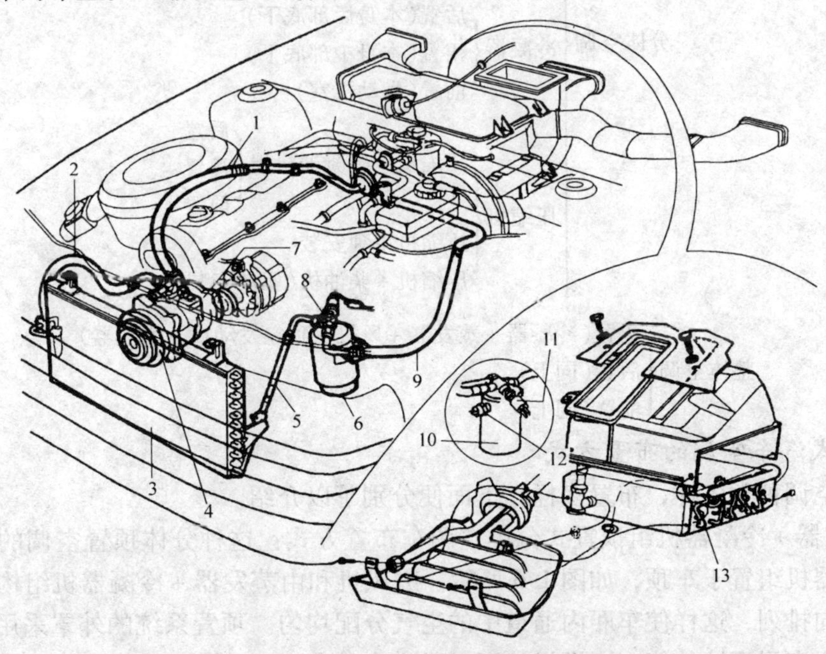

图 1-5 桑塔纳轿车制冷剂循环系统的布置

1—压缩机至蒸发器管路 2—压缩机至冷凝器管路 3—冷凝器 4—电磁离合器
5—冷凝器至干燥器管路 6、10—干燥器 7—压缩机 8—观察窗 9—蒸发器至干燥器管路
11—高压开关(1.5MPa) 12—低压开关(0.2MPa) 13—蒸发器

高压液体软管，从压力控制阀到蒸发器则采用的是低压气体软管。

小型车空调的装用有两种方式，即对新设计的轿车，它们的空调装置零部件可以很合理的布置；另一种情况是对已有轿车、小型客车进行空调加装，或因检修、调换原部件，这时空调装置的布置便只有利用车内已有空间位置进行安装了。一般说来，后者难以布置得完全合理。由于发动机附近温度及噪声较高，所以后者安装空调时还应注意发动机室与车厢内的隔热密封和消声控制，以及调速装置安装在仪表板上或者驾驶员便于操作之处。

1.4.2　大中型车辆的汽车空调的布置方式

大中型车一般是指中巴车、大客车、旅游车、公共汽车等。它们的压缩机驱动方式既有直联式驱动，又有独立式驱动，一般来说以后者为主。

应指出的是大中型汽车空调的布置远比小型车复杂，且大中型汽车空调的种类也较小型车多得多。大中型汽车空调装置按蒸发器 + 冷凝器机组、蒸发器单独布置、冷凝器单独布置以及压缩机与冷凝器的组合方式而分为如下形式：

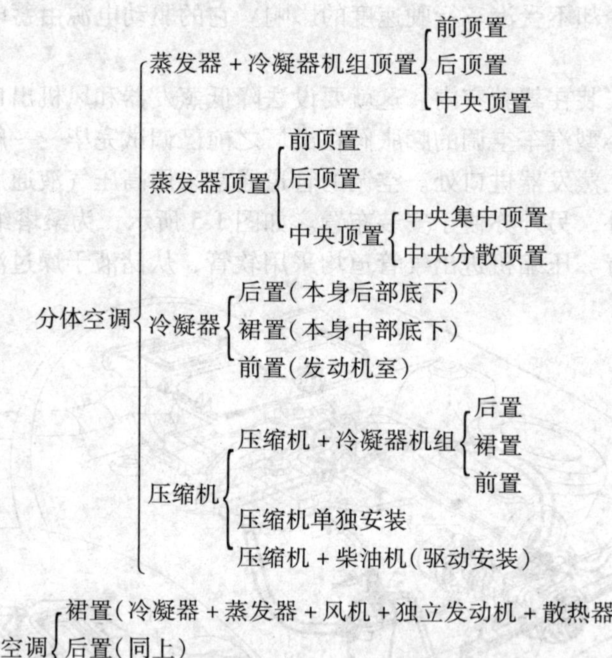

整体空调
- 裙置（冷凝器 + 蒸发器 + 风机 + 独立发动机 + 散热器）
- 后置（同上）
- 前置（同上）

1. 分体式汽车空调的布置方式

分体式空调种类多样，布置多样，下面便分别予以介绍。

1）蒸发器 + 冷凝器机组顶置式分体空调车布置方式：这种分体顶置空调的布置是将蒸发器 + 冷凝器机组置于车顶，如图 1-6 所示。鼓风机和由蒸发器 + 冷凝器机组构成的热交换系统都是纵向排列，这样使车厢内通道中的空气分配均匀。顶置系统的外罩采用玻璃纤维增强塑料制成，有耐腐蚀功能。这类机组可以适应多种车型，且由于该类空调系统的空气动力特性和扁平结构形状还能节省燃油消耗。如果采用独立式驱动装置，系统中管道可与独立式驱动压缩机 8 相联；若采用直联式，可与直联驱动的压缩机 11 相联。

2）蒸发器顶置式分体空调车布置方式：第一种方式为车前、后顶置四个蒸发器，冷凝

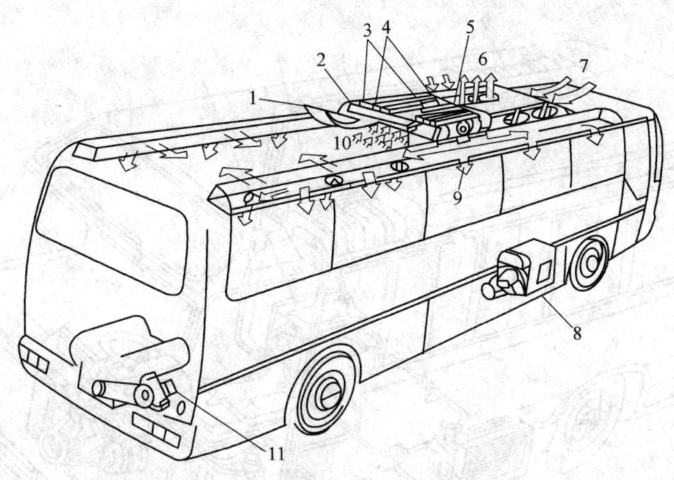

图1-6 蒸发器+冷凝器机组后顶置分体空调车

1—室外空气进入 2—冷凝器装置 3—挡板 4—鼓风机 5—冷凝器风扇 6—冷凝器出气 7—冷凝器进气 8—独立式驱动压缩机装置 9—滤清空气进行通风 10—回风 11—直联式驱动的压缩机

器裙置，它们的驱动方式又分为直联式压缩机后置驱动和独立式驱动裙置二类。第二种方式为双层空调车，顶置四个蒸发器，中层布置两个蒸发器，共六个蒸发器。它们的冷凝器均后置中层。它们的驱动方式又分为直联式压缩机后置和独立式驱动装置后置中层两类。第三种方式为中央顶置，两个大容量蒸发器、冷凝器，它们的驱动方式分为直联式压缩机后置和独立式驱动装置压缩机+独立发动机裙置两类。第四种方式为蒸发器是采用四个小容量中央顶置分散布置，冷凝器均为裙置，它们的驱动方式又分为直联式压缩机后置和独立驱动式裙置两类。

如图1-7所示为蒸发器顶置式中央分散顶置空调，图中压缩机7由直联式主发动机3驱动，蒸发器1、2分布中央为顶置式。压缩机7的排气进入冷凝器5经过冷凝后再进入冷凝器4冷凝，高压液体流入储液器8，经节流后分别进入蒸发器1、2，由出风口6吹出冷风到车厢内。

3）单、双层空调车蒸发器中央分散顶置、蒸发器中层布置方式：第一种方式为蒸发器中央分散顶置，前后各布置二个，共四个蒸发器。冷凝器均为裙置，驱动方式为直联式驱动、压缩机后置和独立式驱动、压缩机+独立发动机组成驱动装置裙置两类。第二种方式为双层空调车，每种车布置六个蒸发器，顶置中央分散布置四个，中层布置二个，置于前面，冷凝器均为后置，驱动方式为直联式驱动压缩机后置和独立式驱动中层后置两类。

4）蒸发器和蒸发器+冷凝器机组后置、顶置分体式空调的车内布置方式：第一种方式为蒸发器+冷凝器机组安装在车身后部，驱动方式为压缩机后置和独立驱动装置裙置两类。第二种方式为蒸发器+冷凝器机组后顶置布置，驱动方式有压缩机后置、直联式驱动和独立式驱动裙置两类。第三种方式为冷凝器和驱动装置均为裙置。该类型分体空调装置安装方便，且重量轻。压缩机分直联和独立驱动两类，分别为后置和裙置。

5）双层车分体空调的布置：该类空调主要以蒸发器+冷凝器机组形式安装于中层，后置。蒸发器、冷凝器是竖置，充分考虑了空间容积及换气的需要，性能良好。中层布置使维修检查容易。独立式驱动装置有底部裙置和中层后置，以空间容积占据多少为基础进行布置。

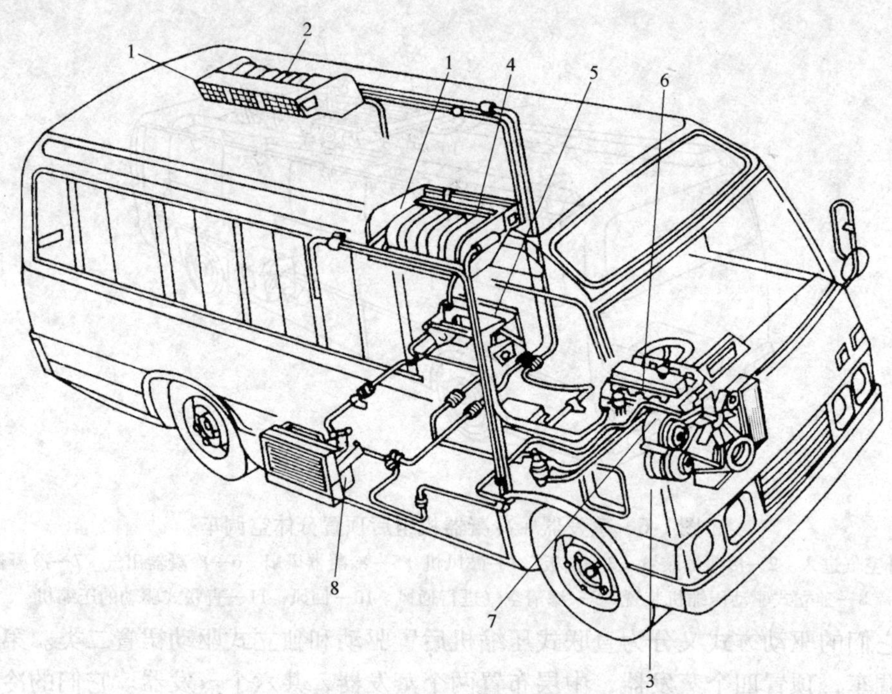

图 1-7　蒸发器顶置式中央分散顶置空调布置

1、2—蒸发器　3—主发动机　4、5—冷凝器　6—出风口　7—压缩机　8—储液器

2. 整体式汽车空调的布置方式

所谓整体式空调是指压缩机、冷凝器、蒸发器，以及独立式发动机通过 V 带、管道联接组成一体，将冷风通过风道送入车厢内的系统。空调如图 1-8 所示，散热器 8 是为冷却独立发动机 7 而配置的。将室内吸有余热余湿的空气作为循环空气，经蒸发器 6 冷却后，由蒸发器风机 2 通过风道，经由车厢内地板下进入车厢。为了补充新鲜空气，应将新鲜和循环空气混合，并按卫生标准送入新鲜空气。整体空调在整车布置中有裙置、后置和前置三类。它们用风道与车厢连通，整体空调装置布置在裙部时，装置的两端安装冷凝器和独立发动机散热器，以便散热冷却。压缩机由发动机驱动，通过离合器对压缩机的启闭进行控制。循环空气入口即循环空气口对进入的循环空气、新鲜空气进行混合冷却处理，再吹入进气管道由排风口送入车厢内进行空调制冷。

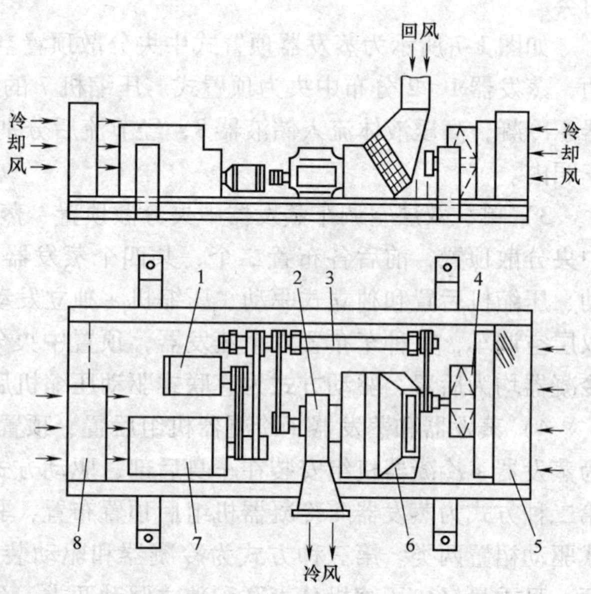

图 1-8　整体空调装置

1—压缩机　2—蒸发器风机　3—传动轴　4—冷凝器风机　5—冷凝器　6—蒸发器　7—独立发动机　8—散热器

1.4.3 豪华型客车空调的布置方式

就豪华型客车而言，它的汽车空调系统应具有多功能，以满足这类车的各种要求。它除了能满足车厢内制冷、采暖、换气、除霜外，并能全自动进行室温的调节，如图 1-9 所示为一高级高速长途客车的空调布置。

如图 1-10 所示为豪华型旅游客车的平面布置图，从图中看出，除空调装置外，还示出了车室内的豪华设施。一般情况，豪华旅游车的结构几乎都设计成箱形，上下车门在车身前部，座椅布置在室内两侧，为双座前向式座椅。汽车发动机布置在汽车后部式中部地板下方，其目的在于尽量扩大客车车厢内的面积和空间。悬架装置大多采用空气弹簧以减轻乘客和乘务员因长距离旅行而引起的疲劳。

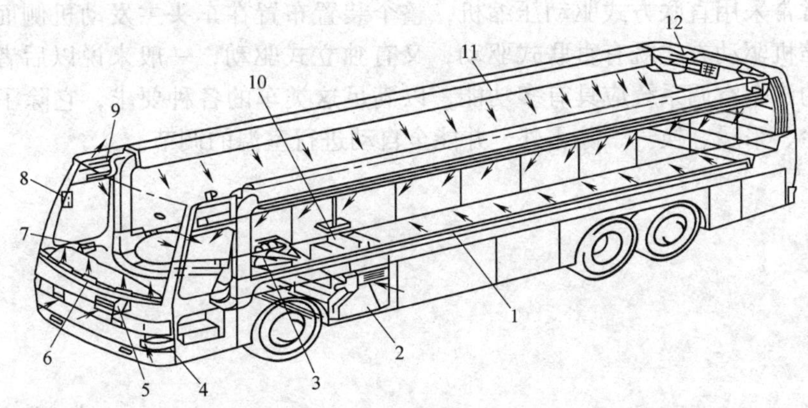

图 1-9 高级高速客车空调布置

1—暖气管 2—空调 3—预热器 4—踏板通风 5—防霜器 6—防霜器导管 7—操纵盘 8—传感器 9—前侧通风 10—控制箱 11—冷气管 12—后部通风

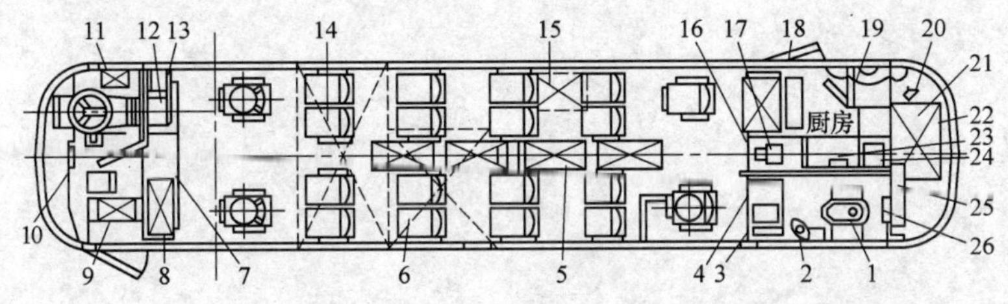

图 1-10 豪华型旅游客车平面布置

1—厕所 2—洗手池 3—冷气装置(上) 4—锁 5—行李入口 6—行李室 7—银幕 8—物品箱 9—踏板下物品箱 10—收音机 11—工具 12—电视 13—录音机 14—冷气装置(下) 15—暖气装置 16—帘布 17—电影机 18—折叠椅 19—冷藏库 20—寝室灯 21—寝室 22—货箱 23—锅灶 24—废水池 25—饮用水箱 26—水泵

本 章 小 结

1. 汽车空调的功用是调节车内的温度、湿度、气流速度、空气洁净度等，从而为乘员创造清新舒适的车内环境。
2. 汽车空调主要特点是：抗冲击能力强、动力源多、制冷制热能力强、结构紧凑、质

量小。

3. 汽车空调系统主要由以下几部分组成：制冷装置、暖风装置、通风装置、空气净化装置、控制装置等组成。其中制冷装置又由压缩机、冷凝器、储液干燥器、膨胀阀、蒸发器、冷凝器散热风扇、制冷管道、制冷剂等组成；控制装置包括点火开关，A/C开关、电磁离合器、鼓风机开关、调速电阻器、各种温度传感器、制冷剂高低压力开关、温度控制器、送风模式控制装置、各种继电器等。
4. 汽车空调系统按功能可分为单一功能和组合式两种；按驱动方式可分为非独立式汽车空调系统和独立式汽车空调系统两种；按控制方式可分为手动、半自动和全自动(智能)空调系统三种。
5. 汽车空调的布置根据车型的不同采用不同的方式。轿车、小型客车由于空间限制，它们常常采用直联方式驱动压缩机，整个装置布置在车头主发动机侧面。大中型车的压缩机驱动方式既有直联式驱动，又有独立式驱动，一般来说以后者为主。豪华客车的汽车空调系统应具有多功能，以满足这类车的各种要求，它除了能满足车厢内制冷、采暖、换气、除霜外，并能全自动进行室温的调节。

复习思考题

1. 汽车空调的发展经历了哪几个阶段？
2. 汽车空调系统主要有哪些功用？
3. 汽车空调系统的主要特点有哪些？
4. 汽车空调的基本组成是什么？
5. 汽车空调的主要类型有哪些？
6. 小型车辆的汽车空调是如何布置的？
7. 比较汽车空调与商用空调的异同。
8. 考察一种国产轿车空调系统的类型与布置。

第 2 章 汽车空调的制冷原理

学习目标：

- 了解热力学在汽车空调上应用的基本知识
- 知道制冷技术基础及基本术语
- 掌握制冷剂和冷冻机油的特性和使用方法
- 掌握汽车空调制冷系统的工作原理

2.1 汽车空调制冷技术基础

空调系统能在封闭的空间内自动控制空气的温度、湿度及空气的清洁度和流通。在汽车应用中，空调是对车辆驾驶室内和车厢内的空气进行冷却、去湿和调节的系统。为了深入理解其制冷原理，有必要了解一些制冷技术基本术语。

2.1.1 制冷技术基本术语

1. 温度

温度是物体冷暖程度的标志。温度越高，物体就越热。我们常用的温度是摄氏温度，单位是摄氏度，用符号“℃”表示。

例如：在标准大气压下，水在开口的容器中沸腾时，它的温度是 100 摄氏度，表示为 100℃；水开始结冰时的温度是 0 摄氏度，表示为 0℃。

温度还可以用华氏温度，单位是华氏度，它的符号是℉。

0℃用华氏温度表示是 32℉；100℃用华氏温度表示是 212℉。已知摄氏温度，换算成华氏温度的公式是：将摄氏度数值乘以 9/5 再加 32，就是华氏度。这样 100℃换算成华氏温度为：

$$100\times(9/5)+32=212\,℉$$

当华氏温度已知时，换算成摄氏温度的公式是：将华氏温度减去 32 后乘以 5/9 就是摄氏度。这样 50℉换算成摄氏温度为：

$$(50-32)\times(5/9)=10\,℃$$

三种温标的比较和换算方法见表 2-1。

表 2-1 三种温标的比较和换算方法

温度标定名称	代　号	单　位	换算方法
摄氏温度	t	℃	$t=5/9(F-32)$

（续）

温度标定名称	代　号	单　位	换算方法
华氏温度	F	℉	$F=9/5t+32$
热力学温度	T	K	$T(K)=t+273$

2. 湿度

湿度用来表示空气的干湿程度。1m³ 湿空气中所含水蒸气的质量，叫空气的绝对湿度。由于湿空气是空气和水蒸气的均匀混合物，因此绝对湿度在数值上等于水蒸气的含量，用 r_w 表示。

绝对湿度只能说明湿空气在某一温度下实际所含水蒸气的质量，但不能说明湿空气的吸湿能力。因此，采用湿空气的相对湿度来说明空气的潮湿程度，或说明空气接近饱和的程度。相对湿度 Φ 就是湿空气中实际所含的水蒸气量与同温度下饱和湿空气所含的水蒸气量的比值。用公式表示，即

$$\Phi=\frac{r_w}{r_s}=\frac{p_w}{p_s}\times100\% \tag{2-1}$$

式中　r_w——空气的绝对湿度；

r_s——饱和湿空气的绝对湿度；

p_w——空气中水蒸气的分压力；

p_s——饱和湿空气中的水蒸气分压力（简称饱和水蒸气压力）。

Φ 值越小，表示湿空气离饱和状态越远，空气越干燥，还能再吸收水分；反之，若 Φ 值越大，则表示空气越潮湿，吸收水分的能力越差。当 $\Phi=0$ 时，则为干空气；当 $\Phi=100\%$ 时，则为饱和空气，再也不能吸收水分了。

湿空气在状态变化过程中，由于水分蒸发，水蒸气凝结，其体积、密度会发生变化。即使湿空气中的水蒸气含量不变，由于温度变化，其体积也跟着变化，因此绝对湿度也将发生变化。

3. 压力与真空度

压力就是固体、液体或气体垂直作用于物体表面上的力。在实际应用中是以作用于物体单位面积上的力来表示的，常用 p 表示，其单位为帕斯卡，简称帕（Pa）。

地球表面包围着一层很厚的空气层，我们称它为大气层，大气的重量对地球表面物体单位面积上所产生的压力称为大气压力（简称大气压）。我们把在地球纬度45°，温度为0℃时，大气对海平面的压力称为标准大气压，它相当于101.325kPa。

表示压力常用的方式有绝对压力、表压力和真空度。

1）绝对压力：它表示实际的压力值，是把完全真空状态作为零值。

2）表压力：通过压力表指示读出的压力值，称为表压力值。它是将标准大气压作为零值，在此基础上进行压力计量的结果。

3）真空度：低于大气压力的数值称为真空度。

上述三种压力在制冷技术领域中经常应用，绝对压力在设计及查阅制冷剂、特性表时使用；表压力在观察系统运行状况时使用；真空度则在维修系统抽真空时使用。它们之间的关系如图2-1所示，用公式表示如下：

$$表压力 p_{表} = 绝对压力 p_{绝} - 大气压力 b$$

$$真空度 p_{真} = 大气压力 b - 绝对压力 p_{绝}$$

4. 汽化与冷凝

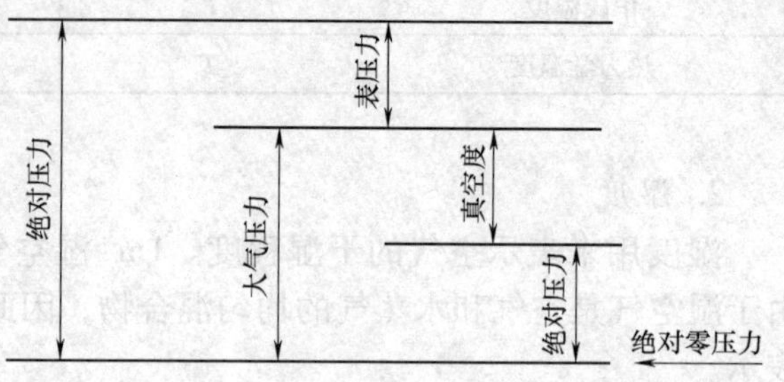

图 2-1　压力与真空度的关系

（1）汽化　物质由液态变为气态的过程称为汽化。1kg 液体转变为气体需要的热量(单位为 J)，叫做该物质的汽化热。汽化过程有两种形式，即蒸发和沸腾。

蒸发是指在任何温度下液体表面上所发生的汽化过程，蒸发过程一般为吸热过程。沸腾是一种在液体表面和内部同时进行的汽化现象。任何一种液体只有在一定的温度下才能沸腾，沸腾时的温度称为沸点。在一定压力下，蒸发可以在任何温度下进行，而沸腾只能在一定温度下发生。制冷剂在蒸发器内吸收了热量后，由液态汽化为蒸气，这个过程就是沸腾。在制冷技术中，对蒸发一词通常理解为液体的沸腾过程。

在空调制冷系统中，主要是利用制冷剂在蒸发器内的低压下，不断吸收周围空气的热量进行汽化的过程来制冷的。这种过程通常是在蒸发器中以沸腾的方式进行，但习惯上称它为蒸发过程，并把沸腾时的温度称为蒸发温度，沸腾时所保持的压力称为蒸发压力。

（2）冷凝　冷凝是指气态物质经过冷却(通过空气或水等热交换方式)使其转变为液体的过程。冷凝过程一般为放热过程。在汽车空调制冷系统中，制冷剂在冷凝器中由气态凝结为液态的过程就是一个冷凝过程，同时放出热量，放出的热量由冷却空气带走。

5. 饱和温度和饱和压力

如果对制冷剂加热，则其中的一部分液体就会变成蒸气；反之，如果制冷剂放出热量，则其中的一部分蒸气又会变成液体(温度不变)。在这种制冷剂液体和蒸气处于共存的状态下，液体和蒸气是可以彼此转换的。处于这种状态的制冷剂蒸气叫饱和蒸气，这种状态下的制冷剂液体叫做饱和液体。饱和蒸气的温度叫做饱和温度；饱和蒸气的压力叫做饱和压力。汽化过程中，由饱和液体和饱和蒸气组成的混合物称为湿饱和蒸气，简称湿蒸气。干饱和蒸气是指在容器中的液体全部蒸发成蒸气的状态。

通常所说的沸点都是指液体在一个大气压下的饱和温度。对于不同的液体，在同一大气压下，它的沸点也是不同的，见表 2-2。

表 2-2　几种液体在一个标准大气压下的沸点

液体名称	沸点/℃	液体名称	沸点/℃
水	100	R22	−40.8
酒精	78	R134a	−26.15
R12	−29.8	R142b	−9.25
氨	−33.4	R405a	−27.3

6. 热量与热容

（1）热量　有热出入，温度就有变化，温度变化的大小和出入的热量成比例，这种热

的量叫做热量。热量的单位为焦耳(J)。

温度不同的物体接触时，热量从温度较高的物体传到温度较低的物体，或从同一物体内温度较高的部分传到温度较低的部分，直到温度趋于一致为止。热的传递有传导、对流和辐射三种形式。

1）传导。在物体(固体)两点之间有温差时，热量将通过物体内部从高温点向低温点移动，这种现象就是热的传导。一般来说，金属是热的良导体；而一些非金属，如木头、石棉等导热能力极差，称为绝热材料。

2）对流。气体和液体依它本身的流动使热量转移，这种热的传递方式称为热的对流。冷凝器就是利用空气对流进行冷却的。

3）辐射。它是指发热源直接向其周围的空间散发热量，通过辐射波将热量传递给其他物体的过程。热辐射的特点是热量由热源表面以光(电磁波)的形式连续发射，以光速传播，可以不依靠其他物质。

(2) 热容　物质的温度升高 1K 所需要的热量称为热容。热容大的物体有不易热和不易冷的性质。热容的单位为 J/K。

7. 显热与潜热

物体受热，温度就会上升，温度上升到一定程度物体状态就会发生变化。冰加热后融化成水(固体→液体)；水加热，温度上升到 100℃开始沸腾汽化(液体→气体)，这时即使继续加热，温度也不再升高。在水未达到 100℃之前，所加的热能使温度上升，这种热能感觉出来，我们称之为显热，能用温度计测出。达到 100℃以后，继续加的热，用于使液体变成气体，这种热叫做潜热，是不能用温度计测出的，如图 2-2 所示。

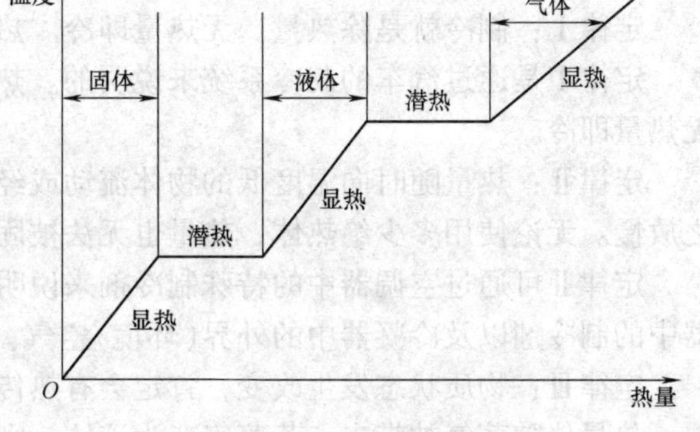

图 2-2　显热与潜热

潜热按物体状态变化不同，可分为以下几种：

1）液化热：从气体变成液体时放出的热叫做液化热。

2）凝固热：从液体变成固体时放出的热叫做凝固热。

3）熔解热：从固体变成液体时吸收的热叫做熔解热。

4）汽化热：从液体变成气体时吸收的热叫做汽化热。

5）升华热：从固体变成气体时吸收的热叫做升华热。

8. 节流

在流体通路中，通道截面积突然缩小，流体压力便下降，如果此时产生气体，则总体积还要增大。这种变化只是状态的变化，与外界没有热和功的交换，因此流体的热量不变。这种状态变化称为节流，如图 2-3 所示。

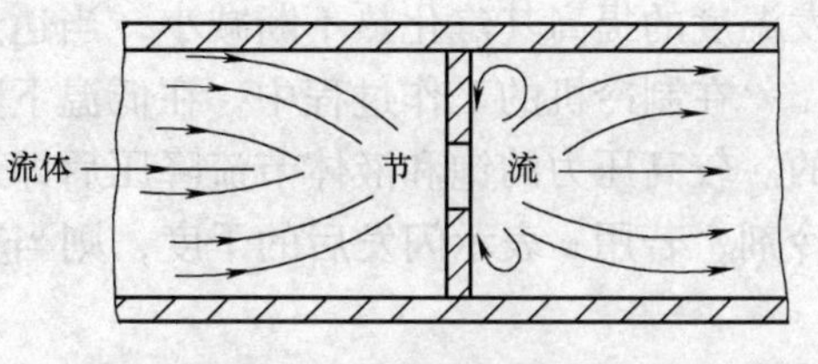

图 2-3　节流示意图

在空调制冷系统中，制冷剂在膨胀阀中的状态变化就是节流过程。制冷剂被膨胀阀节流后，如果压力下降得比饱和压力还低，部分液体将变成饱和蒸气，体积急剧增大。这时的蒸气发热是由液体本身供给的，所以液体温度下降较大。

9. 制冷能力与制冷负荷

（1）制冷能力　制冷机就是把热量不断地从低温物体转移给高温物体的装置。制冷能力的大小是以单位时间内所能转移的热量来表示的，单位为 J/h。

（2）制冷负荷　为了把汽车内部的温度和湿度保持在一定的范围内，必须将来自车外太阳的辐射热和车内人体散发出的热量排除到大气中去。这两种热量的总和就叫做制冷负荷。

由于汽车制冷负荷受到车身形状及外界大气温度、湿度、车速等客观条件和乘员数量的影响，因此汽车空调系统的制冷负荷较大。

2.1.2　空调的制冷方式

空调制冷的方式很多，常见的有以下四种：液体汽化制冷、气体膨胀制冷、涡流管制冷和热电制冷。其中液体汽化制冷的应用最为广泛，它是利用液体汽化时的吸热效应而实现制冷的。蒸气压缩式、吸收式、蒸气喷射式和吸附式制冷都属于液体汽化制冷方式。所有自然和机械制冷系统基础都应遵循制冷三大基本定律：

定律Ⅰ：制冷就是除热量。无热量即冷。热始终存在。

定律Ⅰ是通过汽车的制冷系统来说明的。热量从汽车的车箱内除去，从而使温度降低。无热量即冷。

定律Ⅱ：热量随时向温度低的物体流动或经过。任何物体无法阻止热量的流动，仅能使之放慢。无论使用多少绝热体，热量也无法被固定住。

定律Ⅱ可通过空调器中的特殊制冷剂来说明。热量随时向温度低的物体流动，流向蒸发器中的制冷剂以及冷凝器中的外界(环境)空气。

定律Ⅲ：物质状态发生改变，肯定会有热传递。若液体变为气体，则该液体肯定吸收了热，热量伴随蒸气被带走。若蒸气变为液体，则蒸气肯定放热，热量被释放至温度低的表面或媒体。

定律Ⅲ可通过蒸发器中液体制冷剂来说明。即随着制冷剂吸收热量，它变为蒸气。当在冷凝器中又变为液体时，热量被带走排出车外。

1. 液体汽化制冷

任何液体汽化时都要吸收热量。在定压下 1kg 液体汽化时所吸收的热量称为汽化热。对于任何一种液体，汽化热是随其蒸发压力而变的；而在相同的压力下，不同的工质其汽化热也是不相同的。工质的相对分子质量越小，其汽化热的数值越大；对任何一种工质，随着蒸发温度的提高其汽化热不断减小，当达到临界状态时其汽化热为零。

在制冷机的工作过程中，在低温下蒸发的制冷剂液体都是使高压液体经节流降压而得到的。较高压力的饱和液体节流降压后即进入两相区，并闪发出一定的饱和蒸气。对于 1kg 制冷剂，若用 x 表示闪发后的干度，则当其余液体全部转变为饱和蒸气时吸收的热量为：

$$q_o = r(1 - x) \tag{2-2}$$

式中　q_o——单位制冷量，单位为 kJ/kg；

r——单位质量工质的汽化热，单位为 kJ/kg；

x——工质节流后的干度。

由式(2-2)可知，单位制冷量不仅与汽化热有关，还随节流后的干度而变。制冷剂液体在节流膨胀前后压力变化范围越大，则节流过程中闪发的气体量越多，因而单位制冷量就越小。

由此可见，液体汽化制冷循环由工质低压下汽化、蒸气升压、高压气体液化和高压液体降压四个基本过程组成。蒸气压缩式制冷、吸收式制冷、蒸气喷射式制冷和吸附式制冷都具备上述四个基本过程。

2. 气体膨胀制冷

在气体制冷机中，是利用高压气体的绝热膨胀以达到降温，并利用膨胀后的气体在低压下的吸热过程来制冷。气体绝热膨胀的特性随所使用的设备而变，一般有两种方式。一种方式是令高压气体经膨胀机(活塞式或透平式)膨胀，此时有外功输出，因而气体的温降大，吸热时制冷量也大，但膨胀机结构比较复杂，在一般的气体制冷机中均采用这一膨胀方式。另一种方式是令气体经节流阀膨胀(通常为节流)，此时无外功输出，气体的温降小，制冷量也小，但节流阀的结构较简单，且便于进行气体流量的调节，这种膨胀方式在气体制冷机中使用较少。

3. 涡流管制冷

利用气体涡流制冷是法国工程师兰克1933年提出的。涡流冷却效应的实质是利用人工方法产生旋涡使气流分为冷、热两部分，利用分离出来的冷气流即可进行制冷。

涡流管是一根构造比较简单的管子，如图2-4所示，它主要由喷嘴、涡流室、分离孔板、调节阀及冷、热两端的管子所组成。压缩空气进入喷嘴后沿切线方向进入涡流室，形成自由涡流，且分离成温度不同的两股气流；中心部分的低温气流经分离孔板的中心孔流出，而外围边缘部分的高温气流，则在另一端经调节阀流出。所以，利用涡流管可同时获得冷、热两种不同温度的气流，冷气流的温度可达-10~-50℃，热气流的温度可达100~150℃左右。调节阀用来改变热气流在阀前的压力，以便调节两部分气流的流量比例，从而改变了冷、热气流的温度。

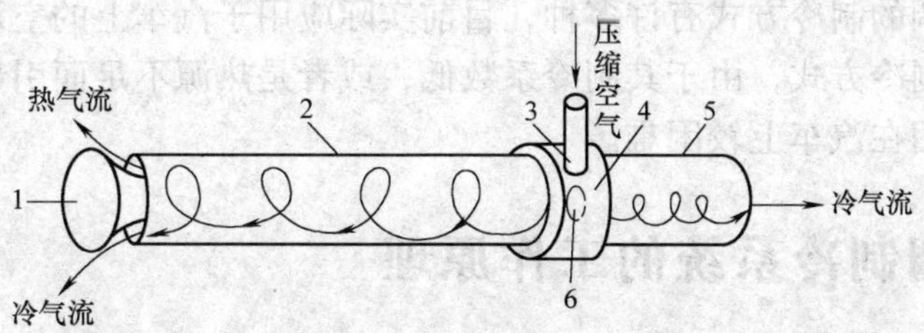

图2-4 涡流管制冷原理图

1—调节阀 2—管子热端 3—喷嘴 4—涡流室 5—管子冷端 6—分离孔板

涡流管制冷的主要优点是结构简单、使用灵活、起动快、维护方便。只要有压缩空气，便可用涡流管制冷。涡流管制冷的主要缺点是效率低，制冷系数小于蒸气压缩式制冷机。

4. 热电制冷

热电制冷又称温差电制冷。它是利用热电效应(即帕尔帖效应)的一种制冷方法。该方

法的制冷效果主要取决于两种材料的热电势。纯金属材料的导电性好、导热性也好，其帕尔帖效应很弱，制冷效率极低。半导体材料具有较高的热电势，可以成功地用来做成小型热电制冷器。按电流载体的不同，半导体分为N型(电子型)半导体和P型(空穴型)半导体。由N型半导体和P型半导体构成的热电制冷元件如图2-5所示。当通以直流电流I时，P型半导体内载流子(空穴)和N型半导体内载流子(电子)在外电场作用下产生运动。由于载流子(空穴和电子)在半导体内和金属片内具有的势能不一样，势必在金属片与半导体接头处发生能量的传递及转换。因为空穴在P型半导体内具有的势能高于空穴在金属内的势能，在外电场作用下，当空穴通过结点a时，就要从金属片中吸取一部分热量，以提高自身的势能，才能进入P型半导体内。这样，结点a处就冷却下来。当空穴经过结点b时，空穴将多余的一部分势能传递给结点b而进入金属片Ⅱ，因此，结点b处就热起来。

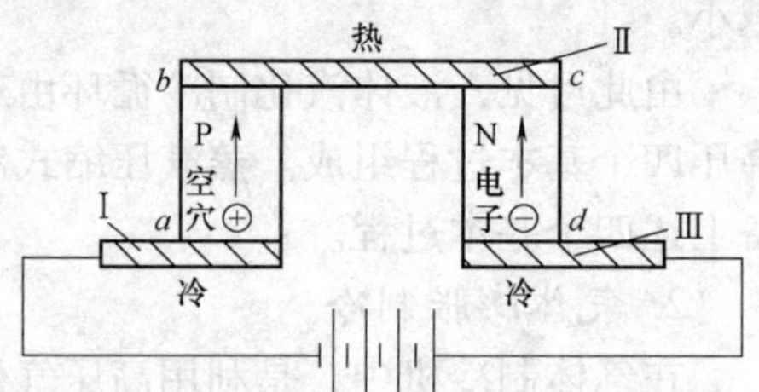

图2-5　由P型和N型半导体组成的热电制冷元件

同理，电子在N型半导体内的势能大于在金属片中的势能，在外电场作用下，当电子通过结点d时，就要从金属片Ⅲ中吸取一部分热量转换成自身的势能，才能进入N型半导体内，这样结点d处就冷却下来。当电子运动到达结点c时，电子将自身多余的一部分势能传给结点c而进入金属片Ⅱ，因此节点c处就热起来，这就是电偶对制冷与发热的基本原因。如果将电源极性互换，则电偶对的制冷端与发热端也随之互换。

热电制冷器的结构和机理显然不同于液体汽化制冷。它不需要明显的工质来实现能量的转移，整个装置没有任何机械运动部件。但热电制冷的效率很低，半导体器件的价格又很高，而且必须使用直流电源，因此变压整流装置往往不可避免，增加了电堆以外的附加体积，故热电制冷不宜大规模使用。但由于它的灵活性强、使用方便可靠，非常适合于微型制冷领域或有特殊要求的用冷场合。如用于空间探测飞机上的科学仪器、电子仪器和医疗器械中的制冷装置上，核潜艇中驾驶舱的空调设备，以及手提式冰箱中，该冰箱很适合于郊游、军营或汽车驾驶员使用。

由上可见，空调的制冷方式有许多种，目前实际应用于汽车上的空调制冷方式，全部为蒸气压缩式。其他制冷方式，由于其制冷系数低，或者是热源不足而引起制冷效率差，或换热器过大，目前应用在汽车上较困难。

2.2　汽车空调制冷系统的工作原理

蒸气压缩式制冷装置是由压缩机、冷凝器、膨胀阀、蒸发器这四大部件加上一些辅助设备，用管道依次连接组成的。同样，汽车制冷系统也是由制冷四大部件以及辅助设备和耐氟软管组成的，制冷剂在封闭的系统中循环流动。如图2-6所示说明其制冷基本原理。

压缩机运转时，将蒸发器内产生的低压低温蒸气吸入气缸，经过压缩后，使蒸气的压力和温度增高后排入冷凝器。

在冷凝器中高温高压的制冷剂蒸气与外面的空气进行热交换，放出热量使制冷剂冷凝成高压液体，然后流入储液干燥器，并过滤流出。

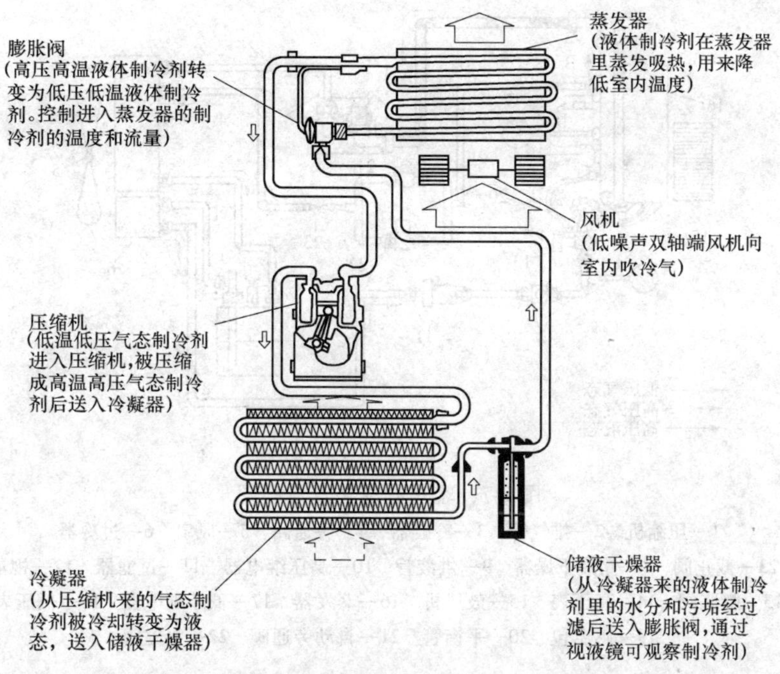

图2-6　汽车空调制冷系统的工作原理图

经过膨胀阀的节流作用，压力和温度急剧下降，制冷剂以低压的汽液混合状态进入蒸发器。在蒸发器里，低压制冷剂液体沸腾汽化，吸取车厢内空气的热量，然后又进入压缩机进行下一轮循环。

这样，制冷剂便在封闭的系统内经过压缩、冷凝、节流和蒸发四个过程，完成了一个制冷循环。

在制冷系统中，压缩机起着压缩和输送制冷剂蒸气的作用，它是整个系统的心脏。膨胀阀对制冷剂起节流降压作用，同时调节进入蒸发器制冷剂液体的流量，它是系统高低压的分界线。蒸发器是输出冷量的设备，制冷剂在其中吸收被冷却空气的热量实现降温。冷凝器是放出热量的设备，从蒸发器中吸收的热量连同压缩机消耗功能所转化的热量一起从冷凝器中让冷却空气带走。压缩机所消耗的功起到了补偿作用，只有消耗了外界的功，制冷剂才能把从车内较低温度的空气中吸取的热量不断地传递到车外较高温度的空气中去，从而达到制冷的目的。

当然，为提高空调系统的可靠性、安全性和舒适性，在系统中还有不少辅助控制元件，而且大型客车空调装置比轿车空调装置更复杂。如图2-7所示为客车上采用的冷气装置流程示意图。图中除了基本循环的流程外，还有一路旁通回路。旁通回路的作用是调节制冷量，可根据热负荷大小来调整制冷量大小。

当热负荷较小时，电磁阀打开，有一半的制冷剂直接流到压缩机吸气管，而不经过冷凝器、储液干燥器、蒸发器等部件。因此，制冷量减少，同时也减少了发动机的负载。当环境温度较低时，由于低压的作用而使自动旁通阀打开。这样，还能减少制冷量，使得蒸发器能够除霜，这种除霜方法称为压力式除霜。

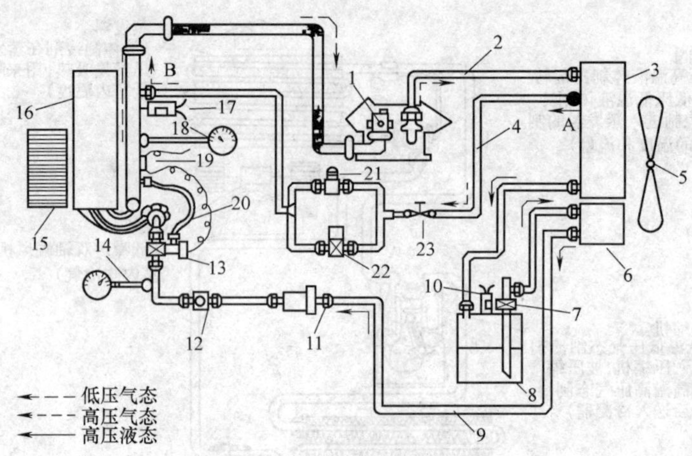

图2-7 客车制冷装置流程图

1—压缩机 2—排气管 3—冷凝器 4—旁通路 5—风扇 6—过冷器 7、23—截止阀 8—储液干燥器 9—供液管 10—高压继电器 11—过滤器 12—视液镜 13—膨胀阀 14—高压表 15—鼓风机 16—蒸发器 17—低压继电器 18—低压表 19—感温包 20—平衡管 21—自动旁通阀 22—电磁阀

2.3 制冷剂与冷冻机油

2.3.1 制冷剂

1. 制冷剂的定义

在制冷系统中用于转换热量并且循环流动的物质称为制冷剂。

汽车空调是利用制冷剂蒸气被压缩，压缩机驱动其循环流动实现制冷的。液体制冷剂在蒸发器低温下吸取被冷却对象的热量而汽化，使被冷却对象降温。然后，又在高温下把热量传给周围介质而冷凝成液体。如此不断循环，借助于制冷剂的状态变化，达到制冷的目的。

目前，汽车空调系统使用的制冷剂通常有R12、R134a，英文字母R表示Refrigerant(制冷剂)，其数字代号使用的是美国制冷工程师协会(ASRE)编制的代号系统。制冷剂的种类很多，理论上只要能进行气、液两相转换的物质，均可作为蒸发制冷系统的制冷剂。但寻找制冷效率高，且对环境没有污染的制冷剂却很困难，目前使用的R134a只是R12的替代品，其排放物产生的温室效应仍然对环境有较大的危害。

2. R12制冷剂的特性

车用空调中曾广泛使用的制冷剂R12，分子式为CF_2Cl_2，化学名称为二氟二氯甲烷，是一种较为理想的制冷剂，主要特性如下：

1）R12无色、无刺激性臭味；一般情况下不具有毒性，对人体没有直接危害；不燃烧，无爆炸危险，热稳定性好。

2）R12是一种中压制冷剂，正常蒸发温度小于0℃，冷凝器压力小于1.5～2.0MPa。由于压力不是很高，降低了对冷凝器结构强度的要求。在大气压下R12的沸点为－29.8℃，凝固温度为－158℃，能在低温下正常工作。节流后损失小，有较大的制冷系数。

3）R12 对一般金属没有腐蚀作用，但对镁和镁含量超过 2% 以上的铝合金除外。R12 在 60 ~ 70℃时若遇氧化铁、氧化铜，可促使其分解。

4）R12 制冷系统对密封件有特殊要求：

① 制冷系统的密封件不能使用天然橡胶制品，因为 R12 会导致橡胶变软、膨胀、起泡。

② 对氯丁乙烯和氯丁胶制品破坏作用较小。

③ 对尼龙和纸、塑料制品破坏作用不明显。

5）R12 有良好的绝缘性能，它对制冷系统电器绕组的绝缘性能无影响。

6）R12 液态时对冷冻机油的溶解度无限制，可以任何比例溶解。但气态时 R12 对冷冻机油的溶解度有限并随压力增高或温度降低而增大。R12 与冷冻机油的这种互溶特性对制冷系统是有益的，因为 R12 液态时冷冻机油已溶解在其中并随 R12 一起流动，所以在这段管路中不会积存冷冻机油。在气态管路(特别是蒸发器)中，如果有足够的气体流速，则不会在蒸发器壁上产生油膜而影响传热效率，冷冻机油也能被带回到压缩机中去。当压缩机曲轴箱中存在有互溶的 R12 气体和冷冻机油时，由于曲轴箱内的压力和温度是变化的，而一定压力和温度下的 R12 气体溶油量是一定的，当曲轴箱内压力突然降低时，因溶解量要减小，于是原来溶解的 R12 就以沸腾形式从油中逸出，从而使曲轴箱中的一部分冷冻机油将随着 R12 蒸气被带到压缩机气缸和系统中去，对制冷系统的工作带来不利影响。

7）R12 对水的溶解度很小，而且在气态与液态时的溶解度也不同，气态高于液态。

在制冷系统中，R12 的含水量不得超过 0.0025%(质量分数)。当有过量的水分随制冷剂运行，在通过膨胀阀时，低温低压下水分中的热量在被吸收前形成冰堵，堵塞制冷系统的循环通道，从而使空调的制冷系统失效。

水与 R12 能产生化学反应，生成盐酸-氢氟酸，对系统有腐蚀作用。水与制冷系统中的酸、氧发生反应，会在压缩机的机件表面(压缩机的轴套、系统管路)生成三氧化二铁和氧化铜。这些物质的形成，反过来又分解 R12，使制冷系统的效率下降。水的侵入是系统开始被腐蚀的信号。

水还能与系统中的酸、氧化物和其他杂质反应，形成金属盐，随着制冷剂和冷冻机油一起循环，加大运动机件的磨损及破坏电器的绝缘性能。

水能使冷冻机油老化。它在氧的作用下，会生成一种油酸性质的絮状酸性物质，腐蚀金属表面，降低润滑效能。

水与 R12 作用还能生成二氧化碳气体。这种气体在冷凝器中冷却后并不液化，成为一种不凝性气体，引起压缩机排气压力增高，制冷功耗增大，制冷效果下降。

虽然在制冷系统中为了防止因水分的侵入、影响制冷循环的正常运行而设有干燥器(干燥罐)，但是干燥器的吸水功能极其有限(只能吸收约半滴水)，对于含量大于 0.0025%(质量分数)的水分是无能为力的。

在制冷系统中水的存在是有百害而无一利的，必须采取严格的防水措施，才能保证系统正常工作。防水措施主要有：

① 使用纯度高的制冷剂。

② 在装配或维修制冷系统后，一定要严格地抽真空。

③ 选含水量小于 0.002%(质量分数)的冷冻机油，且要防止加注冷冻机油时水的侵入。

综上可以看出，R12 是一种易于制造，原料来源丰富，价格相对低廉且可以回收重复使用的制冷剂。只是它对大气层的臭氧层有很强的破坏作用，因此，目前已经被新的制冷剂所替代。

3. R134a 制冷剂的特性

长期以来，汽车空调系统大多采用 R12 作为制冷剂。众所周知，R12 因泄漏而进入大气会破坏地球的臭氧保护层，危害人类的健康和生存环境，引起地球的温室效应。据资料统计表明，现在大气层中氯元素和氟元素的 75%（质量分数）来自汽车空调系统泄漏的 R12，这不能不引起人类的广泛关注。1987 年国际上制定了控制破坏大气层的《蒙特利尔议定书》。我国于 1991 年加入该协议，并决定从 1996 年起，汽车空调的制冷剂开始使用 R134a，到 2000 年全部使用 R134a。因此，作为汽车维修人员，必须掌握使用新型制冷剂的空调系统的使用和维修方法。

R134a 制冷剂的分子式为 CH_2FCF_3，是卤代烃类制冷剂中的一种，R134a 制冷剂与 R12 制冷剂相比，其热物理性能见表 2-3。

表 2-3　R12 与 R134a 的热物理性能比较

项　目	R134a	R12
分子式	CH_2FCF_3	CF_2C_{12}
相对分子质量	102.031	120.92
沸点/℃	-26.18	-29.80
临界温度/℃	101.14	111.8
临界压力/MPa	4.065	4.125
临界密度/(kg/m^3)	1206	1311
0℃时的饱和气压/kPa	293.14	308.57
0℃时的汽化热/(kJ/kg)	197.89	154.87
60℃时的饱和蒸气压/kPa	1680.47	1518.17
ODP 值(臭氧破坏潜能值)	0	1.0
GWP 值(全球变暖潜能值)	0.11	1.0
与矿物油的溶合性	不溶	互溶
溶态热导率	大	小

从表中可以看出 R134a 的如下主要特性：

1）R134a 的热力学性能，包括相对分子质量、沸点、临界参数、饱和蒸气压和汽化热等，均与 R12 相近，具有无色、无臭、不燃烧、不爆炸、基本无毒的特性。

2）R134a 制冷剂的传热性能优于 R12，当冷凝温度为 40～60℃、质量流量为 45～200kg/s 时，R134a 蒸发和冷凝传热系数比 R12 高出 25% 以上。因此，在换热器表面积不变的条件下，可减少传热温差，降低传热损失；当制冷量或放热量相等时，可减少换热器表面积。

3）用 R134a 替代 R12 后，原有的冷冻机油必须更换，这是因为 R134a 本身与矿物油是非相溶的，必须使用合成冷冻机油来取代，如 PAG 类冷冻机油等。否则，系统将会损坏。

4）分子直径比R12略小，易通过橡胶向外泄露，也较易被分子筛吸收。

5）R134a的吸水性和水溶解性高。

4. 制冷剂使用注意事项

1）装制冷剂的钢瓶，应储存在阴凉、干燥、通风的库房中，防止受潮而腐蚀钢瓶，在运输过程中要严防振动和撞击。

2）要远离热源，不要把它存放在日光直射的场所或炉子附近。在充灌制冷剂时，对装制冷剂的容器加热，应在40℃以下的温水中进行，而不可将其直接放在火上烘烤。否则，会引起内储的制冷剂压力增大，导致容器发生爆炸。

3）避免接触皮肤。因制冷剂在大气环境下会急剧蒸发，当其液体落到皮肤上时，会从皮肤上大量吸热而汽化，造成局部冻伤。尤其危险的是，当其进入眼球时，会冻结眼球中的水分，这就有可能造成失明。因此，在处理制冷剂时，应戴上眼镜和防护手套。若制冷剂触及眼睛，应尽快用冷水冲洗，不要用手或手帕揉眼，如有痛感时，可用稀硼酸溶液或2%（质量分数）以下的食盐水冲洗；如触及皮肤，应立即用大量清水冲洗，并马上涂敷凡士林，面积大时应立即到医院治疗。

4）要避开明火。制冷剂不会燃烧和爆炸，但与明火接触时，会分解出对人体有害的气体(光气)。

5）要注意通风良好。当制冷剂排到大气中，其含量超过一定量时，会使人窒息。因此，在检查和添加制冷剂或打开制冷系统管路时，要在通风良好的地方进行操作。

2.3.2 冷冻机油

1. 冷冻机油的作用

冷冻机油是制冷压缩机的专用润滑油，它保证压缩机正常运转、可靠工作和延长使用寿命。在空调制冷系统中的作用如下：

1）润滑作用。压缩机是高速运动的机器，轴承、活塞、活塞环、曲轴、连杆等机件表面需要润滑，以减少阻力和磨损，延长使用寿命，降低功耗，提高制冷系数。

2）密封作用。汽车使用的压缩机传动轴需要油封来密封，防止制冷剂泄漏。有冷冻机油，油封才起密封作用。同时，活塞环上的冷冻机油，不仅起减小摩擦的作用，而且起密封压缩机蒸气的作用。

3）冷却作用。运动的摩擦表面会产生高温，需要用冷冻机油来冷却。冷冻机油冷却不足，会引起压缩机温度过热，排气压力过高，降低制冷系数，甚至烧坏压缩机。

4）降低压缩机噪声。

2. 冷冻机油的性能要求

冷冻机油在空调制冷系统中完全溶于制冷剂中，并随制冷剂一起在制冷系统中循环。因此，冷冻机油的温度有时会超过120℃，而制冷剂的蒸发温度范围为-30～+10℃，使冷冻机油工作在高温与低温交替的条件下。为保证其工作正常，对冷冻机油提出以下性能要求：

1）冷冻机油的凝固点要低，在低温下具有良好的流动性。若低温流动性差，则冷冻机油会沉积在蒸发器内影响制冷能力或凝结在压缩机底部，失去润滑作用而损坏运动部件。

2）冷冻机油应具有一定的粘度，且受温度的影响要小。温度升高或降低时，其粘度随之变小或增大。与冷冻机油完全互溶的制冷剂会使冷冻机油变稀，因此应选用粘度较高的冷冻机油；但粘度也不宜过高，否则，需要的起动转矩增大，压缩机起动困难。所以，冷冻机油的粘度要选择适当。

3）冷冻机油与制冷剂的溶解性能要好。在汽车空调制冷系统中，制冷剂与冷冻机油是混合在一起的。当制冷剂流动时，冷冻机油也随之流动，这就要求制冷剂与冷冻机油能够互溶。若二者不互溶，冷冻机油就会聚集在冷凝器和蒸发器的底部，阻碍制冷剂流动，降低换热能力。由于冷冻机油不能随制冷剂返回压缩机，压缩机将会因缺油而加剧磨损。

4）冷冻机油的闪点温度要高，具有较高的热稳定性，即在高温下不氧化、不分解、不结胶、不积炭。

5）冷冻机油应无水分。若冷冻机油中的水分过多，则会在膨胀阀节流口处结冰，造成冰堵，影响系统制冷剂的流动。同时，油中的水分会使冷冻机油变质分解，腐蚀压缩机材料。

3. 冷冻机油使用注意事项

1）必须严格使用原车空调压缩机所规定的冷冻机油牌号，或换用具有同等性能的冷冻机油，不得使用其他油来代替，否则，会损坏压缩机。

2）冷冻机油吸收潮气能力极强，所以在加注或更换冷冻机油时，操作必须迅速。如没有准备好，不能立刻加油时，不得打开油罐。在加注完后应立即将油罐的盖子封紧储存，不得有渗透现象。

3）不能使用变质的冷冻机油。冷冻机油变质的原因是多方面的，归纳起来有如下几方面：

① 混入水分后，在氧气作用下会生成一种油酸性质的酸性物质，腐蚀金属零部件。这种油酸物质是絮状物质。

② 高温氧化，当压缩温度过高时，油被氧化分解而炭化变黑。

③ 不同牌号的油混合使用时，由于不同牌号的冷冻机油所加的氧化剂不同而产生化学反应，引起变质，破坏了各自的冷冻机油。

4）冷冻机油是不制冷的，同时还会妨碍热交换器的换热效果，因此只允许加到规定的用量，绝不允许过量使用，以免降低制冷能力。

5）在排放制冷剂时要缓慢进行，以免冷冻机油和制冷剂一起喷出。

本章小结

1. 空调制冷的方式很多，常见的有以下四种：液体汽化制冷、气体膨胀制冷、涡流管制冷和热电制冷。其中液体汽化制冷的应用最为广泛，蒸气压缩式、吸收式、蒸气喷射式和吸附式制冷都属于液体汽化制冷方式。
2. 目前汽车上的空调制冷方式，全部为蒸气压缩式。蒸气压缩式制冷装置是由压缩机、冷凝器、膨胀阀、蒸发器这四大部件加上一些辅助设备，用管道依次连接组成的。
3. 汽车空调制冷的基本原理是：压缩机运转时，将蒸发器内产生的低压低温蒸气吸入气缸，经过压缩后，使蒸气的压力和温度增高后排入冷凝器；在冷凝器中高温高压的制冷剂蒸气与外面的空气进行热交换，放出热量使制冷剂冷凝成高压液体，然后流入储液干燥器，并过滤流出。经过膨胀阀的节流作用，压力和温度急剧下降，制

冷剂以低压的汽液混合状态进入蒸发器。在蒸发器里，低压制冷剂液体沸腾汽化，吸取车厢内空气的热量，然后又进入压缩机进行下一轮循环。这样，制冷剂便在封闭的系统内经过压缩、冷凝、节流和蒸发四个过程，周而复始地进行制冷循环。

4. 在制冷系统中用于转换热量并且循环流动的物质称为制冷剂，目前汽车空调系统使用的制冷剂通常有 R12、R134a。冷冻机油是制冷压缩机的专用润滑油，它保证压缩机正常运转，可靠工作和延长使用寿命。

复习思考题

1. 空调的制冷方式有哪些？汽车空调主要采用哪种方式？为什么？
2. 分析汽车空调制冷系统的制冷原理。
3. 为什么在制冷系统中要采用节流技术？
4. 比较 R12 与 R134a 的特性。
5. 制冷剂对环境的影响体现在哪些方面？新型制冷剂能彻底解决环境污染吗？
6. 使用制冷剂需要注意的问题是什么？
7. 制冷剂中如果有水分，对系统会有什么影响？
8. 冷冻机油的作用有哪些？

实训项目一　汽车空调系统常用工具的使用

一、实训目标

学习空调系统常用维修检测工具仪器的工作原理。

掌握常用检测工具仪器的使用方法。

二、仪器和设备

歧管压力计、电子检漏仪、检修阀、维修成套设备、维修工具、空调实验台。

三、操作过程

1. 歧管压力计的使用

（1）结构与工作原理　歧管压力计也称压力表组，是维修汽车空调制冷系统必不可少的重要工具，它与制冷系统相接可进行抽真空、加注制冷剂等操作，主要用于检查和诊断制冷系统的工作状态和故障情况。

歧管压力计由高压表和低压表两个压力表组成，其上有三个接头分别与三根橡胶软管相接，分别完成制冷系统抽真空、加注制冷剂等操作。高压表用于检测制冷系统高压侧的压力，低压表用于检测低压侧的压力。低压表既可用来显示压力，也可用来显示真空度，真空度读数范围为0~0.101kPa，压力刻度从0开始，量程不少于0.42MPa；高压表测量的压力范围从0开始，量程不得小于2.110MPa。

图2-8所示的歧管压力计由高压表2、低压表1、高压手动阀3、低压手动阀7、阀体以及三个软管接头等组成。

压力表是弹簧式，其机构如图2-9所示。

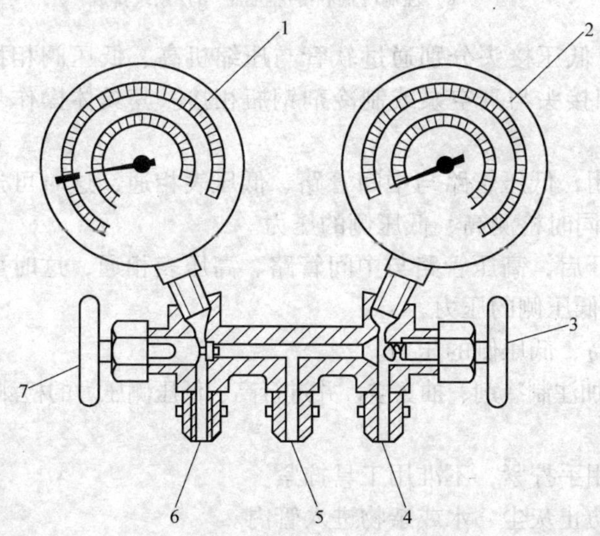

图2-8　歧管压力计结构

1—低压表（蓝色）　2—高压表（红色）　3—高压手动阀
4—高压侧接头（红色）　5—维修用中间接头（绿色）
6—低压侧接头（蓝色）　7—低压手动阀

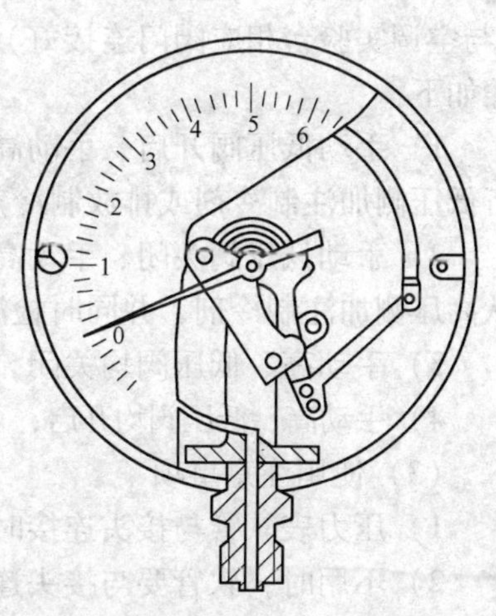

图2-9　弹簧式压力表

当具有一定压力的被测工质从接头进入弹簧管时，由于弹簧管内外压力差的作用，使弹簧管膨胀变形，通过拉杆使扇形齿轮转一角度，从而带动小齿轮和指针也转过一个角度，指针所指的读数便是所测的压力。如果被测工质压力低于大气压力，则弹簧管收缩变形，压力计所示读数便是真空度。

歧管压力计具有如下四种功能：

1）检测制冷系统的高压端压力，如图2-10a所示。若高压手动阀和低压手动阀同时关闭，则可对高压侧和低压侧进行压力检查。

2）对制冷系统抽真空，如图2-10b所示。当高压手动阀和低压手动阀同时全开时，全部管路接通，在中间接头接上真空泵，便可以对系统进行抽真空。

3）注制冷剂和冷冻机油，如图2-10c所示。当高压手动阀关闭，低压手动阀打开时，中间接头接到制冷剂钢瓶上或冷冻机油瓶上时，则可向系统充注制冷剂或冷冻机油。

4）制冷系统放空或排出制冷剂，如图2-10d所示。当低压手动阀关闭，高压手动阀打开时，则可使系统向外放空，排出制冷剂。

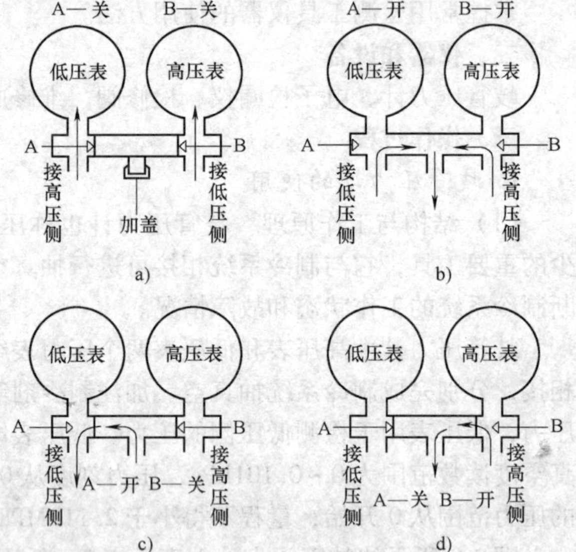

图2-10 歧管压力计的功能

a）检测压力 b）抽真空

c）注制冷剂和冷冻机油 d）系统排放

（2）操作 测量系统压力时，高、低压接头分别通过软管与压缩机高、低压阀相接（与空调实验台相应阀门连接好），中间接头与真空泵或制冷剂钢瓶相接。其具体操作步骤如下：

1）手动低压阀开启、手动高压关闭，低压管路与中间管路、低压表相通，这时可进行低压侧加注制冷剂或排放制冷剂，并同时检测高、低压侧的压力。

2）手动低压阀关闭、手动高压阀开启，高压管路与中间管路、高压表相通，这时可从高压侧加注制冷剂，并同时检测高、低压侧的压力。

3）手动高、低压阀均关闭，检测高、低压侧的压力。

4）手动高、低压阀均开启，可进行加注制冷剂、抽真空，并进行高、低压侧压力的检测。

（3）使用注意事项

1）压力表软管与接头连接时只能用手拧紧，不准用工具拧紧。

2）不用时，软管要与接头连起来防止灰尘、水或杂物进入管内。

3）使用时要把管内的空气排空。

4）歧管压力计是一种精密仪表，应当细心维护，保持仪表及软管接头的清洁。

5）对于使用不同制冷剂的系统，歧管压力计应专用。

2. 检漏设备

（1）结构与工作原理 检漏设备用于检查空调系统内的制冷剂是否泄漏。制冷剂是

一种十分容易蒸发的物质，在常态下，其沸点为-29.8℃，因此要求整个制冷系统密封良好，否则制冷剂就会泄漏，影响制冷效率，故需要经常检查制冷系统有无泄漏。当拆装或检修汽车空调制冷系统管道、更换零部件之后，进行泄漏检查。

汽车空调系统泄漏通常有两种情况：冷泄漏和热泄漏。冷泄漏是指系统并非处在其运行的温度和压力下发生的泄漏，如夜间停放时发生的泄漏。热泄漏发生在高压部分，如汽车在空调系统运行中发生的泄漏。

检漏设备包括卤素检漏器、染料检漏器、荧光检漏仪、电子检漏仪、氦质谱检漏仪、超声波检漏仪等。其中卤素检漏灯只能用于R12、R22等卤素制冷剂的检漏，对R134a、R123等不含氯离子的新型制冷剂无效果。电子检漏仪则对常用制冷剂也存在适用性的问题，使用时要注意。

1）R12电子检漏仪。如图2-11所示为电子检漏仪工作原理，它由一对电极组成，阳极4由白金做成，白金被加热器3加热，并带正电，在它附近放一阴极6，使它带负电。若放在空气中，就会有阳离子射到阴极并产生电流。如果有R12气体流过，回路中的电流就明显增大，根据此信号即可检测出制冷系统的泄漏情况。

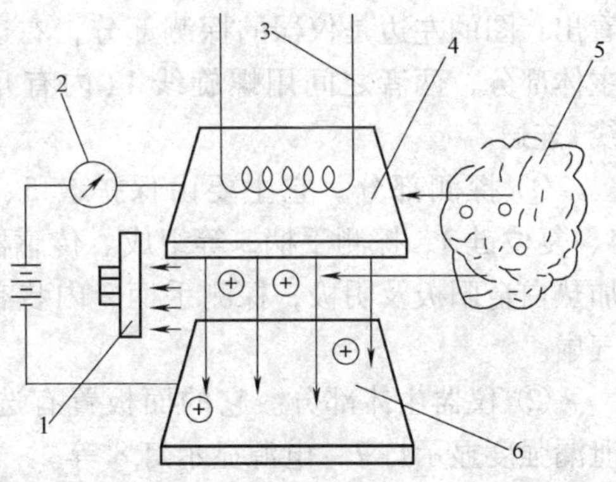

图2-11　R12电子检漏仪工作原理

1—吸气微型风扇　2—电流计　3—加热器　4—阳极　5—气态制冷剂　6—阴极

如图2-12所示为电子检漏仪外形及结构，在圆筒状白金阳极设有加热器，并可加热到800℃左右，在阳极外侧装有阴极，在阳极和阴极之间加有12V直流电压，为使气体在电极间流动，设有进气口和小风扇，当有卤素元素的阳离子出现时，就会产生几个微安的电流，由直流放大器放大，使电流计指针摆动或使音频振荡器发出不同的声响，以示系统制冷剂泄漏程度的大小。

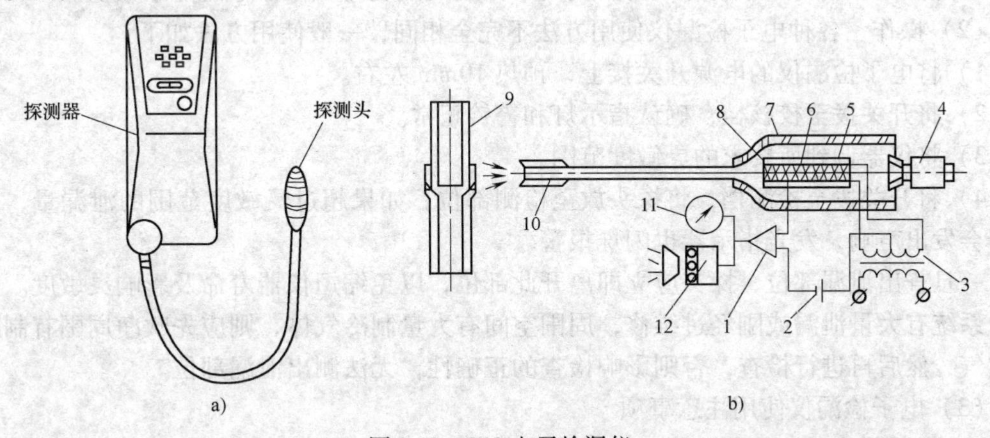

图2-12　R12电子检漏仪

a）外形　b）结构

1—放大器　2—阳极电源　3—变压器　4—风扇　5—阳极　6—阴极　7—外壳　8—电热器　9—管道　10—吸嘴　11—电流计　12—音频振荡器

2）5650 型电子检漏仪。一般检测氟利昂（R12）泄漏的氟利昂电子检漏仪不能检测 R134a 的泄漏情况，这就需要使用专门的检漏仪，如 MHM000 型 R134a 电子检漏仪，或使用可检测 R12 和 R134a 的电子检漏仪，如 LHD1000 型、REF00 型、CH—8583 型、5650 型自动检漏仪等电子检漏仪。

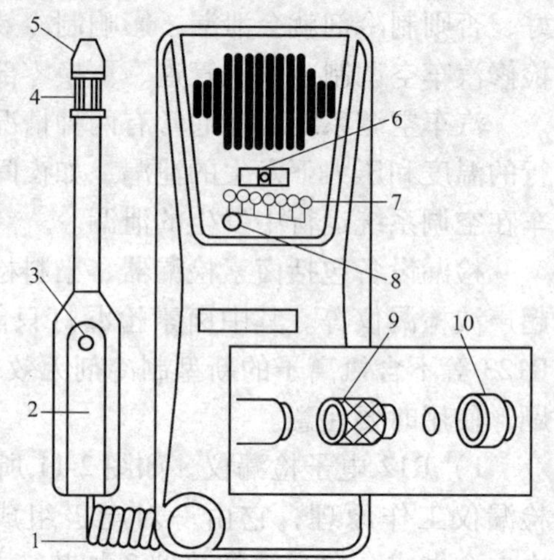

图 2-13　5650 型制电子检漏仪
1—螺旋线　2—探测手柄　3—复位键　4、9—传感器头　5、10—保护套　6—选择开关　7—泄漏强度显示灯　8—电源显示灯

5650 型制冷剂自动检漏仪是新一代的电子检漏仪，它不仅可以检测目前用得较广泛的 R12，而且还可以检测环保制冷剂 R134a 的泄漏。

如图 2-13 所示为该仪器的外观图。从图中可看出：图的左边是仪器的探测部分，右边是仪器的主体部分，两者之间用螺旋线 1（内有几条通电导线）连通。

① 探测部分。它主要由保护套 5、传感器头 4、复位键 3、探测手柄 2 等组成。传感器头内装有加热白金阳极及阴极，探测手柄 2 内装有高效率吸气扇。

② 仪器主体部分。它的面板置有选择开关 6，泄漏强度显示灯 7，电源显示灯 8 等。

5650 型电子检漏仪具有以下特点：

① 功能完善。通过转换开关可以检测 CFC（R12，R11……）、HCFC（R22……）、HFC（R134a）等。

② 能自动标定。当仪器置于已被制冷剂污染的空气中使用时，开关接通后，蜂鸣器便会报警，这时按下复位键，仪器便以当时空气中制冷剂的浓度标定作基准为零进行检测。此时，只有当空气中制冷剂的浓度高于标定的浓度时，仪器才能显示数值。

（2）操作　各种电子检漏仪使用方法不完全相同，一般使用方法如下：

1）将电子检漏仪的电源开关接上，预热 10min 左右。

2）将开关拨至校核档，确认指示灯和警铃正常。

3）将仪器调到所要求的灵敏度范围。

4）将开关拨至检测档，将探头放至检测部位，如果超过灵敏度范围的泄漏量，则报警器会发出声响，发光指示器也闪烁报警。

一旦查出泄漏部位，探头应立即离开此部位，以免缩短仪器寿命及影响灵敏度。如果制冷系统有大量泄漏或刚经过维修，周围空间有大量制冷气体，则应先吹净周围有制冷剂的空气，然后再进行检查，否则影响检查的正确性，无法测出泄漏部位。

（3）电子检漏仪使用注意事项

1）根据制冷系统的制冷剂种类，选择合适类型的电子检漏仪或开关的档位。

2）由于制冷剂比空气的密度大，电子检漏仪在检漏时，吸管口应对准有可能泄漏部位的下方。

3）探测头不要接触污物，否则容易损坏，损坏后应及时更换，否则影响检测精度。

3. 检修阀

（1）制冷剂注入阀　为便于维修汽车空调和方便随车携带，制冷剂生产企业制造了一种小罐制冷剂(一般为400g 左右)，但要将它注入汽车空调制冷系统中去需要有注入阀才能配套开罐。

当向制冷系统灌注制冷剂时，可将注入阀装在制冷剂罐上，旋动制冷剂注入阀手柄，阀针刺穿制冷剂罐，即可充注制冷剂。如图 2-14 所示为制冷剂注入阀的结构简图，制冷剂罐 4 内装有制冷剂，接头 2 用软管与歧管压力计的中间接头相连，其具体使用方法如下。

图 2-14　制冷剂注入阀

1—制冷剂注入阀手柄　2—注入阀接头　3—板状螺母　4—制冷剂罐　5—阀针

1）按逆时针方向旋转注入阀手柄，直到阀针退回为止。

2）将注入阀装到制冷剂罐上，逆时针方向旋转板状螺母直到最高位置，然后将制冷剂注入阀顺时针方向拧动，直到注入阀嵌入制冷剂密封塞。

3）将板状螺母按顺时针方向旋转到底，再将歧管压力计上的中间软管固定到注入阀的接头上。

4）拧紧板状螺母。

5）按顺时针方向旋转手柄，使阀针刺穿密封塞。

6）若要充注制冷剂，则逆时针方向旋转手柄，使阀针抬起，同时打开歧管压力计上的手动阀。

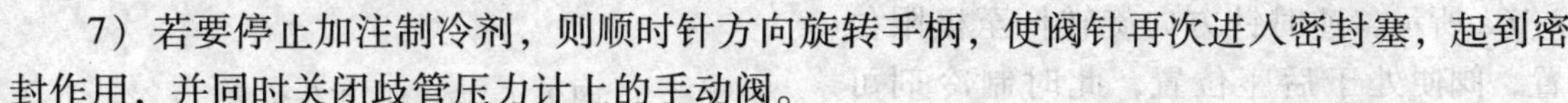

7）若要停止加注制冷剂，则顺时针方向旋转手柄，使阀针再次进入密封塞，起到密封作用，并同时关闭歧管压力计上的手动阀。

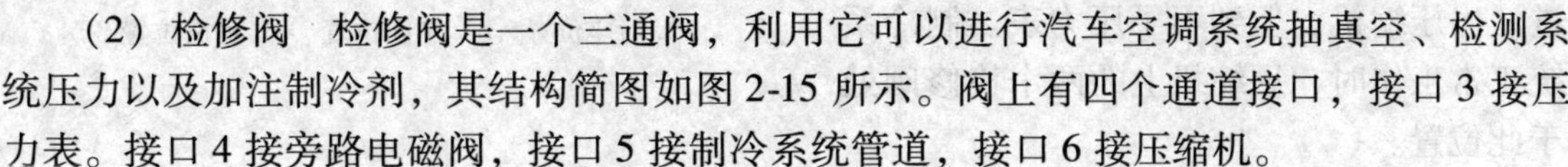

（2）检修阀　检修阀是一个三通阀，利用它可以进行汽车空调系统抽真空、检测系统压力以及加注制冷剂，其结构简图如图 2-15 所示。阀上有四个通道接口，接口 3 接压力表。接口 4 接旁路电磁阀，接口 5 接制冷系统管道，接口 6 接压缩机。

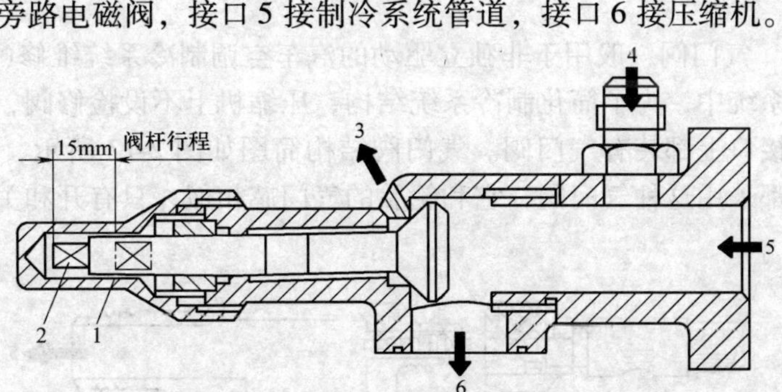

图 2-15　检修阀

1—阀帽　2—阀杆　3—压力表接口　4—旁路电磁阀接口　5—制冷系统管道接口　6—压缩机接口

无论高压检修阀还是低压检修阀均有三个位置，即后座、中间和前座。如图 2-16 所示为检修阀的工作位置，其阀杆可利用棘轮扳手转动，使该阀处于下列三种位置中的任何

一种位置。

1）前座位置如图 2-16c 所示，顺时针方向转动阀杆至阀的极限位置，阀便处于前座位置，此时系统内制冷剂不能流到压缩机，阀处于关闭位置。而压缩机与系统其他部分隔绝，若松开检修阀的固定螺钉，可以更换压缩机，或将压缩机拆下来修理，而不必打开整个制冷系统。但从压缩机上卸下检修阀时要小心，因为压缩机内还残存有制冷剂，因此，拆卸检修阀时速度要慢，并遵守有关操作规程。检修结束后，应恢复到后座位置，否则压缩机将封闭工作而损坏。

2）中间位置如图 2-16b 所示，歧管压力表、压缩机、制冷剂管道全部连通。这位置可以加注制冷剂、抽真空或用歧管压力表检查制冷系统的压力。制冷剂可在整个系统内流通，压缩机内的制冷剂既可进入管路系统，又可进入压力表口，以便检测系统压力。

3）后座位置又叫正常位置，如图 2-16a 所示，逆时针方向旋转杆至极限位置，阀便处于后座位置，此时制冷剂可进、出压缩机，但到不了压力表。制冷系统正常工作时，压缩机上的两个检修阀处于此位置。

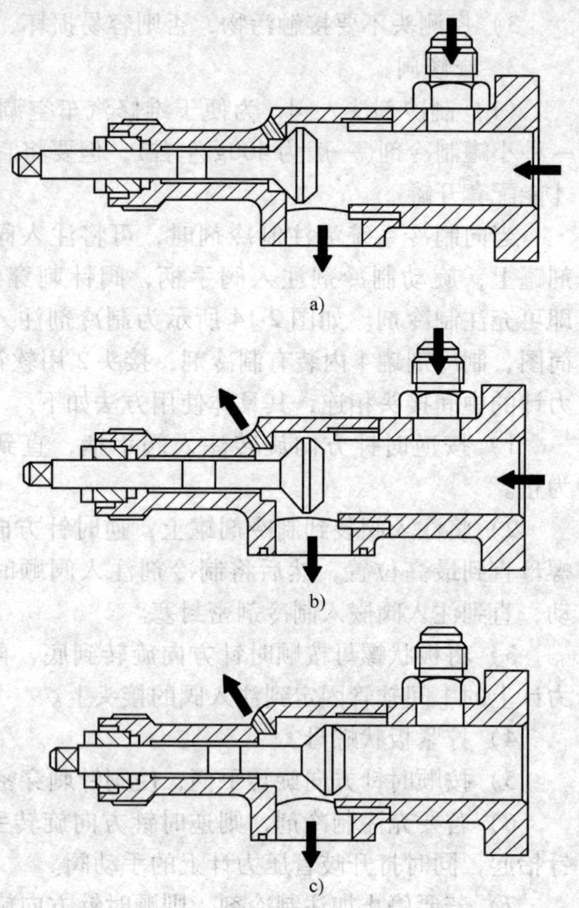

图 2-16　检修阀工作位置

a）后座位置　b）中间位置　c）前座位置

（3）气门阀　气门阀一般用于非独立驱动的汽车空调制冷系统维修（如轿车空调等）。在轿车空调制冷系统中，为了简化制冷系统结构，压缩机上不设检修阀，而用维修接口来代替，每个维修接口上都装有气门阀。气门阀结构简图如图 2-17 所示，轿车空调压缩机吸、排气管接头都采用这种气门阀，它和轮胎的气门芯相似，只有开和关两个位置。使用

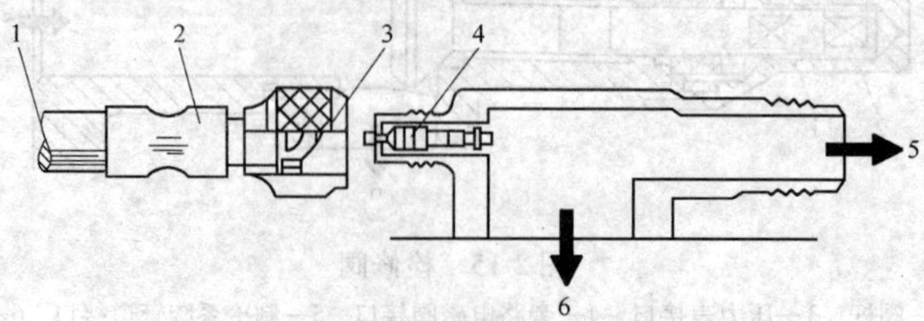

图 2-17　气门阀

1—通往压力表　2—检测用软管　3—顶阀杆　4—气门阀　5—通往制冷管路　6—通往压缩机

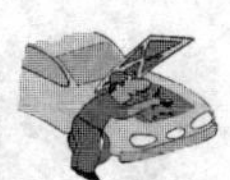

时只要把检测用软管接头拧在工作阀口上，阀芯就被压开，制冷剂就进入检测用软管；卸下检测用软管时，则自动关闭系统接口。

4. 专用成套维修工具

成套维修工具是把汽车制冷系统维修时需要的专用工具组装在一个工具箱内，如图 2-18 所示。汽车空调专用成套维修工具有：歧管压力计、漏气检测仪、真空泵、制冷剂管固定架、割管器、备用储气瓶、涨管器、检测阀扳手、制冷剂注入阀、注入软管衬垫、检修阀衬垫等。成套维修工具便于携带及保管，特别适用于制冷系统的维修工作。

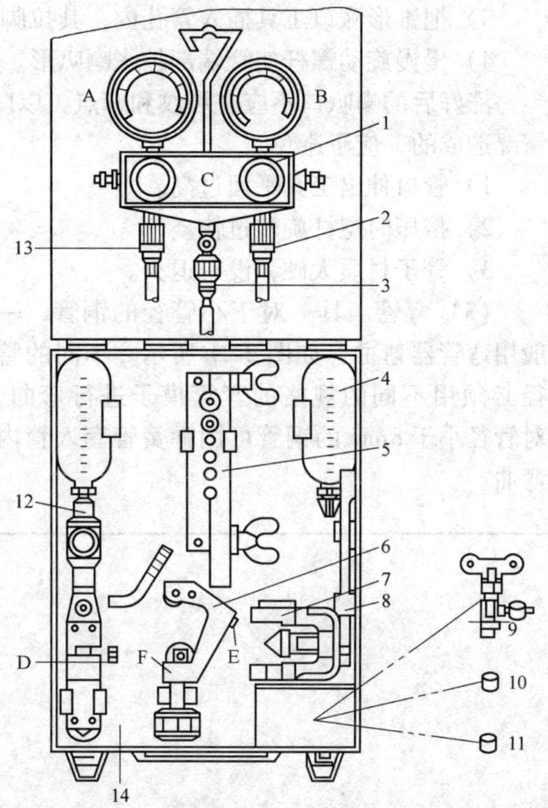

图 2-18　汽车空调专用成套维修工具

1—歧管压力计　2—红色注入软管　3—绿色注入软管　4—备用储气瓶　5—制冷剂管固定架　6—割管器　7—涨管器　8—检修阀扳手　9—制冷剂罐注入阀　10—注入软管　11—检修阀衬垫　12—漏气检测仪　13—蓝色注入软管　14—工具箱　A—低压表　B—高压表　C—压力表座　D—反应　E—绞刀　F—刀片

（1）割管器的使用　割管器是切割制冷剂管（铜管或钢管）的工具，如图 2-19 所示。

割管器一般可切割直径为 3 ~ 25mm 的铜管，切割时将管子放在两个滚轮中间，旋转转柄时切削刃碰到管壁。用一只手捏紧管子，另一手转动转柄，使割刀绕管子旋转。每转一圈，顺旋转柄进刀 1/4 圈，边转边进刀。直到管子被割断。进给量不能过深，刀口垂直向铜管，不要歪扭和侧向扭动，以免压扁管子或管口内凹、刀口边缘崩裂。切割铜管之后，一定要用刀片除去管端的毛刺，避免切屑进入管内。

（2）涨管器的使用　制冷剂管采用螺纹接头时，为确保连接处的密封性，需将管口扩大呈喇叭口形状。如图 2-20 所示为铜管涨管器，使用方法如下：

1）将已退火的铜管端部从固定架管孔中稍微向上露出距工具平面以上 1/3 的距离。

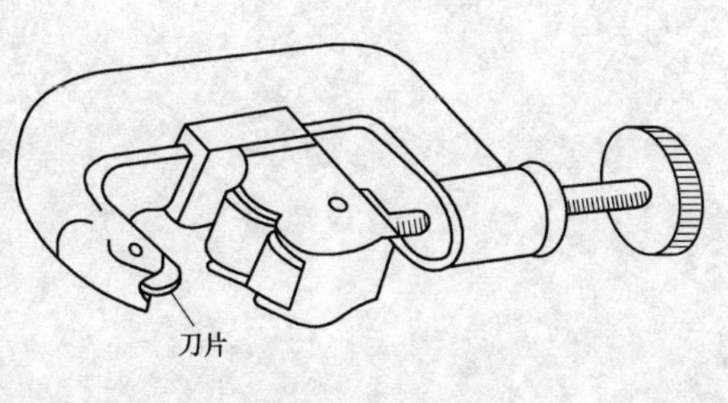

图 2-19　割管器

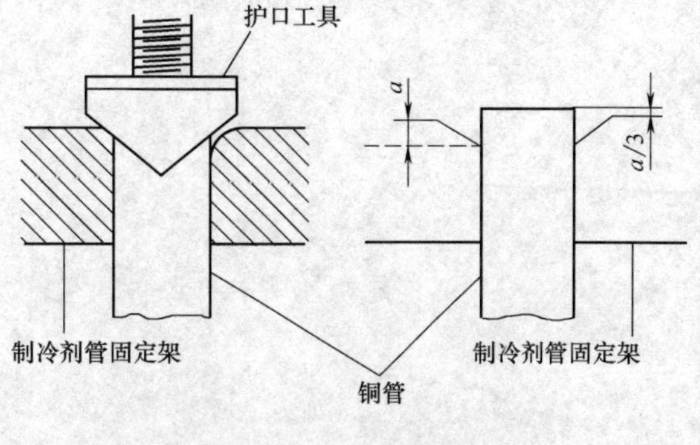

图 2-20　涨管器

2）在锥形涨口工具的顶尖上涂少许冷冻机油。

3）把锥形涨口工具插入管孔内，其拉脚卡在涨口夹板内。

4）慢慢旋动螺杆使管端部扩张喇叭形。

涨好后的喇叭口不应有裂纹和麻点，以防密封不严。不合格的喇叭口，一般是由以下情况造成的，应予避免。

1）管口伸出工具平面过高。

2）挤压时螺杆旋转过快。

3）管子材质太硬，没有退火。

（3）弯管工具　对于小管径的铜管，一般用弯管器弯曲，如图 2-21 所示。不同的管径必须用不同的规格的弯管模子进行弯曲，对管径小于 8mm 的铜管可用弹簧管套入管内弯曲。

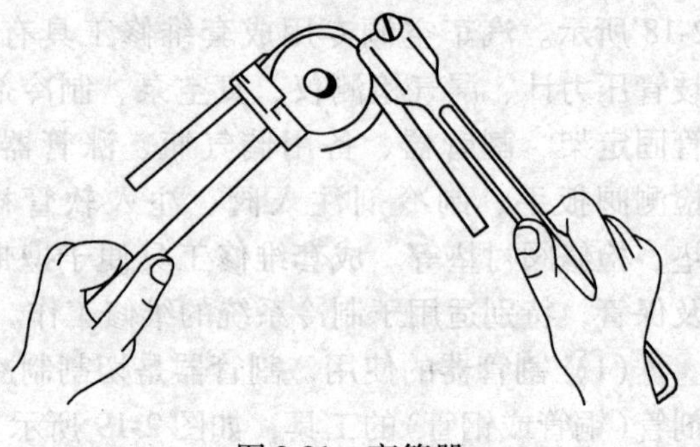

图 2-21　弯管器

第 3 章 汽车空调制冷系统构造

学习目标：

- 了解汽车空调压缩机的要求与分类
- 掌握汽车空调制冷压缩机的结构、特性与工作原理
- 掌握汽车空调电磁离合器的结构与工作原理
- 理解汽车空调制冷系统其他部件的结构与工作原理

汽车空调制冷系统包括制冷压缩机、热交换器、储液干燥器(或集液器)、膨胀阀、温度和压力控制阀、压缩机保护系统等，下面分别介绍各部件的结构与原理。

3.1 汽车空调压缩机

空调压缩机是空调系统的核心部件。随着人们对汽车舒适性的要求越来越高，各种新式空调系统不断出现，这也推动了空调压缩机制造技术的不断进步。从目前空调压缩机的发展趋势来看，结构紧凑、高效节能以及微振、低噪等特点是空调压缩机制造技术不断追求的目标。

3.1.1 对汽车空调压缩机的要求

夏季汽车空调的冷源一般是由机械制冷装置提供的。目前汽车上的制冷方式一般是蒸气压缩式。除大型客车外，制冷系统都是非独立型的，即制冷的动力直接来源于汽车发动机，而不再另加一套动力源。空调压缩机是制冷系统的心脏部件，不断地使制冷剂循环流动，制造冷气。压缩机的性能好坏将直接影响到夏季的空调效果。

由于这种压缩机是在汽车上运行，故在性能方面就与一般用途的压缩机不同，主要有以下特殊要求：

① 要有良好的低速性能，即在低速行驶或怠速时也有较大的制冷能力和较高的效率。

② 高速运行时功耗小，以节省油耗，并保证发动机的动力性。

③ 体积小，重量轻，满足汽车对零部件小型化的要求。

④ 可靠性高，耐高温和抗振性好，能经受恶劣的运行条件。

⑤ 运转平稳，噪声低，振动小，起动转矩小，减少压缩机对汽车的不利影响。

3.1.2 汽车空调压缩机的作用与分类

1. 汽车空调压缩机的作用

空调压缩机的功能是借助外力(例如发动机动力)维持制冷剂在制冷系统内的循环，吸入来自蒸发器的冷空气、低压的制冷剂蒸气，压缩制冷剂蒸气使其温度和压力升高，并将制冷剂蒸气送往冷凝器，在热量吸收和释放的过程中，实现热交换。

① 压缩机是一个动力源，促使制冷剂在系统内循环流动。若没有它，制冷剂则无法流动，更不能转移热量。

② 提高制冷剂的压力，促使其在冷凝器中液化放热。

③ 提高制冷剂压力后，伴随着温度也提高(超过环境温度)，这样有利于向外散热。

2. 空调压缩机的分类

根据工作原理的不同，空调压缩机可以分为定排量压缩机和变排量压缩机。

(1) 定排量压缩机　定排量压缩机的排气量是随着发动机转速的提高而成比例地提高，它不能根据制冷的需求而自动改变功率输出，而且对发动机油耗的影响比较大。它的控制一般通过采集蒸发器出风口的温度信号，当温度达到设定的温度，压缩机电磁离合器松开，压缩机停止工作。当温度升高后，电磁离合器结合，压缩机开始工作。定排量压缩机也受空调系统压力的控制，当管路内压力过高时，压缩机停止工作。

(2) 变排量空调压缩机　变排量压缩机可以根据设定的温度自动调节功率输出。空调控制系统不采集蒸发器出风口的温度信号，而是根据空调管路内压力的变化信号控制压缩机的压缩比来自动调节出风口温度。在制冷的全过程中，压缩机始终是工作的，制冷强度的调节完全依赖装在压缩机内部的压力调节阀来控制。当空调管路内高压端的压力过高时，压力调节阀缩短压缩机内活塞行程以减小压缩比，这样就会降低制冷强度。当高压端压力下降到一定程度，低压端压力上升到一定程度时，压力调节阀则增大活塞行程以提高制冷强度。

根据工作方式的不同，压缩机一般可以分为往复式和旋转式，常见的往复式压缩机有曲轴连杆式和轴向活塞式，常见的旋转式压缩机有旋转叶片式和涡旋式。

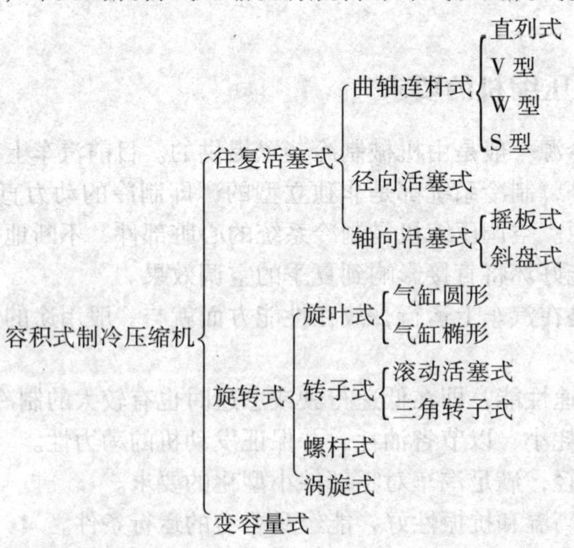

3.1.3　曲轴连杆式压缩机

曲轴连杆式压缩机是一种早期应用较为广泛的制冷压缩机，现在大、中型客车中仍然在使用。此类压缩机的活塞在气缸内不断地运动，改变了气缸的容积，从而在制冷系统中起到

了压缩和输送制冷剂的作用。压缩机的工作可分为压缩、排气、膨胀、吸气四个过程，如图3-1所示。

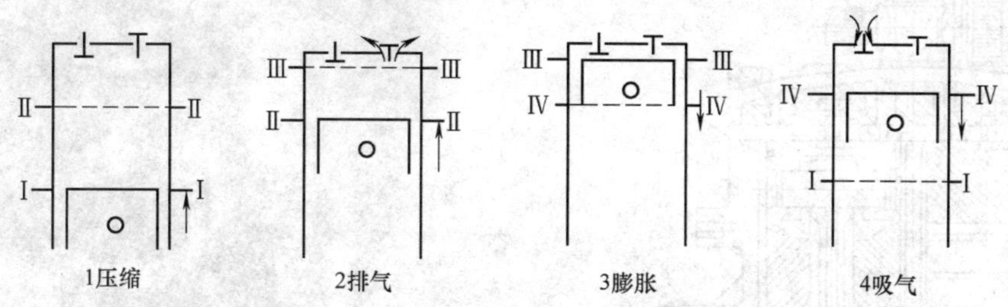

图3-1　曲轴连杆式压缩机工作过程

1. 压缩过程

当活塞处于最下端位置I—I(称为下止点)时，气缸内充满了从蒸发器吸入的低压制冷剂蒸气，吸气过程结束。活塞在曲柄连杆机构的带动下开始向上移动时，吸气阀关闭，气缸的工作容积逐渐减小。密闭在气缸内的蒸气的压力和温度因容积的减小而逐步升高。当活塞向上移动到位置Ⅱ—Ⅱ时，气缸内的蒸气压力升高到略高于排气管路中的压力，排气阀门便自动打开，开始排气。制冷剂蒸气在气缸内从进气时的低压升高到排气时的高压的过程称为压缩过程。

2. 排气过程

活塞继续向上运动，气缸内的蒸气压力不再升高，而是不断地经过排气阀向排气管输出，直到活塞运动到最高位置Ⅲ—Ⅲ(称为上止点)时排气过程结束。蒸气从气缸向排气管输出的过程称为排气过程。

3. 膨胀过程

当活塞运动到上止点位置时，由于压缩机的结构及制造工艺等原因，活塞顶部与气阀座之间存在一定的间隙。该间隙所形成的容积称为余隙容积。排气过程结束时，由于余隙的存在，在气缸余隙容积内有一定数量的高压蒸气。当活塞开始向下移动时，排气阀关闭，但吸气管道内的低压蒸气不能立即进入气缸，而是首先将残留在气缸内的高压蒸气容积增大而膨胀，使其压力下降，直至气缸内的压力下降到稍低于吸气管道中的压力时为止。活塞位置由Ⅲ—Ⅲ移动到Ⅳ—Ⅳ的过程称为膨胀过程。

4. 吸气过程

当活塞运动到Ⅳ—Ⅳ位置时，进气阀自动打开。活塞继续向下运动时，低压蒸气便不断地由蒸发器经吸气管和吸气阀进入气缸，直到活塞到达下止点Ⅰ—Ⅰ时的位置为止。这一过程称为吸气过程。

完成吸气过程后，活塞又从下止点向上止点运动，重新开始压缩过程，如此周而复始，循环不已。压缩机经过压缩、排气、膨胀和吸气四个过程，将蒸发器内的低压蒸气吸入使其压力升高后排入冷凝器，达到抽吸、压缩和输送制冷剂的作用。

曲轴连杆式压缩机转速较高(可达2000r/min以上)，重量相应地轻些，寿命一般较低。如图3-2所示为日本丰田H型压缩机结构图。它采用滚子轴承，因而运动阻力小，箱体、连杆、活塞均为铝制，镶有气缸套，整台压缩机的重量(不带电磁离合器)为5.4kg，各部件靠飞溅润滑。如图3-3所示为曲轴连杆式压缩机实物图。

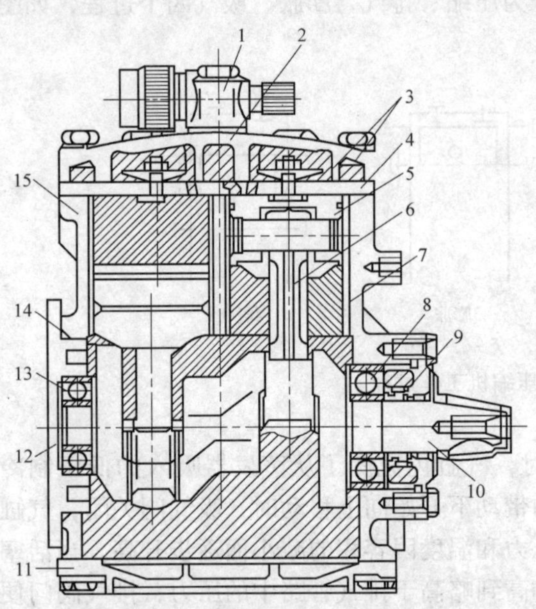

图 3-2　日本丰田 H 型压缩机

1—吸、排气口　2—气缸盖　3—吸、排气阀片　4—阀板　5—活塞　6—连杆　7—气缸套　8—前轴承　9—轴封　10—曲轴　11—底板　12—后盖　13—后轴承　14—O 形圈　15—曲轴箱

图 3-3　曲轴连杆式压缩机实物图

3.1.4　摆盘式压缩机

1. 工作原理

摆盘式压缩机的工作原理如图 3-4 所示。

气缸以压缩机的轴线为中心，均匀分布，连杆联接活塞 1 和摆盘，两端采用球形万向联轴器，使摆盘的摆动和活塞 1 的移动相协调而不发生干涉。摆盘中心用钢球 3 作支承中心，并用一对固定的锥齿轮限制摆盘只能摇动而不能转动。主轴 5 和楔形传动板 6 联接在一起。

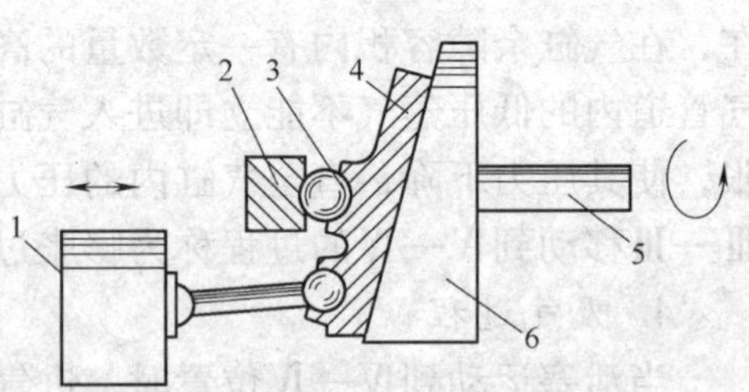

图 3-4　摆盘式压缩机工作原理

1—活塞　2—压块　3—钢球　4—摇板　5—主轴　6—楔形传动板

压缩机工作时，主轴 5 带动楔形传动板 6 一起旋转。由于楔形传动板 6 的转动，迫使摆盘以钢球 3 为中心，进行左右摇摆移动。摆盘和楔形传动板 6 之间的摩擦力，使摆盘具有转动的趋势，但是这种趋势被一对锥齿轮所限制，使得摆盘只能左右移动，并带动活塞在气缸内作往复运动。

该类压缩机与曲轴连杆式一样，均有吸气和排气阀片，工作循环也具有压缩、排气、膨胀、吸气四个过程。当活塞向右运动时，该气缸处于膨胀、吸气两个过程，而摆盘另一端的活塞作反向的向左移动，使该气缸处于压缩、排气两个过程。主轴每转动一周，一个气缸便要完成上述的压缩、排气、膨胀、吸气的一个循环。一般一个摆盘配有五个活塞，这样相应

的五个气缸在主轴转动一周时，就有五次排气过程。

2. 主要结构

如图3-5所示为SD-5摆盘式压缩机的剖视图。

该压缩机的特点是将摆盘17和楔形传动板12的滑动配合面改为滚子轴承，楔形传动板12与前缸盖11接触面亦改为滚子轴承，并将楔形传动板12掏空，大部分零件也改用铝合金材料。这样改进后压缩机结构更紧凑，重量更轻，寿命更长，而且价格低廉。SD-5型压缩机的主要构造为：主轴7和五个气缸轴线平行，缸体14上均匀分布着五个轴向气缸，气缸内的活塞20和摆盘17被连杆用球形万向联轴器联接，通过滚子轴承10和16，使楔形传动板12与前缸盖和摆盘之间的滑动摩擦变为滚动摩擦，减少了摩擦阻力和零件的磨损，延长了零件寿命。轴承9是一对滑动轴承，它和钢球15一起支承主轴7和楔形传动板12的运动，钢球15还起摆盘的支点作用。

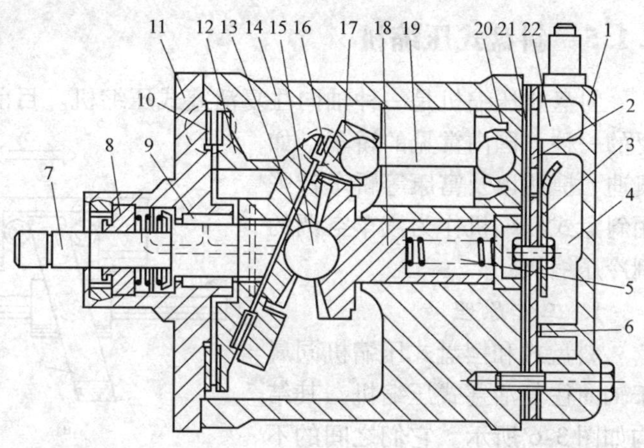

图3-5 摆盘式压缩机的剖视图

1—后缸盖 2—阀板 3—排气阀片 4—排气腔 5—弹簧 6—后盖缸垫 7—主轴 8—轴封总成 9—滑动轴承 10—端面滚子轴承 11—前缸盖 12—楔形传动板 13—锥齿轮 14—缸体 15—钢球 16—摆盘圆柱滚子轴承 17—摆盘 18—锥齿轮 19—连杆 20—活塞 21—阀板垫 22—吸气腔

吸气腔和楔形传动板腔有通气孔，使夹带机油的制冷剂蒸气先润滑所有的运动部件和油封后，再到气缸中压缩。

目前，摆盘式压缩机已得到广泛的应用，如许多汽车修理厂都采用上海三电贝洱公司的压缩机来替换原有的汽车空调压缩机。

3. 变容量摆盘式压缩机

与普通摆盘式压缩机相比，变容量摆盘式压缩机最大的改进是在后端盖上装了一个波纹管控制器和导向器。波纹管放在吸气腔内，受蒸气气压控制，通过波纹管的动作来控制排气腔和摆盘室、吸气腔和摆盘室之间的阀门通道。导向器根据摆盘室内压力的大小，自动调节摆盘倾斜角度的大小。摆盘倾角越大，活塞行程越长，排出的气体亦越多；反之，摆盘倾角越小，活塞行程越短，排气量亦越少。角度小时制冷量少，耗能亦少。

当发动机转速降低时，由蒸发器出来的蒸气气压升高，使波纹管压缩。当压力大于0.35MPa时，控制阀开启低压通道，关闭高压通道，这时摆盘室的蒸气进入低压腔，使摆盘室内气压变小。活塞压缩时，两端的压差变大，导向器自动调节，以增大摆盘倾角来平衡活塞上增大的力矩。这样活塞行程变长，排气量增多，蒸发器压力亦增高。最终，活塞两端的压差使压缩机满负荷输出压缩蒸气，制冷量最大。

当发动机高转速时，吸气腔的压力降低。当下降至0.3MPa时，控制阀打开高压通道，关闭低压通道，高压蒸气进入摆盘室，使活塞压缩时两端的压差变小，导向器自动调节减小摆盘倾角。这样活塞行程缩短，排气量减小，耗能降低。

由于变容量摆盘式可以在吸气压力0.30～0.35MPa之间连续无级调节其输气量，从而实现了空调在不同工况下压缩机的制冷量和功耗的合理匹配，极大限度地改善了汽车空调的舒适性，并降低了能耗。

3.1.5 斜盘式压缩机

斜盘式压缩机是一种轴向往复活塞式压缩机。目前，它是汽车空调压缩机中使用最为广泛的一种。国内常见的轿车，如奥迪、捷达以及富康等轿车皆采用斜盘式压缩机作为汽车空调的制冷压缩机。

1. 工作原理

斜盘式和摆盘式压缩机同属于轴向往复活塞式压缩机，其结构如图3-6所示。它们之间的不同是摆盘式的活塞运动属单向作用式，而斜盘式的活塞运动属双向作用式，所以有时又把它们分别称作单向斜盘式压缩机和双向斜盘式压缩机。

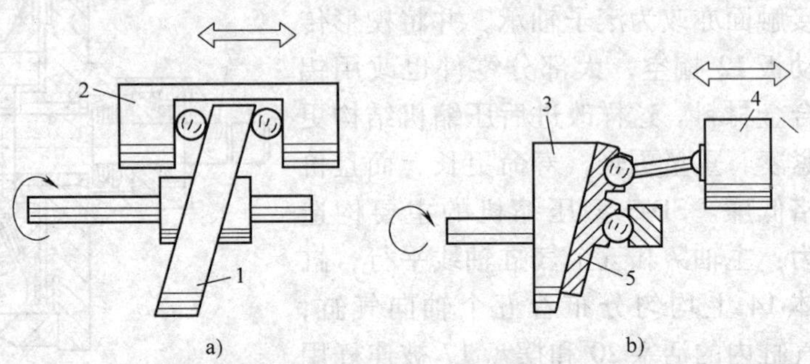

图3-6 斜盘式与摆盘式压缩机原理和结构比较

a）斜盘式压缩机的活塞双向作用 b）摆盘式压缩机的活塞单向作用

1—回转斜盘 2—活塞 3—楔形传动板 4—活塞 5—摆盘

如图3-7所示为一种斜盘式压缩机的剖视图。斜盘式压缩机的工作原理为：当主轴1带动斜盘转动时，斜盘便驱动活塞13作轴向移动，由于活塞在前后布置的气缸中同时作轴向运动，这相当于两个活塞在作双向运动。即当前缸活塞向左移动时，排气阀片关闭，余隙容积的气体首先膨胀，在缸内压力略小于吸气腔压力时，吸气阀片打开，低压蒸气进入气缸开始了吸气过程，一直到活塞13向左移动到终点为止；当后缸活塞向左移动时，开始压缩过程，蒸气不断压缩，压力和温度不断上升，当压缩蒸气的压力略大于排气腔压力时，排气阀片打开，转到排气过程，一直到活塞移动到左边为止。这样斜盘每转动一周，前后两个活塞各自完成吸气、压缩、排气、膨胀过程，完成一个循环，相当于两个工作循环。这意味着如果缸体截面均布五个气缸和五个双向活塞时，当主轴旋转一周，相当于10个气缸工作。所以称这种五缸、五个双向活塞布置的压缩机为斜盘式十缸压缩机。

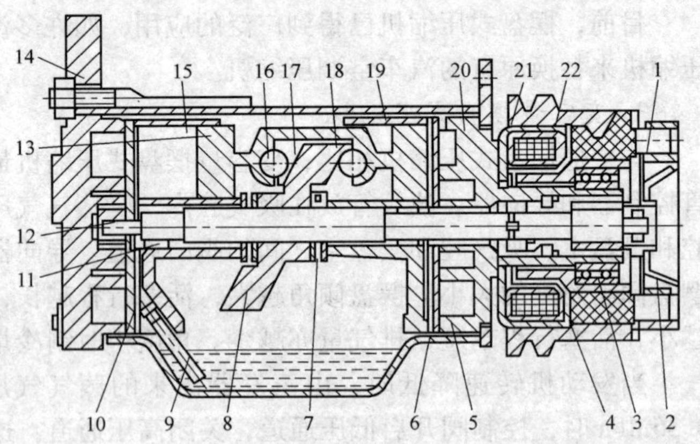

图3-7 斜盘式压缩机剖视图

1—主轴 2—压板 3—带轮轴承 4—轴封 5—密封圈 6—前阀板 7—回油孔 8—斜板 9—吸油管 10—后阀板 11—轴承 12—机油泵 13—活塞 14—后缸盖 15—后气缸 16—钢球 17—钢球滑靴 18—前后活塞球套 19—前气缸 20—前气缸盖 21—带轮 22—电磁线圈

2. 主要结构

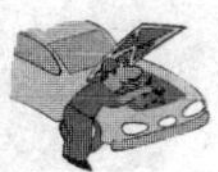

如图3-8所示，斜盘式压缩机的主要零件有缸体，前、后缸盖，前、后阀板，活塞等。它的斜盘固定在主轴上，钢球用滑靴和活塞的联接架固定。钢球的作用是使斜盘的旋转运动经钢球转换为活塞的直线运动时，由滑动变为滚动。这样可减少摩擦阻力和磨损，以及延长滑板的使用寿命。现在斜盘和滑靴都以耐磨、质轻的高硅铝合金材料替换了早期使用的铸铁材料，活塞也用硅铝合金材料，这样既减轻了压缩机运动机件的重量，又可提高压缩机的转速。

图3-8　斜盘式压缩机实物剖视图

由于斜盘式压缩机的活塞双向作用，因此在它的两边都装有前、后阀总成，各总成上都装有吸气阀片和排气阀片。且前、后缸盖上都有各自相通的吸气腔和排气腔，吸、排气缸用阀垫隔开。

斜盘式压缩机的润滑方式有两种，一种是采用油泵强制润滑，它用于豪华轿车和豪华小型巴士车，这种压缩机具有较大制冷量；另一种设有油池，没有油泵，依靠冷冻机油和制冷剂一起循环时在吸气腔内因压力和温度下降而分离出的冷冻机油来润滑压缩机各组件，很显然这与摆盘式压缩机的工作原理类似。

3. 变容量斜盘式压缩机

斜盘式压缩机实现容量变化的形式很多，但原理均相差不大，归根结底都是采用电磁三通阀来调节气缸内余隙容积大小，使排气量发生变化，从而达到调节制冷量大小的目的。如图3-9所示，六缸斜盘式压缩机每缸均配置一个余隙容积调节阀1，使用一个三通电磁阀5控制。也有用多个电磁阀控制六个缸的排气量的压缩机。

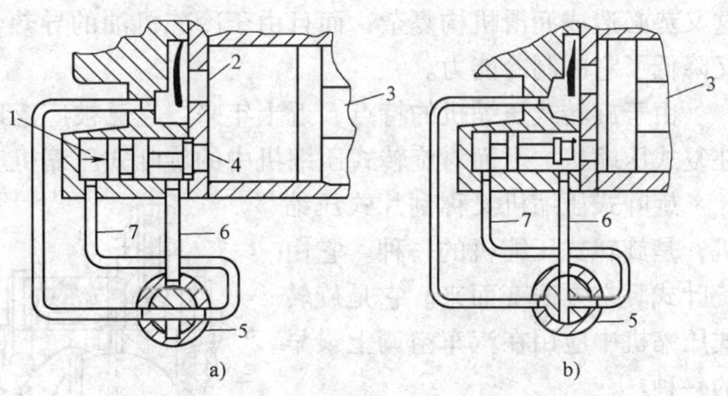

图3-9　斜盘式压缩机变容量工作原理

1—余隙容积调节阀　2—排气腔　3—活塞　4—阀口

5—三通电磁阀　6—回气管　7—工作管

正常负荷工作时，三通电磁阀5与排气腔工作管接通，高压气体将余隙容积调节阀1向右推，直至将阀口堵住，此时压缩机为100%的负载，即以正常排气量工作。

当需要降低压缩机的排气量时，三通电磁阀5与回气管6和工作管7相通。当吸气时，原来左端的高压气体通过工作管7、回气管6送到吸气气缸。在活塞压缩时，气体推动余隙容积调节阀左移，留下一个空间。当压缩完毕时，余隙容积调节阀1内的气体保留下来。当活塞3右移时，余隙容积调节阀内的高压气体首先膨胀，这样就减少了气缸的吸气量和排气量，相应功耗也就降低。至于每缸排气量的减少量，一般按设计余隙容积减小75%来设计，

相应功耗可降低50%。

由以上所述可以看出，斜盘式压缩机的容量是有级变化，这就远不及摆盘式压缩机输气的质量好。与此同时，采用单电磁阀控制多个气缸的方式也不合理，这会引起排气的波动太大，相应地引起制冷量的急剧变化。所以，最好采用多电磁阀来控制多个气缸，根据车内或车外温度来决定变容的缸数。但这样一来控制结构就变得复杂起来。因而，从变容的结构、耗能、空调舒适性来说，摆盘式的整体性能比其他往复式压缩机要好得多。

3.1.6 旋叶式压缩机

1. 工作原理

旋转式压缩机和往复式压缩机都是依靠气缸容积的变化来达到制冷目的的，但是旋转式压缩机工作容积的变化不同于往复式压缩机，它的工作容积变化除了周期性扩大和缩小外，其空间位置也随主轴的转动不断发生变化。这类压缩机只要进气口的位置设置合理，完全可以不用进气阀片，排气阀片则可根据需要来设置。旋转式压缩机基本上无余隙容积，其工作过程一般只有进气、压缩、排气三个过程，所以它的容积效率比往复式压缩机高得多，可高达80%~95%。

旋转式压缩机的转子不存在往复运动带来的惯性，所以平衡问题得到解决。这样，旋转式压缩机可达到较高转速，增加了制冷能力，减小了体积和重量，这一点对汽车空调显得特别重要。

但是，由于旋转式压缩机工作容积不断地变化，使得工作容积的密封面积较大，加上密封的地方大都是曲线，因此密封结构复杂，密封性差。为此，必须借助冷冻机油来密封，而这又势必造成润滑机构复杂，而且由于冷冻机油的导热性差，造成空调机的换热性能不良，又降低了它的制冷能力。

由于旋转式压缩机的特点，近十年来，它已被广泛地应用在汽车空调上，正在逐步取代往复式压缩机。下面对旋转式压缩机中的旋叶式压缩机工作原理进行介绍。

旋叶式压缩机又称刮片式压缩机，是旋转式压缩机的一种。它由旋叶式真空泵演变而来。它是旋转式压缩机中应用在汽车空调上最早的一种。

旋叶式压缩机的气缸有圆形和椭圆形两类。叶片有二片、三片、四片、五片等几种。其中圆形气缸配置的叶片为二、三、四片三种，如图3-10、图3-11所示。椭圆形气缸配置的叶片为四、五片两种，如图3-12所示。

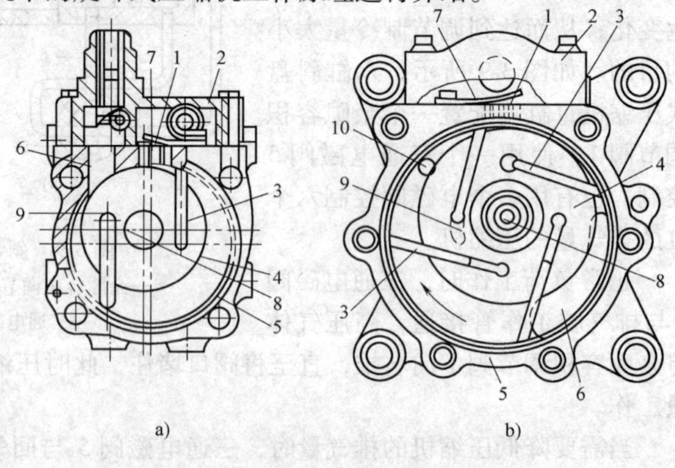

图3-10 圆形气缸的旋叶式压缩机剖视图

a）日本松下SO形两叶压缩机 b）美国纽克VR形四叶压缩机

1—排气孔 2—缸盖 3—叶片 4—转子 5—缸体 6—进气孔 7—排气簧片 8—主轴 9—进油孔 10—单向阀

在圆形气缸的旋叶式压缩机中，转子的主轴相对气缸的圆心有一偏心距，这使转子紧贴在气缸内

图 3-11　圆形气缸的旋叶式压缩机实物图

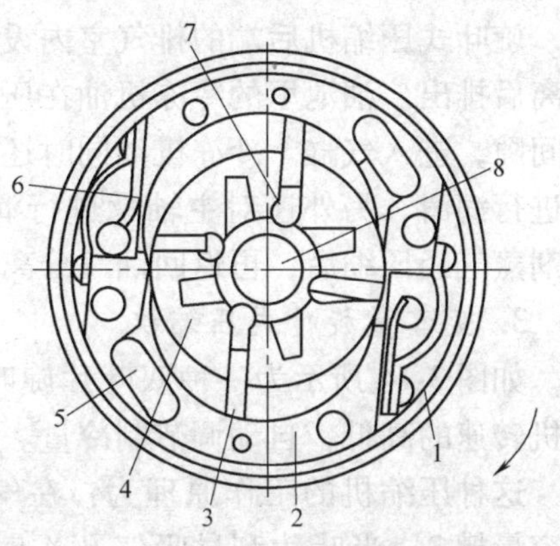

图 3-12　椭圆形气缸的旋叶式压缩机

1—机壳　2—缸体　3—叶片(共4片)

4—转子　5—吸气腔　6—排气簧片

7—进油口　8—主轴

表面的进气孔和排气孔之间。而在椭圆形气缸中，转子的主轴和椭圆的几何中心重合，转子紧贴椭圆两短轴上的内表面。这样转子的叶片和它们之间的接触将气缸分成几个空间，当主轴带动转子旋转一周时，这些空间的容积发生扩大→缩小→消失的循环变化。相应地制冷剂蒸气在这些空间内发生吸气→排气的循环。对于圆形气缸而言，双叶片式将空间分成两个空间，主轴每旋转一周，即有两次排气过程；三叶片则有三次排气过程。叶片越多，压缩机的排气脉冲越小，椭圆气缸压缩机也是如此。由于排气阀设计在接近接触线的位置，因此旋叶式压缩机几乎不存在余隙容积。

由此可见，旋叶式压缩机由于不设吸气阀，容积效率特别高，转子可以高速运转，因此制冷能力强。

2. 主要结构

如图 3-13 所示为旋叶式压缩机的轴向剖视图。

旋叶式压缩机的主要零部件有缸体、转子、主轴、叶片、排气阀、后端盖、带有离合器的前端盖和主轴的油衬。后盖板 6 和前端盖 3 上有两个滚子轴承(4、7)支撑主轴转动，后端还有一个油气分离器。转子上开槽的中心不通过转子中心，而是斜置一个角度，以使叶片在转子的斜置槽中自由滑动。叶片之所以在斜置槽中，目的是尽量减小叶片沿转子槽运动时的阻力，以改善叶片在槽中自由滑动的状况。高压冷冻机油从槽的底

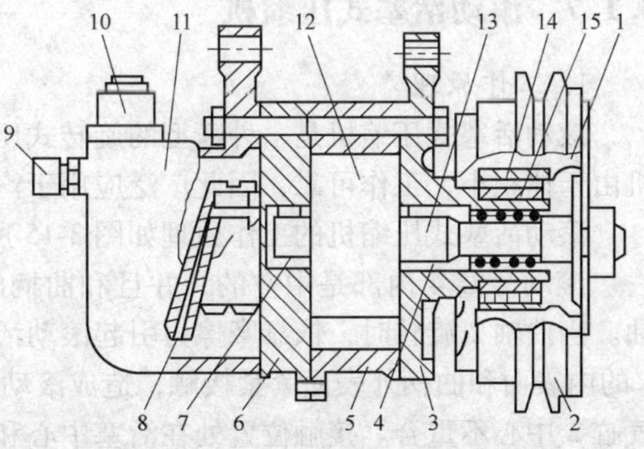

图 3-13　旋叶式压缩机轴向剖视图

1—前板　2—带轮　3—前端盖　4、7—轴承

5—缸体　6—后盖板　8—吸油管　9—排气口

10—进气口　11—后端盖　12—转子

13—主轴　14—带轮轴承　15—轴衬

面进入槽中，使叶片以浮动的形式接触缸体曲面而实现密封，这样既减小了密封弹簧的弹力，又提高了叶片的耐磨性。与此同时，离心力对无约束的叶片作用也能加强接触面密封的可靠性。

旋叶式压缩机后端的排气室内设有一个较大的空间，以用来分离油气，使制冷剂蒸气经分离后排出。油池里的冷冻机油在压差作用下，通过输油管压入转子的槽底，通过叶片和槽的间隙，进入气缸。冷冻机油同时还流到转子与前、后缸盖板的间隙中，对端面的轴承和油封进行润滑，另外还对主轴承进行润滑。润滑后的油随着制冷剂蒸气经压缩后，再返回油气分离器。

3. 变容量旋叶式压缩机

如图 3-14 所示为一种双叶片旋叶式压缩机。它可根据发动机转速的高低，自动调节制冷量。

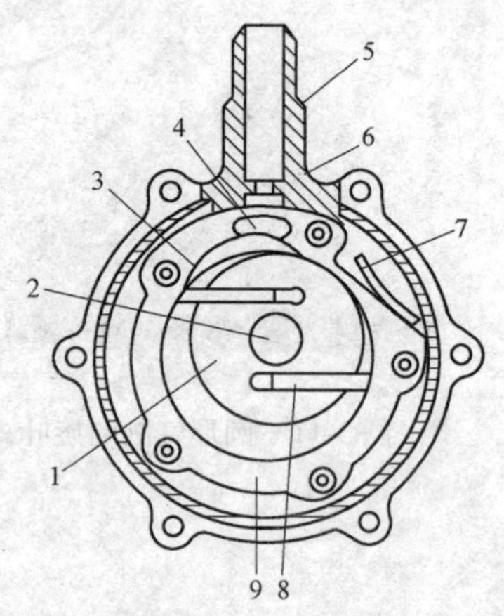

图 3-14　变容量旋叶式压缩机
1—转子　2—主轴　3—变容量槽　4—吸气孔　5—进气管　6—O 形圈　7—排气阀　8—叶片　9—缸体

这种压缩机的工作原理为：在气缸的吸气孔 4 处，有一变容量槽 3，当叶片刮过吸气孔 4 时，进气过程本来应该结束，但由于气缸开有变容量槽 3，因此在气流惯性的作用下，继续通过变容量槽 3 进行充气，这样可以提高充气效率，又不影响下一气缸的进气过程。变容量槽 3 和叶片 8 构成一个缺口，通过该缺口槽进入气缸的气体流量正比于缺口截面积和流入时间的乘积，即流量 $=K\times$ 截面积 $\times$ 流入时间 $\times$ 叶片厚度，式中 K 为比例系数。低转速时，叶片刮过变容量槽 3 的时间长，充气量增大，制冷量大；高转速时，叶片刮过变容量槽 3 的时间短，气缸充气量相对减少，制冷量减少，能耗降低。在相同制冷量条件下，气缸容积可以减小 30%，而重量降低 20%。从整体来看，不但能进行制冷量自动调节，还可减少功耗，这也是旋叶式压缩机得到广泛应用的原因。

3.1.7　滚动活塞式压缩机

1. 工作原理

滚动活塞式压缩机是一种新型的旋转式压缩机，有单缸、双缸和变容量三种。该种压缩机由于体积小，工作可靠，因此广泛应用于汽车空调及其他空调和冰箱上。

滚动活塞式压缩机的工作原理如图 3-15 所示。

滚动活塞 4 内部是中空的，并且和曲柄的配合有很大的间隙，在间隙里充满着冷冻机油。当曲轴 2 旋转时，依靠摩擦力引起滚动活塞 4 的转动，并在离心力作用下，使滚动活塞 4 的内表面和曲柄外表面紧紧接触，造成滚动活塞 4 的几何中心与曲轴 2 中心不重合，即与气缸 3 中心不重合。接触位置处在活塞中心和气缸 3 中心连线的延长线与气缸交点上，且该接触线与固定在气缸上的刮片将气缸空间分成两部分。当曲柄旋转时，活塞不但作自身滚动，而且在以气缸的中心为圆心、偏心距为半径的圆周上作回旋运动(不是旋转运动)。这两种运动的合成，引起气缸两部分空间容积扩大—缩小的周期性变化。当进气腔的空间容积不断扩大时，制冷剂蒸气不断地从外面吸进，压缩机处于进气过程；而另一腔则容积不断缩小，蒸气不断压缩，处于压缩过程。当压力腔的蒸气压力略大于排气腔时，则排气阀打开，

将压缩蒸气排出气缸外，处于排气过程。曲轴旋转一周，活塞与气缸的接触线也移动一周，这样压缩机的两个空间各自完成了进气——压缩——排气三个过程的工作循环，两个缸便完成了两个工作循环。由于滚动活塞式压缩机的吸气过程是连续的，因此不用设置进气阀，容积效率比较高。

滚动活塞是在曲轴作旋转运动时，在活塞与曲轴的接触表面产生的摩擦力驱动下带动活塞转动的。由于摩擦面上形成有一层支承油膜，因此曲轴和转子内表面的摩擦力不大，活塞的转动速度比曲轴小得多。这样，活塞在气缸面上的运动呈一种滚动方式。它的刮片和滚动活塞的接触部分也是滚动的。所以滚动活塞式压缩机的摩擦功耗很小，这样可以延长使用寿命。这一点与旋叶式的旋叶与气缸接触是滑动接触不同，所以滚动活塞式压缩机得到了广泛的应用。

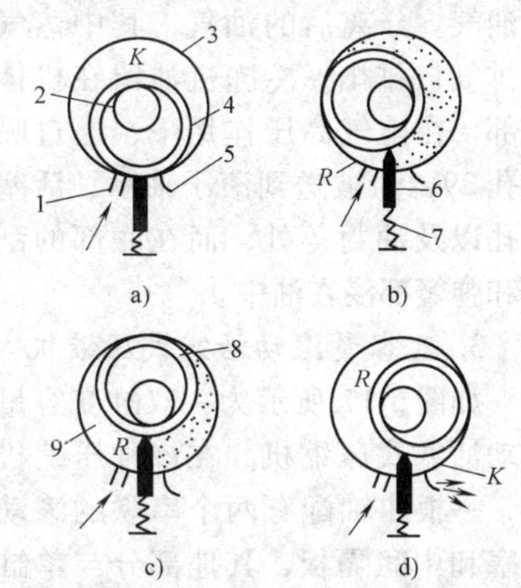

图3-15 滚动活塞式压缩机的工作原理

a）吸气终止 b）压缩 c）左室吸入，右室压缩 d）左室吸入，右室排空

1—吸气口 2—曲轴 3—气缸 4—滚动活塞 5—排气阀 6—滑片 7—弹簧 8—压缩腔 9—吸气腔

2. 主要结构

如图3-16所示的是一种滚动活塞式压缩机的剖面图。

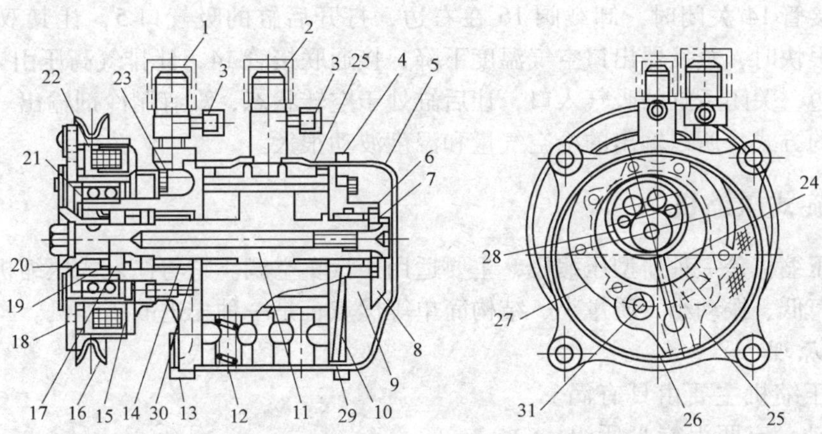

图3-16 日本三菱SA-430滚动活塞式压缩机剖面图

1—进气口 2—排气口 3—检修备用阀 4—安装架 5—后盖套 6—推力滚子轴承 7—轴向止动螺栓 8—平衡块 9、14—滚子轴承 10—后端盖 11—曲轴 12—叶片弹簧 13—前盖套 15—轴封总成 16—离合器带轮 17—O形圈 18—离合器压板 19、21—卡环 20—油封 22—离合器线圈 23—止推密封 24—刮片 25—缸体 26—阀限位器 27—油分离阀 28—旋转活塞 29—吸油孔 30—前端盖 31—排气阀

滚动活塞式压缩机的主要零件有曲轴，转子，缸体，前、后端盖和刮片。曲轴11由两端面上的滚子轴承9和14支承，平衡块8在曲轴尾端。叶片弹簧12压迫刮片24紧贴旋转活塞28在缸体内滚动。不设吸气阀，排气阀采用圆柱形。由于圆柱形阀工艺性好，因此在气缸上安装和布置较方便。润滑采用压差输油的方式，即冷凝的冷冻机油在气缸内润滑旋转活塞与缸壁接触部位及刮片后，和制冷剂一起排到机体底部，底部装有不锈钢筛网，用来分

离油气。分离后的油气，其中蒸气从排气口排出，冷冻机油留在机体底部。在排气高压作用下，通过吸油孔29，油被送到滚子轴承、活塞内孔以及油封等处，而在底部的刮片和弹簧都浸在油中。

3. 变容量滚动活塞式压缩机

如图3-17所示为一双缸变容量滚动活塞式压缩机。在该种压缩机上，一根曲轴配有两个串联的滚动活塞和中间隔板，其他部分与单缸同。为方便平衡曲轴，两个曲柄位置错开180°，这样两个活塞也相互错开180°，这使排气连续进行，排气量提高一倍，压缩机的体积也更紧凑。滚动活塞式压缩机的变容量是停止其中一缸工作，让其制冷量减少一半。其原理是：从排气口9引一条管道到后缸的卸载阀，当联接管14关闭时，卸载阀16在右边，打开后缸的吸气口5，让其双缸全负荷工作。在车速很快时，蒸发器出口空气温度下降，接通联接管14，让排气高压引入卸载阀16，阀门移到左边，关闭后缸的吸气入口，让后缸处于空转状态，没有制冷剂输出。很显然，这是一种突变的方式，所以输出的冷空气量和温度波动很大。

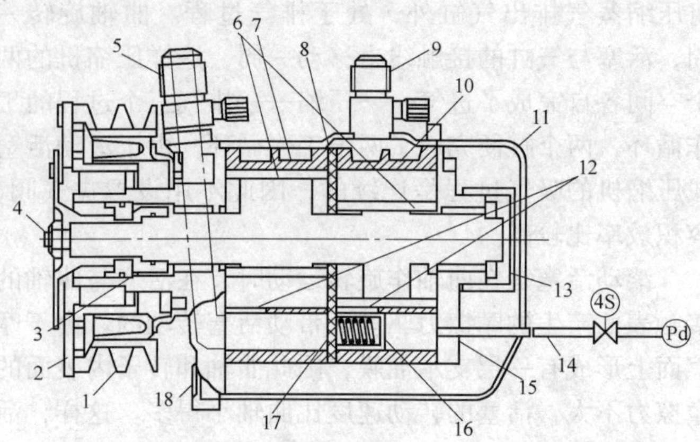

图3-17　双缸变容量滚动活塞式压缩机

1—带轮　2—离合器板　3—油封　4—曲轴　5—吸气口　6—滚动活塞　7—前缸体　8—隔板　9—排气口　10—后缸体　11—外壳套　12—吸气腔　13—挡油板　14—联接管　15—后缸盖　16—卸载阀　17—卸载弹簧　18—前缸盖

3.1.8　涡旋式压缩机

涡旋式压缩机是一种新型压缩机，主要适用于汽车空调。它与往复式压缩机相比，具有效率高、噪声低、振动小、质量小、结构简单等优点，是一种先进的压缩机。

1. 工作原理

涡旋式压缩机主要由具有涡旋叶片圈的动、定两涡旋盘所组成，相互错开180°，在两个点相互接触，相当于啮合作用。涡旋式压缩机的工作原理如图3-18所示。

如图3-18a所示为吸气结束时，一对涡旋圈形成了两对月牙形容积，最大的月牙形容积11将开始压缩，动圈涡旋中心10绕定圈涡旋中心3继续回旋公转，原来最大的月牙形容积已压缩，如图3-18b所示。动圈被曲轴带动

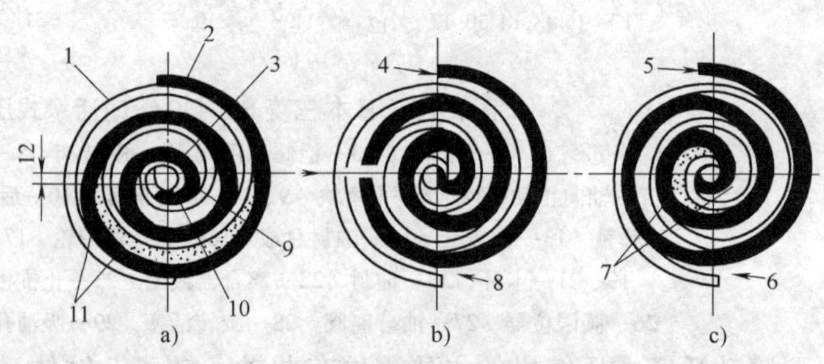

图3-18　涡旋式压缩机工作原理

a）吸气结束　b）压缩行程　c）排气开始之前

1—固定圈　2—动圈　3—固定圈涡旋中心　4、5、6、8—制冷剂蒸气　7—最小压缩容积　9—排气口　10—动圈涡旋中心　11—开始压缩容积(最大容积)　12—回旋半径

而再作回旋运动，被压缩的容积缩小到如图 3-18c 所示最小压缩容积 7（此容积根据内容积比值确定）。这一月牙形容积中的制冷剂蒸气即与设在涡旋圈中心的排气口相通。在压缩的同时，动圈与定圈的外周又形成吸气容积（4、8），再回旋，再压缩，如此周而复始完成吸气、压缩、排气工作过程。

2. 主要结构

涡旋式压缩机主要由固定涡旋盘、动涡旋盘、机架、联接器和曲轴等组成，如图 3-19、图 3-20 所示。动涡旋盘 3 上的叶片采用渐开线，与其啮合的固定涡旋盘 2 上应是包络线，因此动、静两个涡旋圈为一对渐开线曲线。

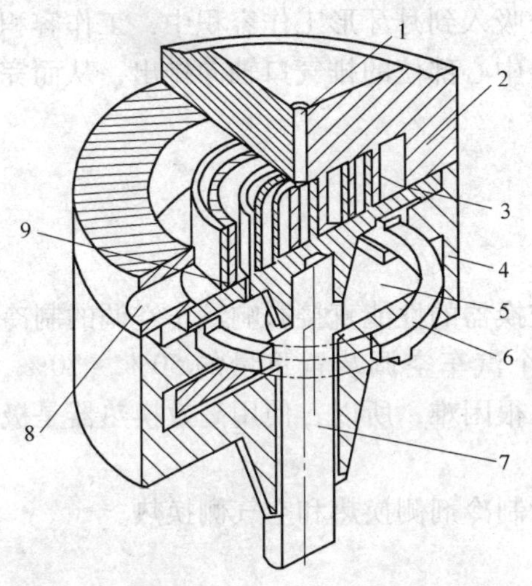

图 3-19　涡旋式压缩机结构简图

1—排出口　2—固定涡旋盘　3—动涡旋盘　4—机架　5—背压腔　6—十字环　7—曲轴　8—吸入口　9—背压孔

图 3-20　涡旋式压缩机实物结构图

理论上，涡旋式压缩机涡旋圈的圈数愈多，动作愈平稳，效率愈高。实际应用中，为了防止过压缩和受直径限制，一般汽车空调涡旋式压缩机涡旋圈选 2.5 ~ 3 圈。

涡旋式压缩机的回旋机构如图 3-21 所示，通过回旋机构产生回旋运动（而不是旋转运动）。当电磁离合器接通时，曲轴 1 转动，曲柄销 2 驱动偏心套 3 回旋运动，传动轴承 4 也作回旋，传动轴承上的动涡旋盘 5 也作回旋运动，即动涡旋盘绕固定涡旋盘作公转回旋运动。设置在偏心套上的平衡块 6 可以平衡动涡旋盘的回旋离心力。因此在运行期间，涡旋盘压缩室的径向密封不取决于离心力，而主要取决

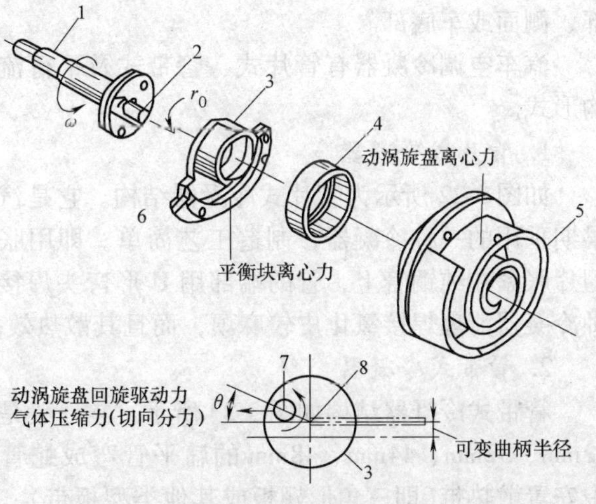

图 3-21　回旋机构

1—曲轴　2—曲柄销　3—偏心套　4—传动轴承　5—动涡旋盘　6—平衡块　7—曲柄销中心　8—驱动点

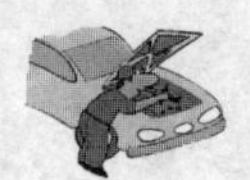

于偏心套的回旋力矩。该力矩是由作用于偏心套的气体压力的切向分力和作用在曲轴销的动盘回旋驱动力所构成的力偶产生的。两偏心力的轴向位置是错开的，为了保持压缩机的动平衡，曲轴和离合器设置了平衡块。

动圈背面与前盖之间装有球形联接机构。球形联接机构有两个作用：一个是起回转推力轴承的作用，承受气体的轴向压力；另一个是防止动圈自转并能消除轴向偏移。

动涡旋盘和固定涡旋盘在安装时存在着180°的相位角，从而使两涡旋盘相互啮合形成一系列的月牙形容积。动涡旋盘由一个偏心距很小的曲轴带动，使之绕固定涡旋盘的轴线运动。此外，在动涡旋盘背后利用一联接机构，用来保证动涡旋盘和固定涡旋盘之间的相对运动。在此运动过程中，制冷剂蒸气由涡旋盘的外边缘被吸入到月牙形工作容积中，工作容积逐渐向中心移动并减小，使制冷剂蒸气被压缩，最后经中心部位的排气口轴向排出，从而完成吸气、压缩和排气的整个周期。

3.2 热交换器

汽车空调中的冷凝器和蒸发器统称热交换器。热交换器的性能直接影响汽车空调的制冷性能，而且金属材料消耗大、体积大。它的重量占整个汽车空调装置重量的50%～70%，它所占据的空间直接影响汽车的有效容积，布置起来又很困难，所以，使用高效换热器是极为重要的。

汽车空调换热器主要使用风冷管翅类型，一般分为制冷剂侧换热和空气侧换热。

3.2.1 冷凝器

汽车空调冷凝器的作用是把压缩机排出的高温、高压制冷剂气体，通过冷凝器将热量散发到车外空气中，从而使高温、高压的制冷剂气体冷凝成较高温度的高压液体。在汽车上布置冷凝器较困难，散热条件差，故要求传热面积大，传热效率高。冷凝器大多布置在车前部、侧面或车底部。

汽车空调冷凝器有管片式、管带式及平行流式三种结构形式。

1. 管片式冷凝器

如图3-22所示为管片式冷凝器结构。它是汽车空调中早期采用的一种冷凝器，制造工艺简单。即用胀管法将铝翅片胀紧在纯铜管上，管的端部用U形弯头焊接起来，这种冷凝器清理焊接氧化皮较麻烦，而且其散热效率较低。

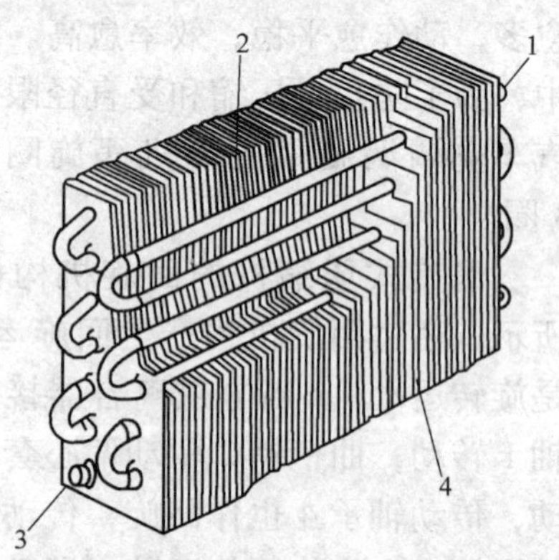

图3-22　管片式冷凝器

1—进口　2—圆管　3—出口　4—翅片

2. 管带式冷凝器

管带式冷凝器结构如图3-23所示。它一般是将宽度为22mm、32mm、44mm、48mm的扁平管弯成蛇管形，在其中安置散热带(即三角形翅板或其他类型板带)，然后进入真空加热炉，将管带间焊好。散热片是复合片，共三片，上下片材料为铝，并含有硅等元素，中间一片也是铝片，并含有锰元素。将复合片叠合，并与扁管一起预热保温在570℃，在650℃的真空条件下进行焊接，焊接后用铬酸作防氧化处

理，并进行试漏。这种冷凝器的传热效率比管片式可提高 15% ~20%。

3. 平行流式冷凝器

如图 3-24 所示为平行流式冷凝器结构图，它由圆筒集管、铝制内肋扁管、波形散热翅片及联接管组成。它是专为 R134a 而研制的新结构冷凝器。平行流式冷凝器与管带式冷凝器的最大区别是，管带式只有一条扁管自始至终地呈蛇形状弯曲，制冷剂只是在这一条通道中流动而进行热交换；而平行流式冷凝器则是在两条集流管间用多条扁管相连，制冷剂在同一时间经多条扁管流通而进行热交换。根据汽车空调冷凝器的换热特点和制冷剂特性，要提高性能不外乎从以下三个方面考虑：

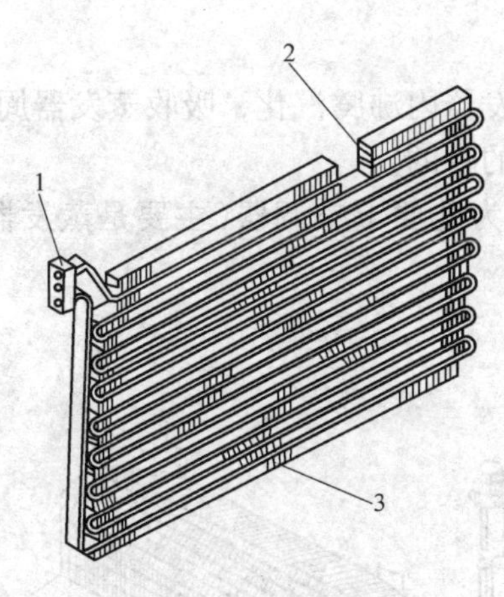

图 3-23　管带式冷凝器
1—接头　2—铝制内肋扁管　3—波形翅片

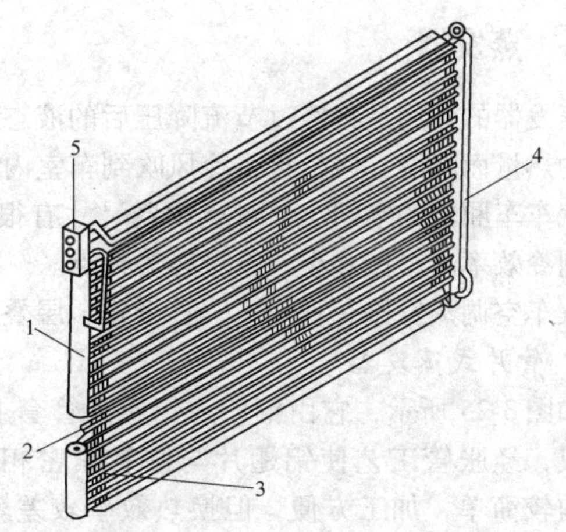

图 3-24　平行流式冷凝器结构
1—圆筒集管　2—铝制内肋扁管
3—波形散热翅片　4—连接管　5—接头

1）增加换热面积，提高空气侧和制冷剂侧的换热量。由于发动机室的空间有限，不可能任意加大冷凝器体积只能在有限的空间内进行改进，尽量向小型轻量化靠拢。

2）提高冷凝器内工质流体温度和流量分配的均匀度。温度的高低差异会导致工质的密度和粘性不同，从而造成流速不相同，影响了换热效率；扁管截面的各个通道孔流量分配不均，同样也会降低换热效率。

3）降低制冷剂在冷凝器中的压力损失，这样可以减少压缩机耗功。要做到这一点，便要求降低冷凝器的通道阻力，所以在结构上必须设法增加通道截面积，提高单位时间内的制冷剂流量和流速。

平行流式冷凝器正是管片式、管带式冷凝器所无法解决上述难题而创新的结构。它的扁管是薄壁的型材，只有 2 ~3mm 的厚度，宽度为 16 ~25mm，壁厚只有 0.5mm 左右，与普通管带式的扁管一样为带内齿(翅)的多孔断面。扁管间的距离只有 8mm 左右，扁管间所夹的翅片只有 0.145mm 厚，同样也开百叶窗。这些改进极大地提高了空气侧和制冷剂侧的换热面积。平行流式冷凝器利用两侧的圆筒形管进行制冷剂进与出的汇集，并用隔板按最合理的编排，将几条扁管隔为一组，形成由多至少的回路，以便制冷剂在几条扁管组成的回路中流入集流管时，能够在 Φ20mm 左右的管内再次混合，使高温与低温的工质，密度低的与密度高的工质一次又一次地混合，产生出温度和密度较均匀的工质，并使其在流向下一回路时能均匀地分流，这样保持匀速地通过有内齿的扁管和有百叶窗的翅片导热，与空气更好地进行

换热。特别是合理安排的隔板所构成的通路数在工质是气体状态时增加，而在液体时的通路数减少，形成了制冷剂冷凝的最佳通路，从而减少了内容积和制冷剂充注量，也加快了流速，因而能实现冷凝器通道阻力的降低。这种新结构与管带式相比较，其放热性能提高30% ~40%，通路阻力降低25% ~33%，内容积减少20%，大幅度地提高了其换热性能。

在安装冷凝器时，需注意如下两点：

1）连接冷凝器的管接头时，要注意哪里是进口、哪里是出口，顺序绝对不能接反。否则会引起制冷系统压力升高、冷凝器胀裂的严重事故。

2）未装连接管接头之前，不要长时间打开管口的保护盖，以免潮气进入。

3.2.2 蒸发器

蒸发器的作用是将经过节流降压后的液态制冷剂在蒸发器内沸腾汽化，吸收蒸发器周围空气的热量而降温，风机再将冷风吹到车室内，达到降温的目的。

汽车车厢内的空间小，对空调器尺寸有很大的限制，为此要求空调器（主要是蒸发器）具有制冷效率高、尺寸小、重量轻等特点。

汽车空调蒸发器有管片式、管带式、层叠式三种结构。

1. 管片式蒸发器

如图3-25所示，它由铜质或铝质圆管套上铝翅片组成，经胀管工艺使铝翅片与圆管紧密相接触。其结构较简单，加工方便，但换热效率较差。翅片安装环翻片破裂是生产厂家遇到的大难题。安装贴合不紧或破裂，都会使换热性能变差。目前可采用共熔合金固化工艺制出新型铝合金高强度翅片，材料强度得以提高，具备优良的成型性能，解决了翻片破裂问题。

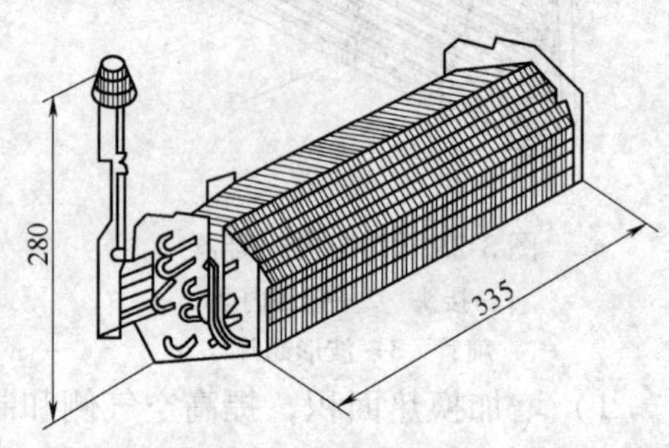

图3-25 管片式蒸发器

2. 管带式蒸发器

如图3-26所示，管带式蒸发器由多孔扁管与蛇形散热铝带焊接而成，工艺比管片式复杂，需采用双面复合铝材（表面覆一层0.02 ~0.09mm厚的焊药）及多孔扁管材料。该种蒸发器换热效率可比管片式提高10%左右。

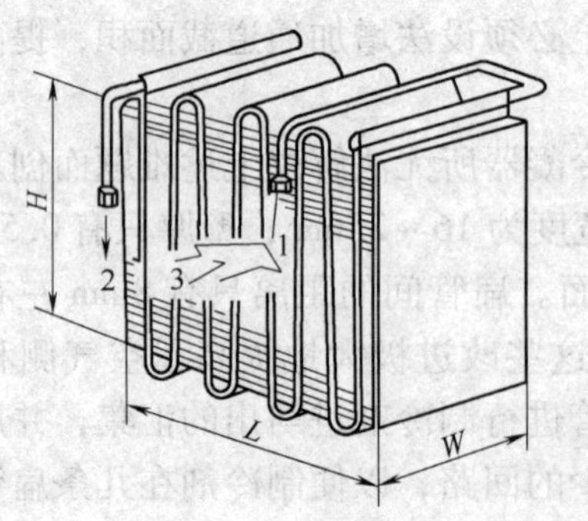

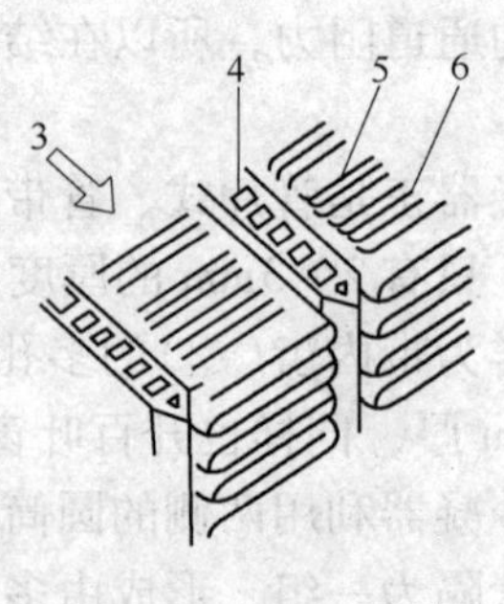

图3-26 管带式蒸发器

1—进口 2—出口 3—空气 4—管子 5—翅片 6—散热器

3. 层叠式蒸发器

如图 3-27 所示，层叠式蒸发器由两片冲成复杂形状的铝板叠在一起组成制冷剂通道，每两片通道之间夹有蛇形散热铝带。这种蒸发器也需要双面复合铝材，且焊接要求高，因此，加工难度最大，但其换热效率也高，结构也最紧凑。采用 R134a 的汽车空调就应用这种层叠式蒸发器。

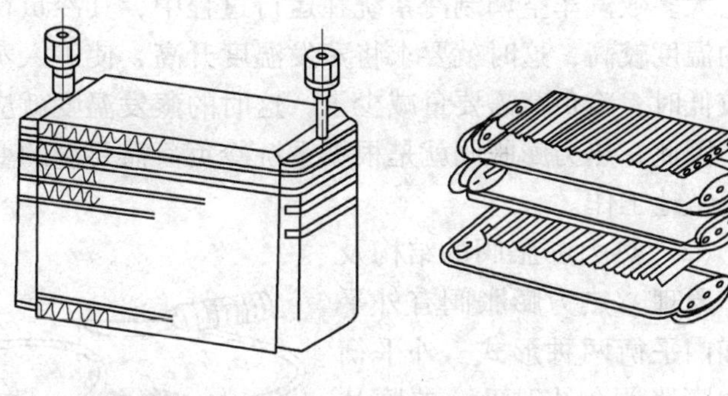
图 3-27　层叠式蒸发器

层叠式蒸发器结构曾经历过由双水室向单水室，又由单水室向双水室的几次变化。日本昭和公司为了减轻层叠式蒸发器重量，提高其性能，降低其阻力，首先将单水室改为双水室，其次是将通道板的形状由交叉和点状纹的焊接通道改为平行流向的直线沟状焊接通道，再将进出口位置从上侧挪至下侧。这些改进减少了偏流现象和通道的阻力，加快了外部凝结水的流动，从而使制冷性能大大提高。这种新结构的蒸发器比管带式性能提高 30% 左右。

3.3　汽车空调节流装置

汽车空调节流装置是汽车空调制冷装置的主要部件，安装在蒸发器入口处，是汽车空调制冷系统的高压与低压分界点。其功用是：把来自储液干燥器的高压液态制冷剂节流减压，调节和控制进入蒸发器中的液态制冷剂量，使之适应制冷负荷的变化，同时可防止压缩机发生液击现象（即未蒸发的液态制冷剂进入压缩机后被压缩，极易引起压缩机阀片的损坏）和蒸发器出口蒸气异常过热。

3.3.1　节流膨胀阀

汽车空调的节流膨胀机构主要是热力膨胀阀。另外，还有 H 形膨胀阀、膨胀节流管以及组合阀等，下面分别介绍其作用、构造及原理。

1. 热力膨胀阀

（1）热力膨胀阀的作用　热力膨胀阀是一种节流装置，它是制冷系统中自动调节制冷剂流量的元件，广泛应用于各种空调制冷系统中。热力膨胀阀的工作特性好坏直接影响整个制冷系统能否正常工作。热力膨胀阀一般有三个作用：

1）节流降压。它使从冷凝器来的高温高压液态制冷剂节流降压成为容易蒸发的低温低压雾状制冷剂进入蒸发器，即分开了制冷剂的高压侧和低压侧。

2）自动调节制冷剂流量。由于制冷负荷的改变以及压缩机转速的改变，要求流量作相应调节，以保持车室内温度稳定。膨胀阀能自动调节进入蒸发器的流量以满足制冷循环要求。

3）控制制冷剂流量、防止液击和异常过热发生。膨胀时以感温包作为感温元件控制流量大小，保证蒸发器尾部有一定量的过热度，从而保证蒸发器容积的有效作用，避免液态制冷剂进入压缩机而造成液击现象，同时又能控制过热度在一定范围内。

大多数汽车空调制冷系统在运行过程中，其冷负荷是变化的。如系统刚开始降温时，车内的温度较高，这时就要求将蒸发温度升高，使进入蒸发器的制冷剂流量增大。而当车内温度较低时，冷负荷需要量减少了，这时的蒸发温度就应相应地降低，使进入蒸发器的流量减小。因此，热力膨胀阀就是根据系统冷负荷需要量的变化而自动地调节其流量，使制冷系统能正常地工作。

(2) 热力膨胀阀的结构及工作原理　热力膨胀阀有外平衡和内平衡两种形式。外平衡热力膨胀阀（图 3-28a）的膜片下面的平衡力（制冷剂压力）是通过外接管，从蒸发器出口处引来的压力。而内平衡热力膨胀阀（图 3-28b）的膜片下面的制冷剂压力是从阀体内部通道传递来的膨胀阀孔的出口压力。由于两者的平衡压力不同，所以，它们的使用场合也有区别。

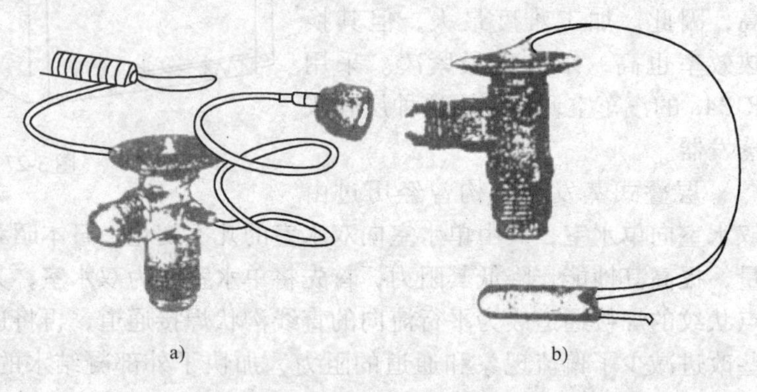

图 3-28　热力膨胀阀

a）外平衡　b）内平衡

1）外平衡式热力膨胀阀。如图 3-29 所示为外平衡式热力膨胀阀，其结构主要由热敏管、压力弹簧、膜片、均衡管路、膜片室、阀门、毛细管等组成，其安装位置与内平衡式热力膨胀阀相同。

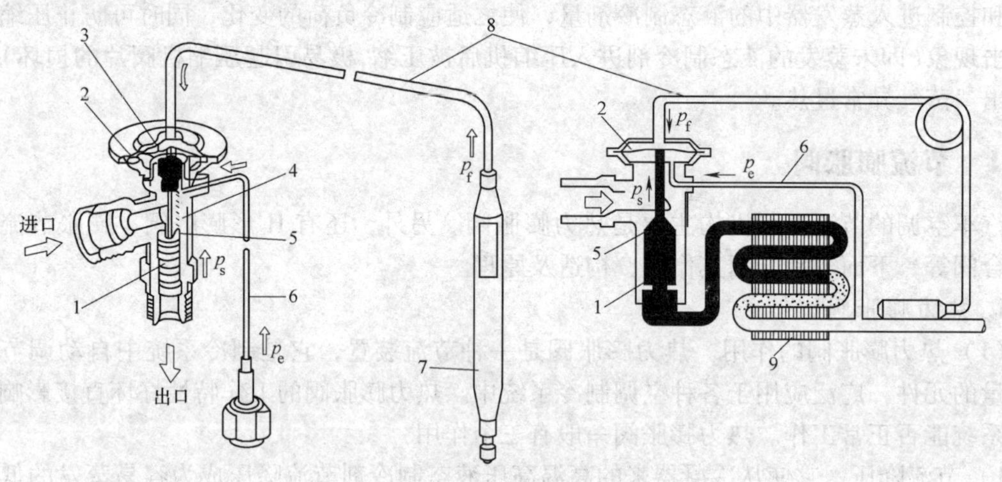

图 3-29　外平衡式热力膨胀阀的工作原理

1—压力弹簧　2—膜片　3—膜片室　4—均衡管路　5—阀

6—外平衡管　7—热敏管　8—毛细管　9—蒸发器

图中 p_f 为感温包感受到的蒸发器出口温度相对应的饱和压力，p_e 为蒸发器出口蒸发压力，p_s 为过热调整弹簧的压力。当车室内温度处在某一工况时，膨胀阀处在一定开度，p_f、p_e 和 p_s 应处于平衡状态，即 $p_f = p_e + p_s$；如果车室内温度升高，蒸发器出口过热度增大，则

感受温度上升，相应的感应压力 p_f 也增大，这时 $p_f > p_e + p_s$，因此，波纹膜片向下移，推动传动杆使膨胀阀孔开度增大，制冷剂流量增加，制冷量也增大，蒸发器出口过热度相应下降。相反，如果蒸发器出口处过热度降低，则感受温度下降，相应的饱和压力也减小，这时 $p_f < p_e + p_s$，使波纹膜片上移，传动杆也随之上移，膨胀阀的阀孔开度减小，制冷剂流量减小，制冷量也减小，蒸发器出口处过热度也相应上升，满足了蒸发器热负荷变化的需要。由于在蒸发器出口处和膨胀阀波纹膜片下方引有一个外部均压管，所以称此膨胀阀为外平衡式热力膨胀阀。

2）内平衡式热力膨胀阀。如图 3-30 所示为内平衡式热力膨胀阀，其结构主要由阀门、膜盒、膜片、调节弹簧、毛细管（连感温包）等器件组成，有的在进口处还加设了过滤网。膨胀阀安装在蒸发器的进口管上，它的感温包安装在蒸发器的出口管上，感受蒸发器的温度变化而产生热胀冷缩的作用，从而对膜片施加不同的压力，此压力传到压在阀门的弹簧上，使阀门开度发生变化，控制通过阀孔道进入蒸发器内的制冷剂量。汽车空调制冷系统处于工作状态，当制冷剂蒸发压力稳定时，感温包内气体压力 p_f、弹簧力 p_s 与蒸发器内制冷剂蒸发压力 p_e 处于平衡，即 $p_f = p_e + p_s$，阀门这时开度处于静止状态，制冷剂的流量保持稳定，使内平衡式膨胀阀的蒸发器，在出口的某一长度部分中制冷剂经常是过热蒸气。存在于蒸发器内的制冷剂的量减少时，制冷剂便提前蒸发，过热部分变长，过热度加大，从而感温包内的压力上升，使阀门的开度加大，增加流入蒸发器的制冷剂量。反之，当蒸发器内制冷剂量多了，此时，过热部分的长度减少，感温包内的压力降低，阀门的开度变小，制冷剂的流量随之减小。

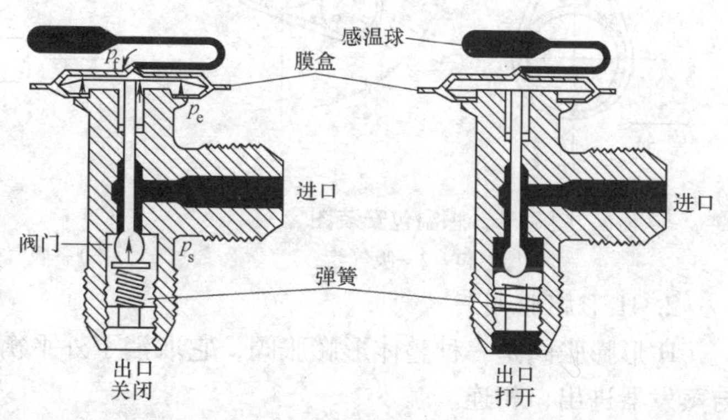

图 3-30 内平衡式热力膨胀阀工作原理

（3）热力膨胀阀的安装 热力膨胀阀安装时应将冷凝器或储液器出口管的螺纹接头与膨胀阀进口端对正，然后拧上螺母（不要拧得过紧），再将其出口端与蒸发器进口管的螺纹接头对正，拧上几圈，最后用两把扳手分别夹住膨胀阀的进、出口端螺母，均匀用力将其拧紧。安装热力膨胀阀时应注意如下几点：

1）膨胀阀应安装在蒸发器的入口管上，阀体垂直放置，不宜倾斜安装，更不要颠倒安装。

2）感温包应安装在蒸发器出口一段水平的吸气管上，并应远离压缩机吸气口 1.5m 以上，其位置应低于膨胀阀，且感温包要水平放置，以保证感温工质液体始终在感温包中。

3）感温包同蒸发器接触面锈迹应除尽，阀体应垂直放置，不宜倾斜安装，更不要颠倒安装。

4）感温包不应安装在吸气管的积液处，否则，感温包就不能感测到真正的过热度。

5）当吸气管径小于 25mm 时，感温包贴在吸气管的顶部；当吸气管径大于 25mm 时，感温包包扎在水平管的下侧 45°处或者侧面中点处，如图 3-31 所示。感温包无论如何不能贴附在水平吸气管的底部，以防管子底部积油等因素影响感温包的正确感温。

6）外平衡管应接在感温包安装部位后面10mm处，如图3-32所示，以免制冷剂在蒸发管内的流动阻力使膨胀阀产生误动作。一般外平衡管的连接端口的位置由厂家直接设计好，不能任意调整。

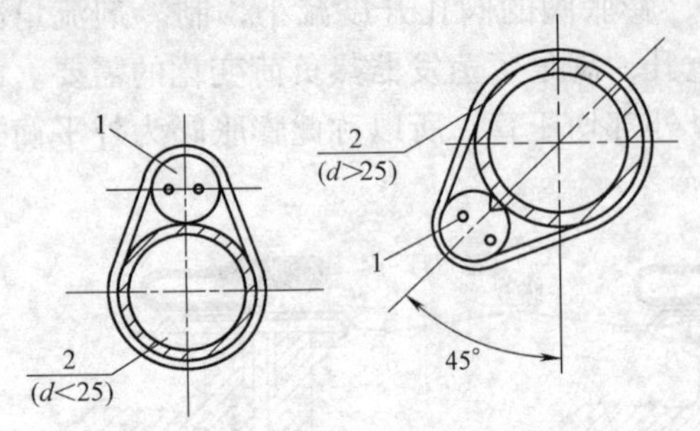

图3-31 感温包安装图

1—感温包 2—吸气管

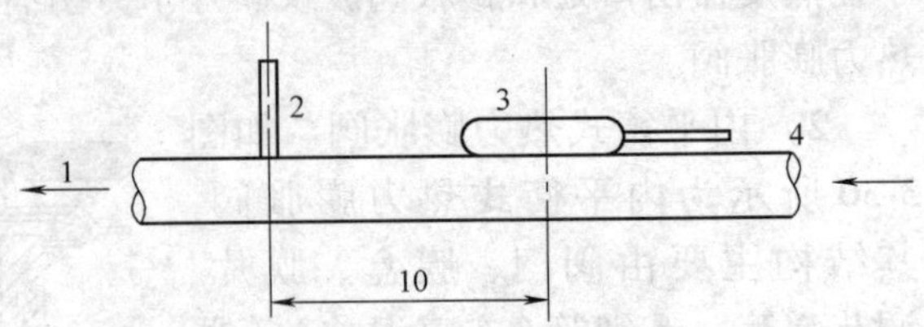

图3-32 外平衡管接图

1—吸气管 2—外平衡管 3—感温包 4—蒸发器出口

2. H形膨胀阀

H形膨胀阀是一种整体形膨胀阀，它取消了外平衡式膨胀阀的外平衡管和感温包，直接与蒸发器进出口相连。

H形膨胀阀因其内部通路形同H而得名，其安装位置及工作原理如图3-33所示。它有4个接口通往空调系统，其中两个接口和普通膨胀阀一样，一个接储液干燥器出口，另一个接蒸发器进口。但另外两个接口，一个接蒸发器出口，另一个接压缩机进口。感温包和毛细管均由膜片下面的感温元件所取代，感温元件处在进入压缩机的制冷剂气流中。H形膨胀阀结构紧凑、性能可靠，符合汽车空调的要求。

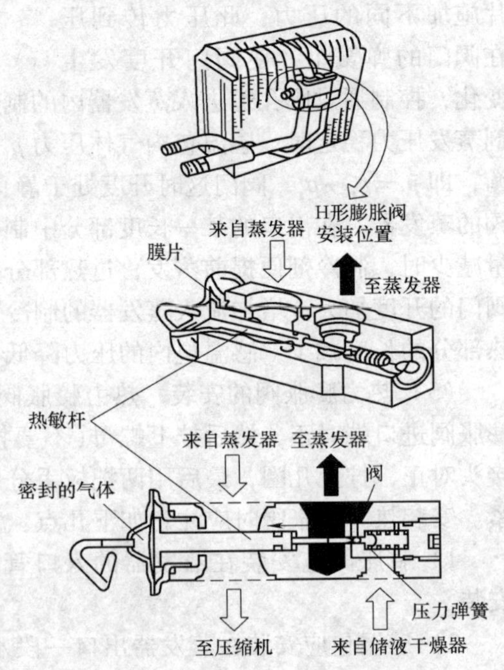

图3-33 H形膨胀阀工作原理图

这种膨胀阀安装在蒸发器的进出管之间，阀上端直接暴露在蒸发器出口工质中，感应温度不受环境影响，也不需要通过毛细管而造成时间滞后，提高了调节灵敏度。由于该膨胀阀无感温包、毛细管和外平衡接管，可免除因汽车颠簸、振动使充注系统断裂外漏以及感温包包扎松动，而影响膨胀阀的正常工作，提高了膨胀阀的抗振性能。

3. 膨胀节流管

膨胀节流管是一种固定孔口的节流装置，其两端都装有过滤网，以防堵塞。膨胀节流管直接安装在冷凝器出口和蒸发器进口之间。

由于其不能调节流量，液体制冷剂很可能流出蒸发器而进入压缩机，造成压缩机液击。为此，装有膨胀节流管的系统，必须同时在蒸发器出口和压缩机进口之间，安装一个气液分离器，实现液、气分离，避免压缩机发生液击。

膨胀节流管的结构如图3-34所示。它是一根细铜管，装在一根塑料套管内；塑料套管

外环形槽内装有密封圈。因塑料套管连同膨胀节流管都插入了蒸发器进口管中，密封圈就是用来密封塑料套管外径和蒸发器进口管内径间的配合间隙的。膨胀节流管不能维修，坏了只能更换。

图3-34　膨胀节流管

1—出口滤网　2—孔口　3—密封圈　4—进口滤网

由于膨胀节流管没有运动部件，结构简单、成本低、可靠性高，同时节省能耗，美国和日本的很多高级轿车都采用这种节流方式。

4. 组合阀

所谓组合阀(VIR)，即在原有储液干燥器的内部再增加一个膨胀阀和一个蒸发压力控制阀，其结构如图3-35所示。组合阀体上有四个接头，第一个接头装在组合阀的中部，作为从冷凝器来的制冷剂的入口，制冷剂经过过滤后沿吸液管进入膨胀阀，经膨胀阀降压后，从第二个接头进入蒸发器。蒸发后的制冷剂蒸气再从第三个接头进入组合阀的上部，经过蒸发压力控制阀从第四个接头流向压缩机。

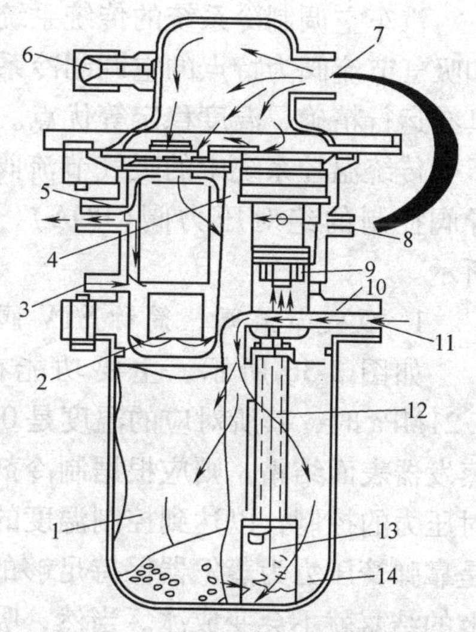

图3-35　组合阀结构

1—干燥剂袋　2—蒸发压力控制阀　3—冷冻机油溢流口　4—均压管　5—到压缩机出口　6—蒸发压力表备用接头　7—从蒸发器来的制冷剂入口　8—膨胀阀制冷剂出口　9—膨胀阀　10—观察孔　11—从冷凝器来的制冷剂入口　12—吸液管　13—滤网　14—底壳

在组合阀中，膨胀阀的作用是供给蒸发器适当的液态制冷剂，满足蒸发器热负荷的要求；蒸发压力控制阀的作用是控制蒸发压力高于0.208MPa，保证蒸发温度高于0℃，不会结霜。

压缩机起动前，空调管路内压力处于平衡，使压缩机易于起动；反之，若冷凝器和蒸发器压差过大，会使压缩机起动困难。

压缩机刚运行时，膨胀阀是关闭的。原因是当蒸发器未运行时，蒸发压力可能高达0.482MPa，此压力由蒸发压力控制阀的均衡管引到膜片下方的均压管入口处，再加上调节弹簧的压力一起作用，将膨胀阀关闭。压缩机继续运转，不断把蒸发器内制冷剂蒸气吸入，加压后至冷凝器，使冷凝压力增加。开始有液态制冷剂流向储液干燥器，与此同时，在吸气作用下，流向压缩机的蒸气压力下降，在均压管作用下，膜片下方的压力下降。但作用在膜片室上方钢球的蒸气温度并未改变(还没有液态制冷剂流入蒸发器吸热)，仍然较高，故膜片与钢球之间的制冷剂压力仍然较高，使膜片上压力大于下压力，克服回位弹簧力顶开膨胀阀，使液态制冷剂经膨胀阀流向蒸发器的第二个接头，在蒸发器内蒸发吸热，这时，空调系统才真正起作用，开始制冷。

组合阀内膨胀阀的调节过程为：蒸发器的制冷剂蒸气直接流到蒸发压力控制阀的上方(图3-35中接头3)，若流到蒸发器的制冷剂量不足，蒸发器温度就较高，膜片上方密封腔内的压力也较高，较高的压力经顶销把膨胀阀的球阀顶得更开，让更多制冷剂流到蒸发器，使蒸发器降温；若蒸发器的液态制冷剂量过多，则流到蒸发压力控制阀的蒸气过冷，使膜片上方腔内制冷剂降压。由于膜片下均压管和回位弹簧力的共同作用，球阀向上推，使流向蒸发器的制冷剂减少。这样，就实现了膨胀阀对制冷流量的调节。

3.3.2 吸气节流阀

在潮湿的天气情况下，汽车空调制冷系统会工作不良。制冷系统经一段时间运行后，降低了配气室气温，而膨胀阀总是按最大制冷需要来计量制冷剂的流量，继续供给制冷剂。因此，空调系统工作不久，蒸发器周围的气温就要降到0℃或更低。遇此情况，空气中的水蒸气不但会冷凝，而且会使蒸发器结冰。所以，为防止潮气冻结，膨胀阀温控系统中采用吸气节流阀进行控制。

汽车空调制冷系统的传统系统也叫膨胀阀温控系统，是一种以装上储液干燥器、膨胀阀和吸气节流阀为特点的空调制冷系统，大多装在中、高档轿车上。传统温控系统方法可靠，具有运行精确、温度稳定等优点。

传统温控系统中的吸气节流阀包括3种形式：吸气节流阀(STV)，如图3-36所示；先导阀控制的绝对压力阀(POA)，如图3-37所示；蒸发器压力调节阀(EPR)，如图3-38所示。

1. 吸气节流阀，简称STV阀

如图3-36所示，主要功能在于保持蒸发器压力在一定的值，如当蒸发器压力为0.21MPa时，其所对应的温度是0℃。活塞关闭蒸发器通往压缩机的主通道，实际上要避免蒸发器表面结霜，则应根据制冷剂在饱和状态下，温度和压力的对应关系，通过吸气节流阀对压力的控制，以达到控制温度的目的。与此同时，还要达到最大的制冷效果。吸气节流阀是靠弹簧压力为蒸发器保持足够的背压，使制冷剂R12的温度不致降得很低，这样蒸发器上的结露就不会变成冰。当然，吸气节流阀的安装位置、蒸发器结构、海拔等对这个控制压力有所影响。

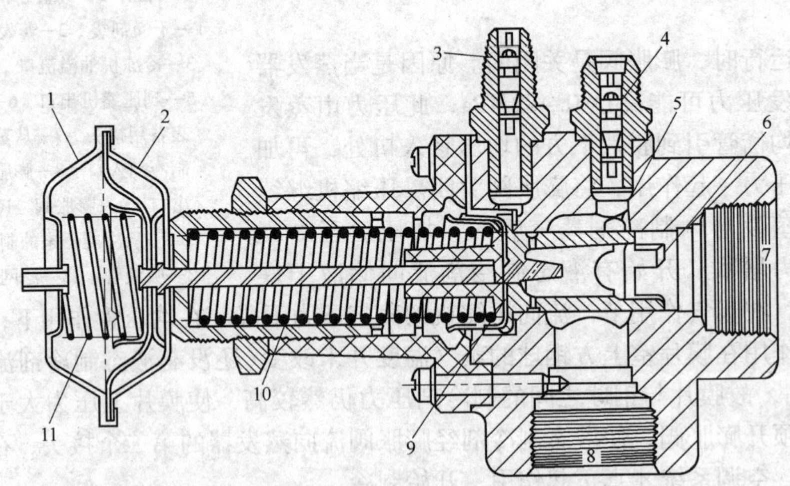

图3-36 吸气节流阀

1—真空元件 2—通气口 3—压力表接口 4—回油管接口 5—外平衡接口
6—活塞 7—蒸发器接口 8—压缩机接口 9—主膜片 10—主簧 11—助簧

2. 先导阀控制的绝对压力阀，简称POA阀

如图3-37所示，它是利用真空波纹管对制冷剂压力的变化，用以控制一个小小的伺服

阀，即导向针阀(先导阀)，然后再由伺服阀控制活塞(滑阀)，即以活塞位置去调整、控制制冷剂的流量。该阀的开启是依靠活塞两端压力差得以实现的。当空调制冷系统工作时，压缩机运转，并从蒸发器出口管路中抽吸制冷剂气体，从而也就降低了绝对压力阀出口处的压力。只要蒸发器出口处压力高于控制压力(以 0.21MPa 为例)，波纹管收缩，导向针阀在弹簧推力的作用下而开启。高于控制压力的制冷剂气体，其压力高得足以推动活塞离开阀座，使得最大量的制冷剂气体流至压缩机。活塞上有一些小孔，因此，制冷剂气体也通过小孔流进波纹管周围的封密空间，即波纹管室，然后再流出导向针阀。

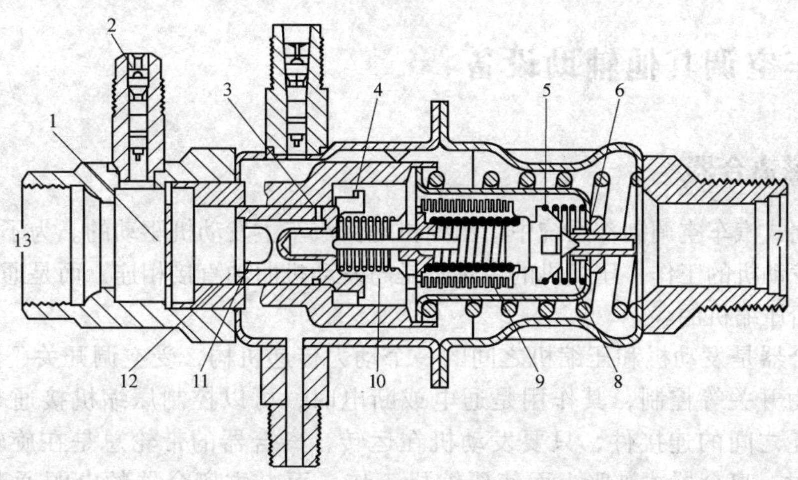

图 3-37　先导阀控制的绝对压力阀(POA)

1—减振板　2—压力表接口　3—小孔　4—活塞环　5—针阀　6—针阀座
7—压缩机接口　8—针阀弹簧　9—波纹管　10—活塞环　11—滤网
12—活塞　13—蒸发器接口活塞(滑阀)

绝对压力阀处于开启状态时，如果制冷系统开始过冷，则压缩机从蒸发器快速吸入制冷剂，以致压力降低到控制压力(0.21MPa)，使波纹管膨胀，并关闭导向针阀，而继续流经活塞中小孔的制冷剂，此时却不能经过已关闭的导向针阀流出，于是在活塞上产生了背压。当背压等于从蒸发器流出的制冷剂的压力时，活塞弹簧的弹力就变成了决定性的因素。活塞弹簧位于活塞靠压缩机的一侧，于是它就推动活塞向蒸发器方向移动而返回原位，从而关闭阀口而使制冷剂停止流动。制冷剂停止流动后，蒸发器的压力再次升高而超过控制压力(0.21MPa)。在此压力下，不存在蒸发器周围空气中的潮气冷凝后结冰的危险。与此同时，作用在波纹管周围的压力也升高，迫使波纹管再次收缩，于是弹簧再次推动导向针阀开启，运转中的压缩机就抽吸阀中的制冷剂，压力很快就降到低于蒸发器出口处的制冷剂压力，因而蒸发器出口处的压力就克服弹簧压力而将活塞推开，使制冷剂重新开始流动。如此往复，使蒸发器的温度保持在一定的范围内。

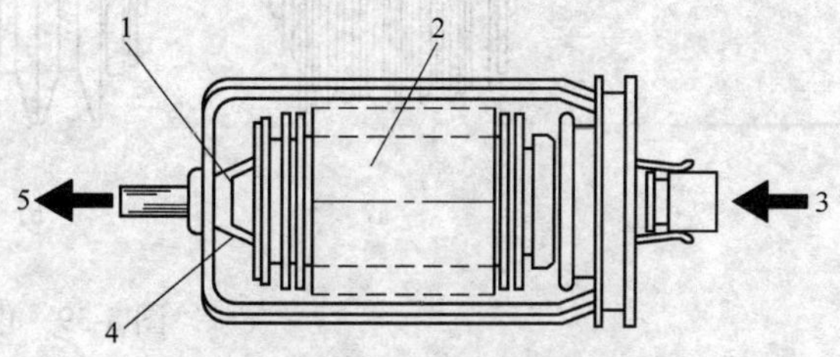

图 3-38　蒸发器压力调节阀(EPR—Ⅲ型)

1—锥阀　2—波纹管　3—进气口　4—锥阀座　5—出气口

3. 蒸发器压力调节阀，简称 EPR 阀

如图 3-38 所示，它装在压缩机的入口

处，而不是在蒸发器的出口处。它只有一个铜质的波纹管作制冷剂的通道，进气口设锥头阀。当蒸发压力高于0.308MPa时，波纹管伸长，锥头阀打开，反之，锥头阀关闭。它主要用在克莱斯勒公司和丰田公司的高、中级汽车上。EPR—Ⅲ结构简单，但控制精度差。

采用传统温控系统不足之处是，消耗能源较大，这是由于压缩机不停地运转，即使吸气节流阀节流制冷剂，也要消耗能源，只不过比满负荷运转时少耗些而已。在中、低档轿车上，蒸发器温度控制也可以不用吸气节流阀，而用恒温开关替代，通过恒温控制器在预定的温度区间内，切断或接通电磁离合器，使压缩机处于工作—停止的循环状态。

3.4 汽车空调其他辅助设备

3.4.1 电磁离合器

在非独立式汽车空调制冷系统中，压缩机是由汽车主发动机驱动的。为了使空调系统的开关不影响发动机的工作，压缩机的主轴不是与发动机曲轴直接相连，而是通过电磁离合器把动力传递给压缩机的。

电磁离合器是发动机和压缩机之间的一个动力传递机构，受空调开关、温控器、空调放大器、压力开关等控制，其作用是通电或断电时，可以控制压缩机接通与断开。它是压缩机与带轮之间的连接件，只要发动机在运转，离合器的带轮总是在旋转。只有当电磁线圈通电时，离合器才被吸上而使压缩机工作，而电磁离合器的电源通断由一个温度控制器来控制。

电磁离合器的结构由带轮、压力板及轴承等组成，如图3-39所示。电磁线圈固定在压缩机壳体上，压力板则被安装在压缩机主轴上，轴承设置在带轮与压缩机的前端壳之间，其装配关系如图3-40所示。

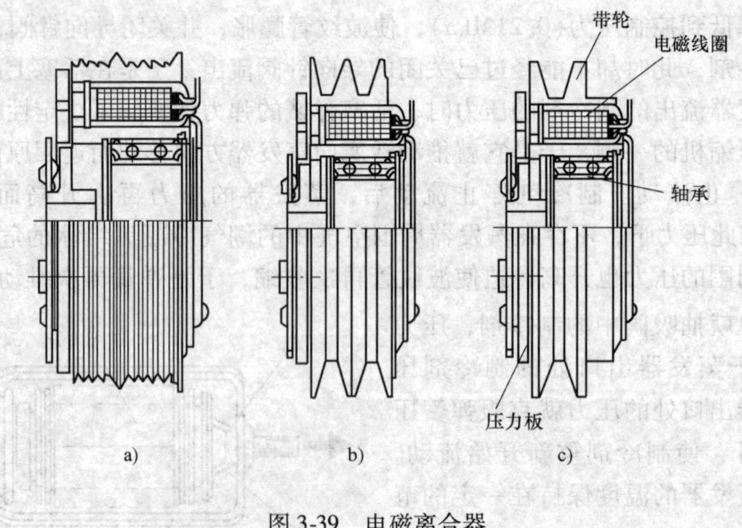

图3-39 电磁离合器

a）多槽 b）双槽 c）单槽

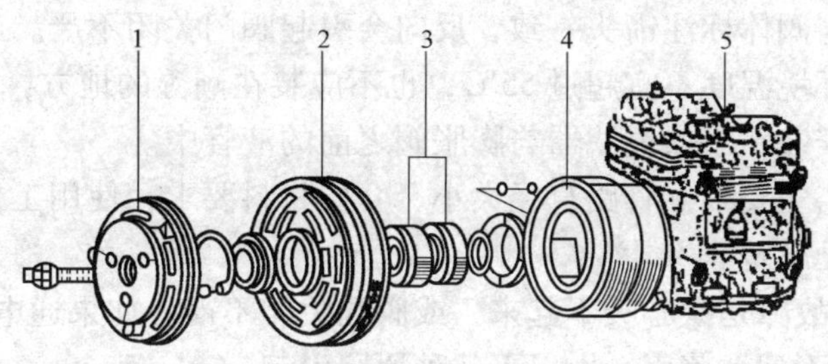

图 3-40　电磁离合器与压缩机的装配关系

1—压力板　2—带轮　3—带轮轴承　4—电磁线圈　5—压缩机

3.4.2　电磁阀

1. 电磁阀的作用与结构

电磁阀是一种开关式的自动阀门，它的作用是切断或接通制冷剂输液管。电磁阀的线圈通常与压缩机的电磁离合器线圈接在同一开关上，压缩机起动时，电磁阀通电打开阀孔；停止时，电磁阀立即关闭，避免了大量的液态制冷剂进入蒸发器，从而防止了再起动时，压缩机冲缸，起了安全保护作用。

电磁阀的结构由电磁外壳、弹簧、线圈、铁心、阀杆、阀体等组成。电磁阀种类很多，而在汽车空调设备中使用的主要是直接启闭式电磁阀，如图 3-41 所示。如图 3-42 所示为电磁阀关闭、正在开启、全开的工作状况。

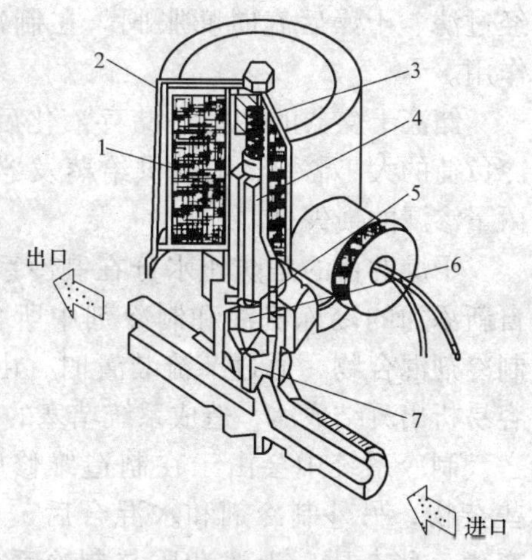

图 3-41　电磁阀

1—线圈　2—线圈套　3—回动弹簧　4—铁心　5—阀杆　6—阀芯　7—主阀

电磁阀的工作原理是当接通电源时，线圈与铁心产生感应磁场，铁心被吸而上移，阀孔被打开。电源被切断后磁场消失，铁心因弹簧力和自身重量而下落，阀孔又被关闭。所谓直接启闭式，即是一次开启式的电磁阀，具有结构简单，操作方便，不易出故障等优点，在制冷系统上被广泛采用。

2. 电磁阀的安装与使用

安装与使用时有以下要求：

① 必须垂直安装在水平管上，不能倾斜，以免引起铁心卡住。

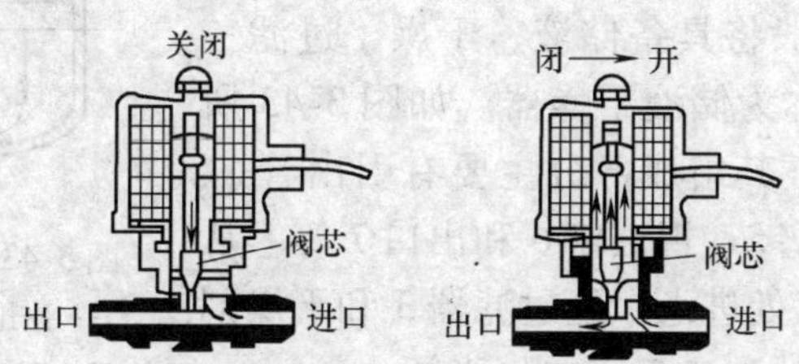

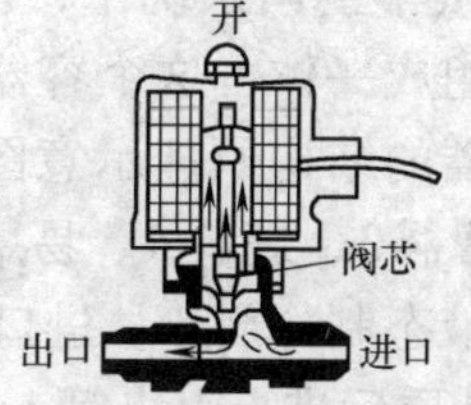

图 3-42　电磁阀工作状况

② 流体方向应与阀体标注箭头一致，反向会引起阀门关闭不严。

③ 使用场合的环境温度不宜超过55℃，也不应装在潮湿的地方，以防线圈烧毁。

④ 电磁阀必须安装在干燥过滤器与膨胀阀之前的液管中。

⑤ 电磁阀的规格主要根据管路直径大小、介质材料要求，使用工作电压来选用。

3. 电磁阀的常见故障与维护

电磁阀一般常见故障是铁心吸不起来，或阀孔关闭不严。如果通电后，听不到吸引时的冲击声，断电时又听不到下落声，由以下几种原因引起：

① 通电电压低于85%，使电磁力不足而吸不起来。经测量确定后，调整电压。

② 电源成线圈断路。可用万用表测量确定。

③ 铁心被油污粘住。可以拆下来清洗。

④ 电磁阀进出口压力差超过开阀能力，使铁心吸不上来。检查造成原因，并予排除。

⑤ 通电后有异味，可能是电磁线圈短路、烧毁所引起。可用万能表检查电压和电阻值。

⑥ 电磁阀关闭不严，可能是安装不垂直或装反所引起。检查后重新安装调整。

3.4.3 储液干燥器

储液干燥器串联在冷凝器与膨胀阀之间的管路上，使从冷凝器中来的高压制冷剂液体经过滤、干燥后流向膨胀阀。在制冷系统中，它起到储液、干燥和过滤液态制冷剂的作用。

储液干燥器的功能是储存液化后的高压液态制冷剂。根据制冷负荷的大小需要，随时供给蒸发器，同时还可补充制冷系统因微量渗漏的损失量。

干燥的目的是防止水分在制冷系统中造成冰堵。水分主要来自新添加的冷冻机油和制冷剂中所含的微量水分。当这些水分、制冷剂混合物，通过节流装置时，由于压力和温度下降，水分便容易析出凝结成冰，造成系统堵塞的“冰堵”故障。

制冷系统中会由于在制造维修时，没有处理干净会带入一些杂物，另外制冷剂和水混合后，对金属的强烈腐蚀作用也会产生一些杂质。上述杂质与制冷系统的制冷剂混合在一起，在系统中循环便很容易将系统中堵塞，影响正常工作，同时也会增加压缩机的磨损，缩短其使用寿命，所以系统中一定要设置过滤器。

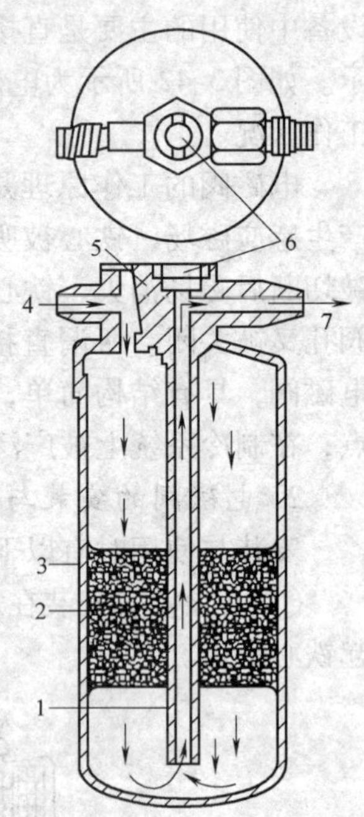

图3-43 储液干燥器
1—引出管 2—干燥剂
3—过滤器 4—进口
5—易熔塞 6—视液镜
7—出口

在中小型汽车空调系统中，一般将具备储液、干燥、过滤三种功能的装置组成一体，这个容器称为储液干燥器。如图3-43所示为储液干燥器的结构原理示意图，其组成部分主要有引出管1、干燥剂2、过滤器3、进口4、易熔塞5、视液镜6和出口7等。从冷凝器出来的液态制冷剂，从进口4处进入，经过滤器3和干燥剂2除去水分和杂质后进入引出管1，从出口7流向膨胀阀。

干燥剂是一种能从气体、液体或固体中除掉潮气的固体物质，一般常用的有硅胶及分子筛。分子筛是一种白色球状或条状吸附

剂，对含水量低、流速大的液体或气体有极强的干燥能力。它不但使用寿命长，还可经再生处理后重新使用，缺点是价格较贵。

滤清材料可防止干燥剂被污染，也避免其他固态物质随制冷剂在空调系统内循环。有些干燥剂前后各有一层滤清材料，制冷剂必须通过两层滤清材料和一层干燥剂，才能离开储液干燥器。

易熔塞是一种保护装置，一般装在储液干燥器头部，用螺塞拧入。螺塞中间是一种低熔点的铅锡合金，当制冷剂温度达到 95 ~ 105℃时，易熔合金熔化，制冷剂逸出，以避免系统中其他零件的损坏。如图 3-44 所示为一种易熔塞的结构示意图。

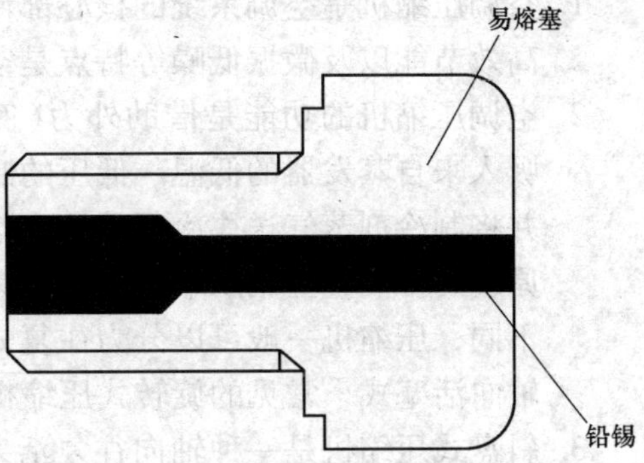

易熔塞

铅锡

图 3-44　易熔塞

视液镜使人们可以看到制冷剂的流动状态。当系统正常运行时，从玻璃中可以看到制冷剂无气泡的稳定流动。若出现气泡和泡沫，则说明系统工作不正常或制冷剂不足。

为了保证系统安全工作，目前使用的储液干燥器上都安装了高、低压保护开关。

如果是立式储液干燥器，直立面的倾斜角不得大于 15°，它的进口应和冷凝器的出口相连。储液干燥器进口处通常打有英文标记 IN，或用箭头指示制冷剂的流动方向。维修人员应当记住，制冷剂是从储液干燥器下部流入膨胀阀进口的。接反了储液干燥器，会导致制冷量不足，安装时，储液干燥器是接入系统的最后一个部件。

3.4.4　集液器

集液器和储液干燥器类似，但它装在系统的低压侧压缩机入口处。装有集液器的空调系统通常使用孔管，因而它是循环离合器空调系统的特征之一。

集液器的主要功能是防止液态制冷剂液击压缩机。因为压缩机是容积式泵，设计上不允许压缩液体。集液器也用于储存过多的液态制冷剂，内含干燥剂，起储液干燥器的作用。集液器的结构简图如图 3-45 所示。

集液器的另一名称是回气积累器，因为它装在系统低压侧，使制冷剂气液分离。换句话说，它积累的是液态制冷剂。

制冷剂从集液器上部进入，液态制冷剂落入容器底部，气态制冷剂积存在上部，并经上部出气管进入压缩机。在容器底部，出气管回弯处装有带小孔的

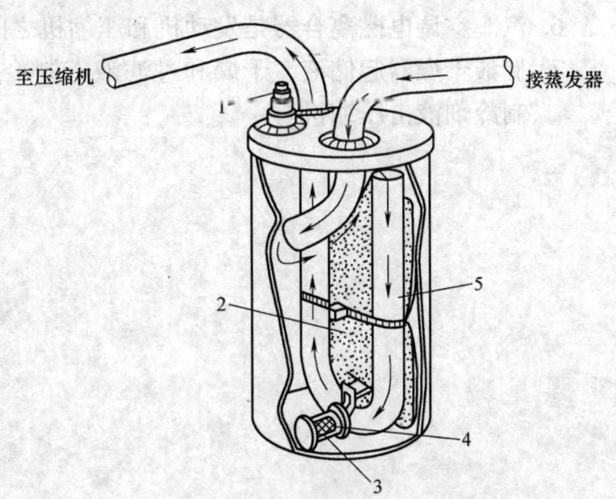

图 3-45　集液器

1—测试孔口　2—干燥剂　3—泄油孔　4—滤网　5—出气管

过滤器，允许少量积存在管弯处的冷冻机油返回压缩机，但液体制冷剂不能通过，因而要用特殊过滤材料。

低压侧的压力控制器，如循环离合器系统控制蒸发器温度的压力开关，常装在集液器上。集液器中干燥剂的组成和特性，和储液干燥器内的完全一样。

本 章 小 结

1. 空调压缩机是空调系统的核心部件，从目前空调压缩机的发展趋势来看，结构紧凑、高效节能以及微振低噪等特点是空调压缩机制造技术不断追求的目标。
2. 空调压缩机的功能是借助外力（例如发动机动力）维持制冷剂在制冷系统内的循环，吸入来自蒸发器的低温、低压的制冷剂蒸气，压缩制冷剂蒸气使其温度和压力升高，并将制冷剂蒸气送往冷凝器，在热量吸收和释放的过程中，实现热交换。根据工作原理的不同，空调压缩机可以分为定排量压缩机和变排量压缩机。根据工作方式的不同，压缩机一般可以分为往复式和旋转式，常见的往复式压缩机有曲轴连杆式和轴向活塞式，常见的旋转式压缩机有旋转叶片式和涡旋式。
3. 斜盘式压缩机是一种轴向往复活塞式压缩机。目前，它是汽车空调压缩机中使用最为广泛的一种。国内常见的轿车，如奥迪、捷达以及富康等轿车皆采用斜盘式压缩机作为汽车空调的制冷压缩机。
4. 汽车空调中的冷凝器和蒸发器统称热交换器。热交换器的性能直接影响汽车空调的制冷性能，而且金属材料消耗大、体积大，所以使用高效换热器是极为重要的。汽车空调换热器主要使用风冷管翅类型，一般分为制冷剂侧换热和空气侧换热。
5. 汽车空调节流装置是汽车空调制冷装置的主要部件，安装在蒸发器入口处，是汽车空调制冷系统的高压与低压的分界点，主要有节流膨胀阀和吸气节流阀。汽车空调的节流膨胀机构主要是热力膨胀阀，另外，还有 H 形膨胀阀、膨胀节流管以及组合阀等。
6. 汽车空调电磁离合器是发动机和压缩机之间的一个动力传递机构。
7. 储液干燥器起储液、干燥和过滤液态制冷剂的作用。集液器的主要功能是防止液态制冷剂液击压缩机。

复习思考题

1. 定排量压缩机与变排量压缩机有何区别？

2. 比较斜盘式与摆盘式压缩机的工作特点。

3. 试叙述汽车空调活塞式压缩机的工作过程。

4. 比较旋转式压缩机与往复活塞式压缩机的工作特点。

5. 冷凝器与蒸发器有何异同？

6. 汽车空调冷凝器有哪几种形式、如何提高其换热特性？

7. 集液器的作用有哪些？

8. 压缩机电磁离合器是如何工作的？

9. 热力膨胀阀的作用是什么？主要有哪两种形式？简述内平衡热力膨胀阀的工作原理、如何调整膨胀阀？

10. 储液干燥器的作用是什么？安装时应注意什么？

11. 膨胀阀温控系统中的吸气节流阀是如何保证蒸发器不会结冰的？

12. 如何安装使用电磁阀？

实训项目二　汽车空调各部件的检修

一、实训目标

熟悉空调系统的构造。

掌握空调系统各部件的检修方法。

二、仪器和设备

实验用轿车若干辆或完整的空调系统示教台若干台、拆装工具若干套、空调压力表组若干组、风扇若干台、万用表若干个、检漏仪若干台、抽空机若干台、冷冻润滑液若干瓶、制冷剂若干瓶。

三、操作过程

1. 空调制冷系统的检修

(1) 压缩机的检修　空调压缩机的常见故障及故障原因如下：

1) 压缩机有异常响声，可能的原因有：

① 压缩机吸气阀片或排气阀片破损。

② 轴承磨损，其间隙过大。

③ 内部连杆螺栓松动。

④ 带轮轴承损坏。

⑤ 离合器锁紧螺母松动。

⑥ 离合器从动盘变形。

2) 压缩机不起泵的作用或泵量不足，故障原因有：

① 阀板密封垫破裂。

② 进气阀或排气阀破裂。

③ 活塞与气缸壁磨损，间隙过大。

④ 电磁离合器不能接合或打滑。

(2) 压缩机的拆卸　如果确定是压缩机本身有故障，则需拆下压缩机进行检修或更换。压缩机的拆卸方法如下：

① 断开压缩机电磁离合器连接导线。

② 排放制冷剂。

③ 拆下交流发电机，松开传动带。

④ 拆下紧固螺母，从压缩机上断开吸入和排出管路；断开管路后，要立即塞住或盖住管路接口，以避免湿气、灰尘对系统造成污染。

⑤ 松开紧固螺栓后，卸下压缩机。

⑥ 排放出压缩机内的油，用量杯测量其排油量并作记录，检查排出的油有无金属颗粒、变色或脏污等。

⑦ 拆下压缩机电磁离合器紧固件，卸下电磁离合器。

(3) 压缩机及离合器的故障检修

1) 检修压缩机，一般的汽车修理厂不拆解压缩机，如果确诊压缩机不起泵的作用或空调工作时的噪声是压缩机本身有故障造成的，则需更换压缩机。

2）检查压缩机离合器，方法如下：

① 检查压缩机离合器压盘镀件有无变色、脱皮或其他损坏，若有，则更换离合器组件。

② 用于转动带轮，检查压缩机带轮轴承的间隙和阻滞情况，若转动时有噪声、间隙或阻滞过大，则更换离合器组件。

③ 检查离合器电磁线圈的电阻，压缩机离合器电磁线圈两端应为通路（电阻较小），否则说明有故障，应予以更换。

（4）压缩机的安装　压缩机的安装按拆卸相反的顺序进行，压缩机安装时应注意：

① 在每个接头部位须更换新的 O 形圈，并在安装时涂抹少许制冷前油，一定要使用与制冷剂相适应的 O 形圈。

② 用过的油不要倒回容器，以免造成污染，并且不可与其他的制冷剂油混合。

（5）安装后检查　压缩机安装后应作如下检查：

① 检查有无泄漏，并加注制冷剂。

② 检查压缩机传动带张紧力，用张紧力检测仪检查传动带的张紧力应为 250N · m；如果张紧力不符，予以调整。

③ 检查压缩机冷冻机油油面，如图 3-46 所示，从加油塞处插入压缩机油尺，如果油尺不能完全插入（油尺插至其弯曲底面与加油口表面平齐），则需转动压缩机离合器驱动。

④ 检查压缩机离合器是否正常工作，将电磁离合器施加蓄电池电压，压缩机应工作；电磁离合器一断开电源，压缩机就立刻停止工作。

⑤ 检测空调系统的性能。

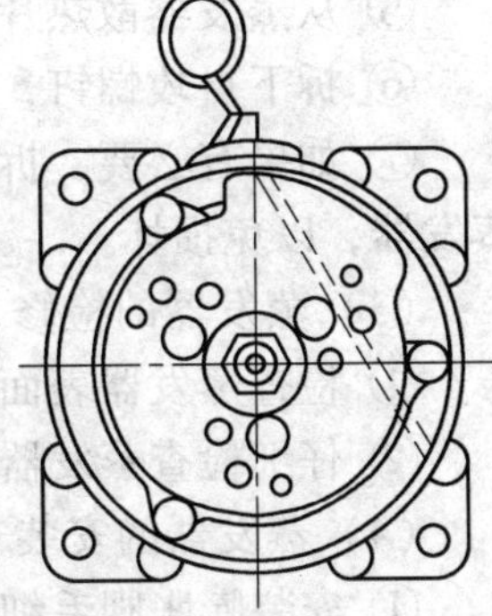

图 3-46　检查压缩机冷冻机油油面

2. 冷凝器的检修

（1）冷凝器的常见故障　冷凝器出现散热性能差、泄漏或阻塞故障时会使制冷空调系统制冷不足或不制冷。冷凝器的常见故障有：

① 冷凝器散热片脏污、堵塞、变形或破损。

② 冷凝器管路连接处有破损、泄漏等。

（2）冷凝器的拆卸　当冷凝器需要更换或需拆下检修时，按如下步骤拆卸：

① 排出制冷剂。

② 拆下与冷凝器相连接的管路，并用布塞住管口。

③ 松开冷凝器固定螺栓，取出冷凝器。拆卸冷凝器时应小心不要碰坏冷凝器散热片。

（3）冷凝器的检查与维修

① 检查冷凝器散热片表面是否脏污，若有，用软毛刷刷洗。不要用蒸气或高压水枪冲洗，以免损坏冷凝器散热片。

② 仔细检查冷凝器表面有无脱漆、变形、破损和裂纹等。如果有破损、裂纹或变形，会影响冷凝器的密封性及内部制冷剂的正常流通，需更换冷凝器。

（4）冷凝器的安装　按与拆卸相反的程序安装冷凝器，安装后应抽真空、补充制冷剂并检查有无泄漏。

3. 蒸发器的检修

（1）蒸发器的常见故障　蒸发器出现传热性能差、泄漏或阻塞故障时，也会使空调制冷系统制冷不足或不制冷。蒸发器的常见故障有：

① 蒸发器脏污、堵塞、变形或破损。

② 蒸发器管路连接处有破损、泄漏等。

（2）蒸发器的拆卸　蒸发器的拆卸步骤如下：

① 排出制冷剂。

② 将蒸发器的吸入管路和排出管路断开。断开管路后应立刻塞住或盖住管口，以避免湿气和灰尘污染系统。

③ 拆卸副驾驶座位侧仪表板处的护罩、护板罩架、杂物箱等。

④ 断开蒸发器温度传感器插头，卸下有关的自攻螺钉、紧固螺钉和螺母后卸下蒸发器壳体总成。

⑤ 从蒸发器散热片上拉出蒸发器温度传感器。

⑥ 拆下自攻螺钉，小心地分开蒸发器壳体，然后拆下蒸发器。

⑦ 如果有必要，拆下膨胀阀。松开膨胀阀螺母时，要用另一个扳手固定住膨胀阀或蒸发器，以免损坏。

（3）蒸发器的检修

① 检查蒸发器表面是否脏污；若有，用软毛刷刷洗。

② 仔细检查蒸发器表面有无破损、裂纹和变形等。若有，予以修理或更换。

（4）蒸发器的安装　按与拆卸相反的顺序安装蒸发器。

① 安装膨胀阀毛细管时，要将毛细管安装到原位，并用绝热胶带将其包好。

② 确认无漏气之处。

③ 若更换新的蒸发器，则要添加制冷剂。

④ 安装后要确认无泄漏，抽真空，并加注制冷剂和检测空调系统的性能。

4. 膨胀阀的检修

（1）膨胀阀的常见故障　膨胀阀出现阻塞或节流作用失效的故障，会造成空调制冷系统不制冷或制冷不足。常见的故障有：

① 膨胀阀堵塞，可能是由于干燥剂失效脱落、系统有污物所造成。

② 膨胀阀温度敏感元件或膜片失效，毛细管安装位置松动移位。

（2）膨胀阀的检测　膨胀阀的检测方法如下：

① 将压力表连接到制冷系统中。

② 起动发动机，并使其转速在1000～1200r/min下稳定运转。

③ 在冷凝器前放一大风扇，以模拟汽车行驶时的气流。

④ 打开空调制冷开关，并将控制开关调节到最大制冷位置，使系统工作10～15min。

⑤ 观察压力表的示值，低压表压力应为130～180kPa。如果低压表指示压力过低，进行下一步检测；如果低压表指示压力过高，则进行⑧步检测。

⑥ 在膨胀阀体包裹一层暖布(52%)，看低压表示值是否升高。如果压力升高，说明系统内有湿气，应进行除湿操作；如果压力不升高，则进行下一步检测。

⑦ 将安装在蒸发器上的感温毛细管拆下并包在暖布中(约52%)，看低压表示值是否升高。如果压力升高，说明感温毛细管安装不当，应重新安装，并重新对系统进行检测；如果压力不升高，则说明膨胀阀已失效或堵塞，需拆检或更换膨胀阀；

⑧ 若⑤步检测中低压表指示压力过高，则从蒸发器中拆下感温毛细管并置于冰水中(接近于0℃)，看压力是否降低。

如果压力降低到正常或接近于正常值，则可能是感温毛细管绝热不好或安装位置不当，应重新包扎安装，并重新对系统进行检测。如果压力不降低，则说明膨胀阀已失效，需更换膨胀阀。膨胀阀的安装完毕要确认无泄漏，抽真空，加注制冷剂和检测空调系统的性能。

5. 干燥器的检修

(1) 干燥器的常见故障　干燥器的常见故障是滤芯脏污堵塞，使制冷剂流通不畅，造成制冷不足或不制冷。

(2) 干燥器的拆卸

① 排放出制冷剂。

② 拆下干燥器上的管路。

③ 拆下干燥器的固定螺钉后，拆下干燥器。

(3) 干燥器的安装　按与拆卸相反的步骤安装干燥器，安装完毕要确认无泄漏，抽真空，并加注制冷剂和检测空调系统的性能。

6. 制冷系统管路的检修

(1) 制冷系统管路的常见故障　制冷系统管路出现阻塞或泄漏而使系统制冷不足或不制冷。常见的故障有：

① 管子弯折变形而使制冷剂流通不畅或完全阻塞。

② 管子接头处有损伤或松动而导致泄漏。

(2) 制冷系统管路的拆卸　拆卸管路时应注意：

① 拧松时，要用两把扳手进行操作，以免损伤管件。

② 拆下的管子应立即用布等堵塞或将管接头封住，以避免管子内部受污染。

(3) 制冷系统管路的检修　制冷系统管路的检修主要内容有：

① 检查管路接头处有无松动和泄漏，若有松动，予以拧紧；若按规定的拧紧力矩拧紧后还有泄漏，则必须更换管子。

② 检查管路有无凹陷、弯曲变形、破裂、管接头处螺纹损伤等。若有，更换该管子。

③ 检查管路是否脏污，若是，可用无水酒精冲洗，待充分凉干后再安装。

注意：不要用压缩空气的方法来清洁管子。

(4) 制冷系统管路的安装　安装制冷系统管路时同样要用两把扳手，按规定的拧紧力矩拧紧。过松容易造成管路密封不严，拧得过紧则容易损坏管子接头螺纹。

安装时还应注意：

① 要用与之相配的O形密封圈，并小心不要让O形圈掉落和碰伤。

② 安装时，将O形密封圈涂上少许制冷剂油。

③ 连接金属管与软管以前，在管接头处涂上一些制冷剂油。

④ 安装后的管路，应检查管路的布置是否正确、有无其他零部件与其有刮碰的可能。安装完毕要确认无泄漏，抽真空，并加注制冷剂和检测空调系统的性能。

第 4 章 汽车空调系统的电路与电器设备

学习目标：

- 了解汽车空调的基本电路图
- 学会汽车空调电路图的读图方法
- 掌握汽车空调系统各电器设备的结构和工作原理
- 学会典型汽车空调电路的分析

4.1 汽车空调系统电路

汽车空调系统配置有压缩机、冷凝器、膨胀阀、蒸发器、鼓风电动机等主要部件，汽车空调电路的任务便是对上述配置的工况进行调节和控制，如图 4-1 所示为一种普通轿车的空调装置电路图。

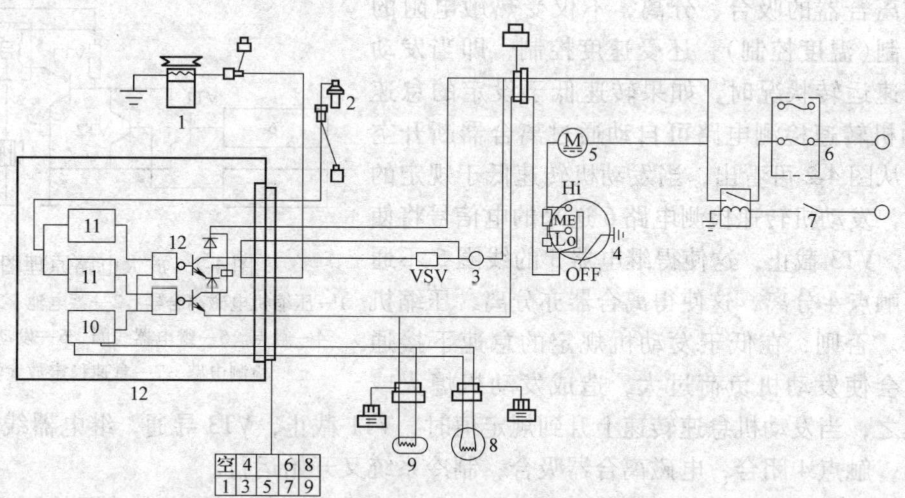

图 4-1 轿车空调电路

1—压缩机和电磁离合器 2—点火线圈 3—压力开关
4—鼓风电动机开关[高(Hi)、中(ME)、低(Lo)、关(OFF)] 5—鼓风电动机
6—熔断器 7—点火开关 8—温度调节旋钮 9—热敏电阻
10—温度检测电路 11—发动机转速检测电路 12—放大器

4.1.1 电源的控制

这部分包括了蓄电池、点火开关、熔丝继电器以及鼓风电动机开关、鼓风电动机、电磁离合器等。当点火开关接通，只需鼓风电动机开关闭合(在 Hi、ME、Lo 三档中之任一档时)空调电路便开始正常工作，此时，电磁离合器吸合，使压缩机运转，从而制冷系统进行循环，开始制冷。由于鼓风电动机的运转，被蒸发器制冷的空气亦被送入车厢内。

4.1.2 压缩机电磁离合器的控制

由于轿车的压缩机是由发动机直接驱动，所以当电磁离合器吸合后压缩机才会随之运转作动力输出，而电磁离合器的吸合，必需是它的线圈通电，产生电磁吸力，使动力压板吸合在带轮上，再通过带轮来带动压缩机运转。

作为控制电路而言，一般只要点火开关在接通位置，鼓风电动机开关合上，此时鼓风电动机电路便被接通的同时，供给一放大电路电流，通过该电路将电磁离合器线圈接通而产生吸合。

至于电磁离合器是否通电，这又是由温度检测电路控制的。因为该电路的传感器——热敏电阻，阻值是随蒸发器的送风温度高低而变化，当温度上升，电阻下降；温度下降，电阻上升。电阻值的变化被电路转变为电信号，传至怠速稳定放大器。

当从点火线圈和热敏电阻来的两组信号同时满足某一个设定条件时，放大器才会向离合器的继电器线圈供电。如图 4-2 所示。当在蒸发器表面有霜或冰冻时，热敏电阻值即发生变化；当阻值变化到一定值时，VT2 导通，VT3 截止，继电器线圈 5 不通电，继电器 3 的触点 4 分离，电磁离合器亦分离，压缩机不工作。

电磁离合器的吸合、分离，不仅受热敏电阻的电信号控制(温度控制)，还受速度控制，即当发动机处在怠速运转状况时，如果转速低于设定的怠速转速发动机转速检测电路可自动通过离合器断开空调装置。从图 4-2 可看出，当发动机转速低于规定的怠速值时，发动机转速检测电路 6 送来的电信号将使 VT1 导通，VT3 截止，这使得继电器 3 的线圈 5 不通电，因而触点 4 分离，这使得离合器亦分离，压缩机停止运行。否则，在低于发动机规定的怠速下接通空调，这会使发动机负荷过大，造成发动机熄火或过热。反之，当发动机怠速转速上升到规定值时，VT1 截止，VT3 导通，继电器线圈 5 中的电流流通，触点 4 闭合，电磁离合器吸合，制冷系统又开始运行。

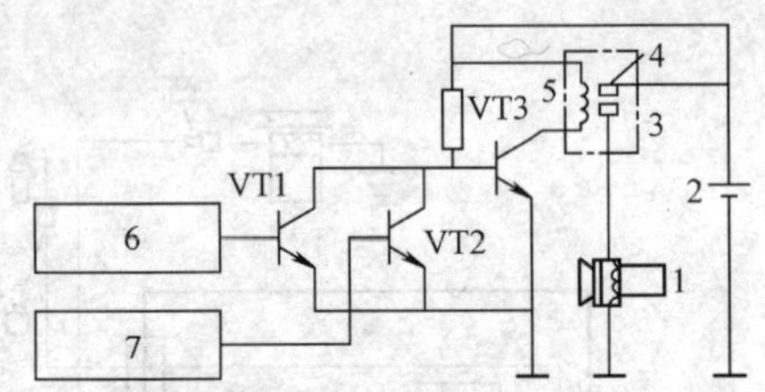

图 4-2 放大电路原理图

1—压缩机电磁离合器 2—蓄电池 3—继电器 4—触点 5—继电器线圈 6—发动机转速检测电路 7—怠速稳定放大器

轿车上装配的怠速自动调整装置，主要组件为真空电磁阀，怠速自动调整原理如图 4-3 所示。真空电磁阀由电磁线圈，活动铁心、压缩线圈几部分组成，当空调停开时，空调开关已断开，此时，真空电磁阀不通电，阀呈开启状态，进气歧管的真空度使膜片缸下腔呈负压状态，克服了膜片部弹簧压力，而使膜片下移，这样来操纵臂和摇臂脱开，节气门保持怠速原来的开度，所以怠速转速不会升高。但当空调运行时(如图 4-3c 所示)，空调开关接通，电磁线圈通电，真空转换阀将真空通路，此时与大气相连的通路开启，膜片在弹簧的作用下，向上移动，此时操纵臂压下摇臂，从而使节气门开度增大，这样怠速的转速相应上升，

以便满足发动机驱动空调装置输出的需要。

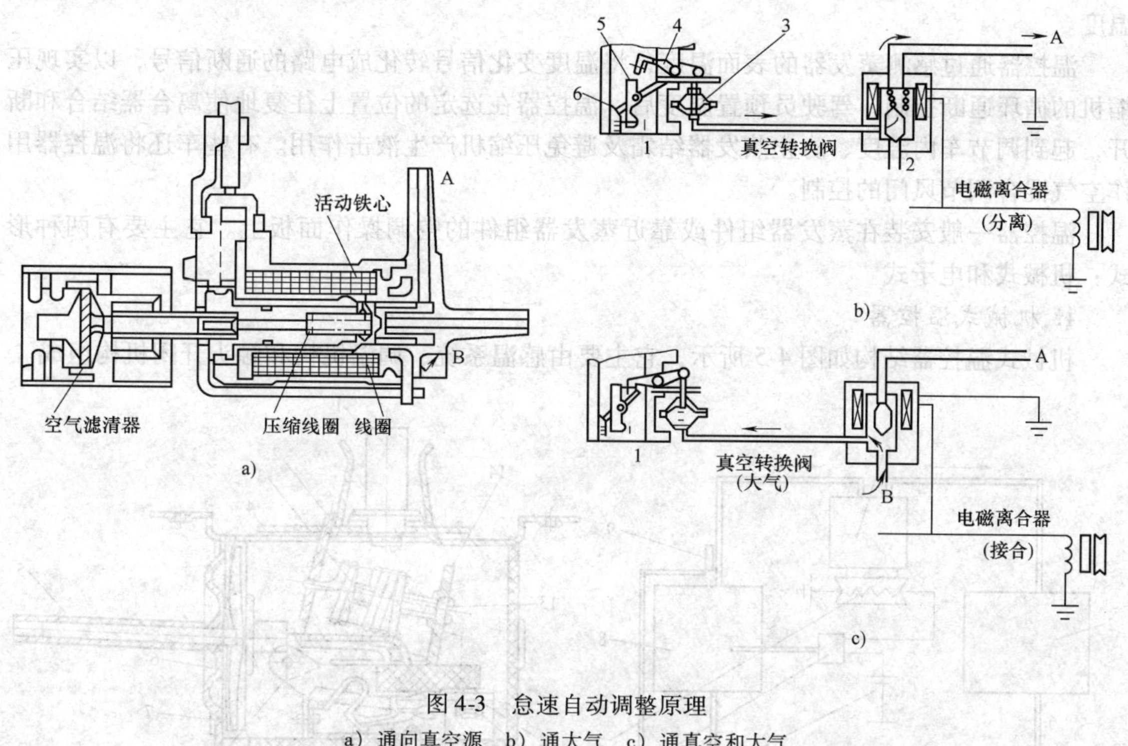

图 4-3　怠速自动调整原理

a）通向真空源　b）通大气　c）通真空和大气

1—发动机进气管　2—真空电磁阀　3—膜片缸　4—操纵臂　5—摇臂　6—节气门

4.1.3　空调安全保护控制电路

这是制冷系统正常安全运行的必备电路，因为当制冷系统由于某种原因而导致压力升高时，如果没有保护装置，将会引起制冷系统的运行事故。在这时，采用压力开关将系统断开，使压缩机停止运行，从而保护了压缩机和制冷系统。

在压力开关中，一般采用将此高压导入开关内，让开关的触点在机械力的作用下强行分离，从而切断了开关回路，电磁离合器分离，使压缩机停止运行。

从上面所述可以看出整个电路系统中，汽车空调电气系统的基本元件和电路主要是围绕着压缩机电磁离合器的开停线路为控制的中心。上述电路是最基本亦是最简单的轿车电路，事实上汽车空调发展到今天，它的电路已远远不止上述的内容。比如说在高级轿车、大客车中已广泛应用的自动控制电路，微电脑控制电路等。如图 4-1 所示基本电路，不只对温度、速度、压力进行控制，而且还可对温度进行调节，此时，只需采用温度调节旋钮调节——可变电阻，来使热敏电阻阻值变化，从而就可通过温度检测电路对温度进行调节。

4.2　汽车空调温度控制器

4.2.1　温度控制器

温度控制器也叫恒温器、热敏开关等。它是汽车空调电路控制系统里用作温度控制的一种基础元件。如图 4-4 所示的离合器循环控制的制冷系统，常用温控器控制蒸发器的表面温度。

温控器通过感测蒸发器的表面温度，将温度变化信号转化成电路的通断信号，以实现压缩机的循环通断控制，驾驶员预置温度后，温控器在选定的位置上往复地使离合器结合和断开，起到调节车内温度、防止蒸发器结霜及避免压缩机产生液击作用。有些车还将温控器用作空气混合调节风门的控制。

温控器一般安装在蒸发器组件或靠近蒸发器组件的空调操作面板上。它主要有两种形式：机械式和电子式。

1. 机械式温控器

机械式温控器结构如图 4-5 所示，它主要由感温系统、调温机构和触头开闭机构组成。

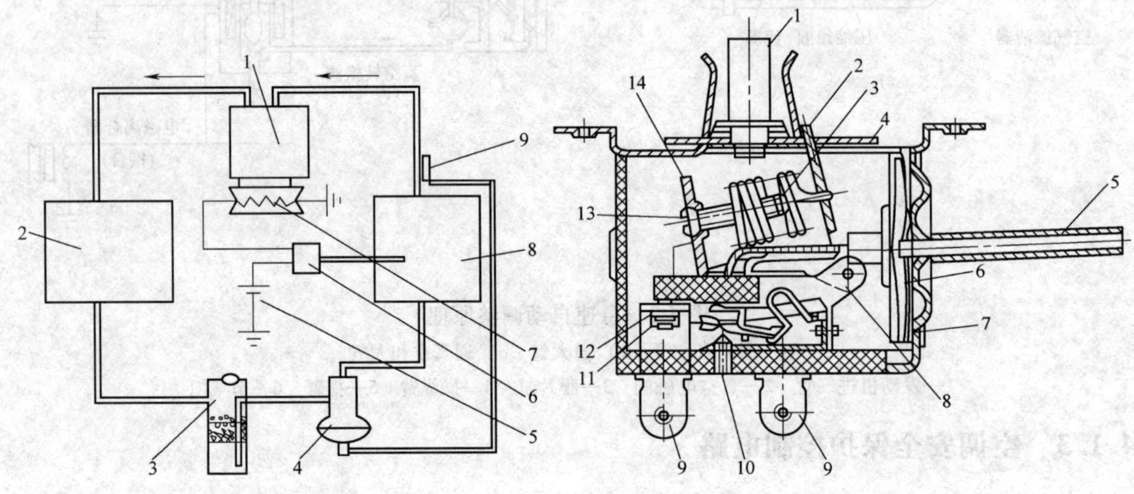

图 4-4　离合器循环控制的制冷系统

1—压缩机　2—冷凝器　3—储液干燥器　4—内平衡膨胀阀　5—蓄电池　6—温控器　7—电磁线圈　8—蒸发器　9—毛细管温控器

图 4-5　机械式温控器结构

1—调温轴　2—控温板　3—主弹簧　4—调温凸轮　5—毛细管　6—感温剂　7—膜盒　8—杠杆　9—接线柱　10—温差调节螺钉　11—动触头　12—静触头　13—调温螺钉　14—固定架

感温系统主要由毛细管和波纹管构成，在这个密封的空腔内充满处于饱和状态的感温剂，如图 4-6a 所示。感温管一端插入蒸发器表面的翅片上，感受蒸发器出风口方向的表面温度。当蒸发器表面温度变化时，感温装置内的工质也随温度而发生压力变化，使波纹管伸长或缩短，并将压力信号传递出去，控制电路的通断。在一定的温度变化范围内，感温工质的压力与温度变化呈线性关系。即力点 A 的位移与感温工质的压力变化呈正比关系，如图 4-6b 所示。

调温机构由凸轮、转轴、调节螺钉等组成，其功能是使温控器能在最低至最高温度范围内对任一设定温度产生控制动作。温控器触头开关的断开点是根据调节轴给定的位置而变化的，触头的闭合点与断开点的位置平行。

触头开闭机构主要由触头、弹簧、杠杆等组成，其功能是执行由控制机构传来的动作信号。通过触头开闭来接通或断开电磁离合器电路，实现恒温控制。

机械式温控器的工作过程如图 4-7 所示。波纹管 2 和注满制冷剂 R12 或 CO_2 的毛细管 1 相连，毛细管感温元件设置在蒸发器冷气通过的位置，或置于蒸发器的尾管部分，当蒸发器

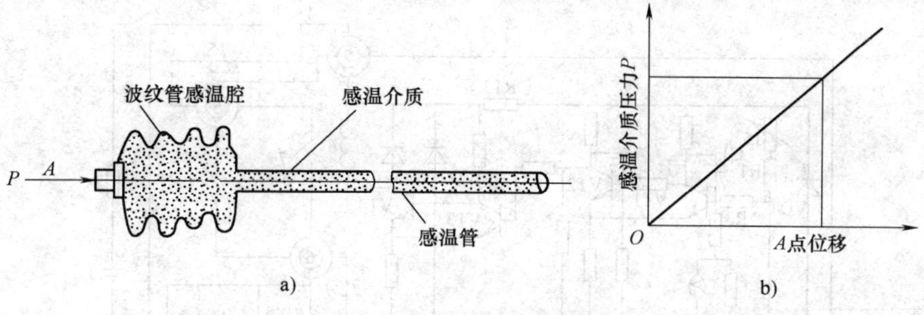

图 4-6　波纹管式感温器

的温度变化，毛细管中的 R12 或 CO_2 的温度亦随之发生变化，温度变化相应压力亦发生变化，随着压力的升高，压力也增大，该压力的增加，便推动波纹管处的膜片运动，从而推动机械杠杆，使触点 7 闭合，使电磁离合器 9 线圈通电吸合，压缩机运行，制冷系开始工作。当车厢内温度降至设定温度以下时，膜片收缩作反向运动，弹簧帮助其复位，带动杠杆绕支点逆时针旋转，触点 7 分离，电磁离合器 9 线圈断电分离，此时，压缩机停止运行，制冷系统亦停止工作。图示的轴 3、凸轮 4、调节弹簧 5、温度调节螺钉 6 均是温控器之调节元件。

但是温度控制还可以采用电子式的方式来加以控制。如图 4-8 所示便是一种典型的汽车空调的温度和压力控制电路。

它的温控回路以如下方式运行：

当空调开关开通后，蓄电池 1 的电压便经空调开关 4→R13→R1→R3 加至 VT1 的基极上，这样 VT1 导通后，VT2、VT3、VT4 亦导通，电流便有蓄电池 1→空调开关 4→电磁线圈 6→VT4 接地，使触点 7 吸合，电磁离合器线圈通电而吸合，压缩机运转。

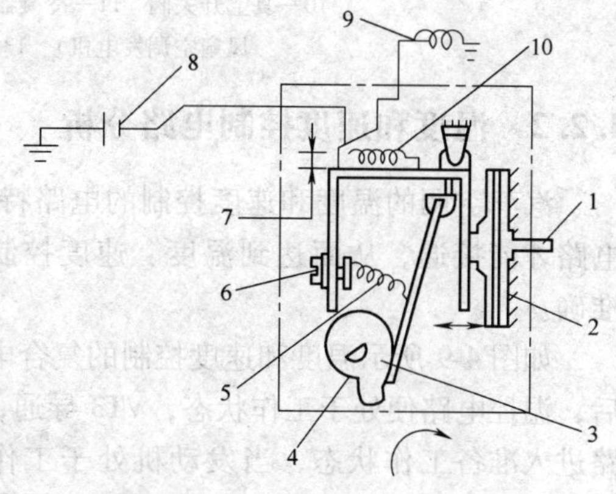

图 4-7　机械式温控器的工作过程

1—毛细管　2—波纹管　3—轴　4—凸轮　5—调节弹簧　6—温度调节螺钉　7—触点　8—蓄电池　9—电磁离合器　10—弹簧

当车厢内的制冷温度低于设定值时，热敏电阻值升高，这使 T1 的基极电位降低，结果 VT1、VT2、VT3、VT4 均被截止，电磁线圈 6 中无电流，触点 7 分开，电磁离合器 8 触点分开，压缩机停止运行。

需要说明的是热敏电阻 13 设置在蒸发器出口侧，作为感温元件，而可变电阻 14 是作温度控制用。当阻值变化，控制室内设定温度亦变化。

如图 4-8 所示的压力控制回路按如下方式运行：⑤接点实际上并没有直接接在蓄电池正极板的引出线路上，而是在⑦接点与⑤接点间串联了一只高压压力开关 5，其目的是对压缩机运行中出现的异常升压进行监控和保护的作用，即当这种异常出现的高压超过安全值时，开关触点 7 动作，便切断了电路中⑦接点至⑤接点的电源线路，这便使放大器接点⑥没电流输出，从而切断了电磁离合器线路，使压缩机停止运行。与此同时空调工况指示灯 9 熄灭，开始压力报警。

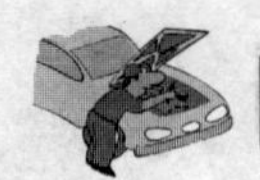

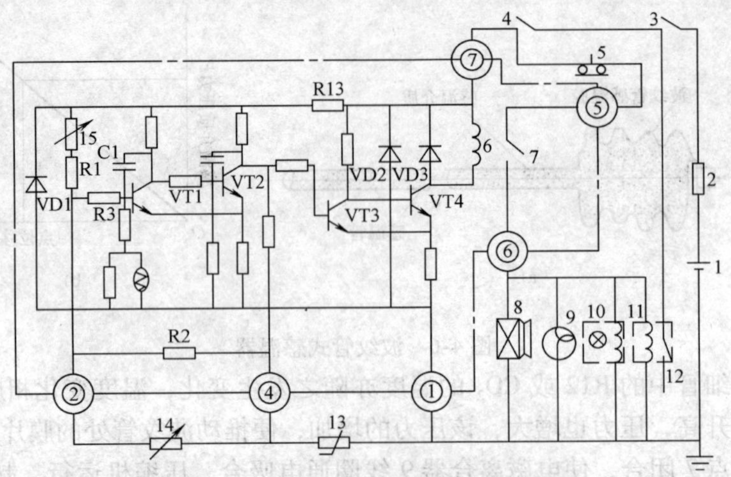

图 4-8　温度与压力控制电路图

1—蓄电池　2—熔丝　3—点火开关　4—空调开关　5—高压压力开关
6—电磁线圈　7—触点　8—电磁离合器　9—空调工况指示灯
10—真空开关阀　11—冷凝器风扇继电器　12—通往调节器(冷凝器
风扇空调发电机)　13—热敏电阻　14、15—可变电阻

4.2.2　温度和速度控制电路分析

汽车空调的温度和速度控制的电路特点表现在只有发动机在某一转速以上时，压缩机电路才能接通，从而达到温度、速度控制的目的。由于是电子调节，所以调定的温度更准确。

如图 4-9 所示温度和速度控制的复合电路，当鼓风机、冷气开关和调速电阻 A 开关接通后，温控电路便处于工作状态，VT3 导通，继电器 S1 接通，指示灯 HL2 接通，速度控制电路进入准备工作状态，当发动机处于工作转速以上(四缸机为 800 ~ 1500r/min,六缸机为

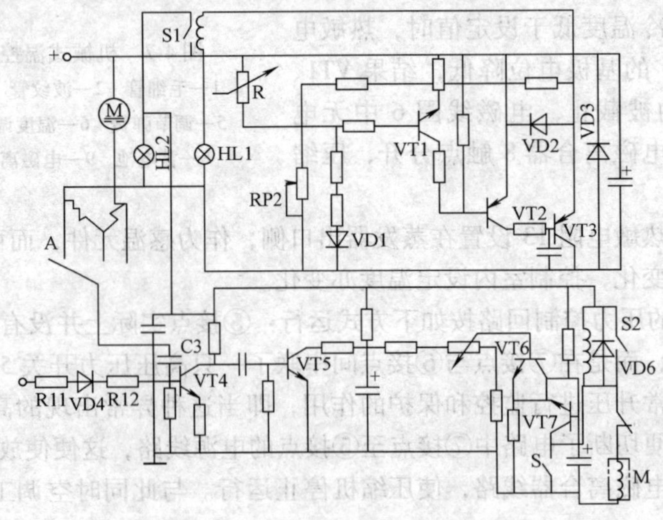

图 4-9　温度和速度控制的复合电路

530～1000r/min)时，速控电路开始运行。图中S1是调温电位器，用来设定温度。S2为速度接触电位器，以设定进入工作态的转速，C3为积分电位器，它的量值同样决定电路进入工作态的转速。其工作过程为：当VT7导通，继电器K2接通，压缩机离合器电器M，整个空调制冷系统运行。

上述电路，在怠速时，是采用自动加速装置。它是由真空管、真空电磁阀、真空箱、加速拉杆等组成。如图4-10所示，当继电器K2线圈通电而导通，使压缩机电磁离合器及真空电磁阀通电，空调工作。在此过程中，真空箱因真空的作用而将加速拉杆运动加大节气门开度，使发动机正常工作。

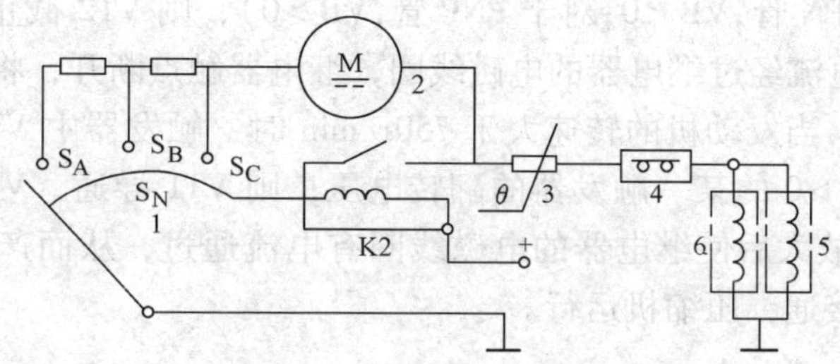

图4-10　自动加速装置电路

1—鼓风开关和鼓风电阻　2—鼓风电动机　3—恒温开关

4—压力开关　5—压缩机电磁离合器　6—真空电磁阀

4.3　发动机怠速调整装置

当汽车临时停车和慢速行驶时，发动机处在小负荷或空载负荷运行工况。此时，非独立空调系统会出现由于压缩机所需转矩的增大，而发动机的负荷增大的矛盾，其结果会造成发动机的怠速工况不稳定，甚至导致发动机熄火，影响汽车的低速和怠速性能。为了保证汽车的怠速稳定性能，必须增加怠速稳定控制器，以保证在发动机怠速时能自动切断空调压缩机的离合器电路。

一般怠速稳定控制器有两种类型：一种是自动切断压缩机的离合器电路，停止压缩机运行，这样来减轻发动机的负荷，稳定发动机的怠速性能。另一种是当发动机怠速还需要空调系统继续工作时，使发动机自动加大节气门开度，以增加发动机的输出功率，并使发动机转速略有提高，达到带负荷的低速稳定运转的目的。

4.3.1　怠速继电器

怠速继电器的功能是当发动机处于怠速工况时，自动切断电磁离合器电路，停止发动机驱动压缩机来稳定发动机怠速工况的装置。这种装置是利用点火线圈的脉冲数作为转速控制信号，并将信号输入到怠速继电器的电路中。汽车空调系统的怠速继电器在点火线圈的初级低压负极上。

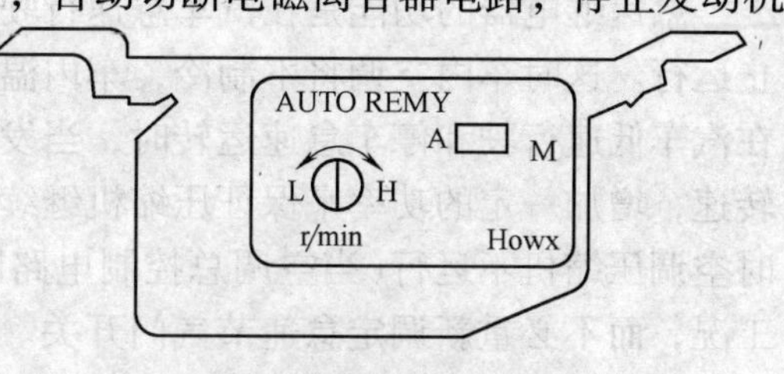

图4-11　怠速继电器外观

如图4-11所示。它上面有一个怠速设定旋钮，预选转速由人工控制，一般把它调整到 700 ~ 750r/min 时，便能自动切断电路；950r/min 时再接通电路。如果不用怠速继电器，将档拨至 M 处，即为人工控制。

如图 4-12 所示为怠速继电器的工作原理图。工作时，晶体管 VT1 的基极与点火线圈初级绕组的负极接通，故能在点火线圈上得到和发动机转速一致的脉冲信号。脉冲信号经过 VT1 放大，二极管 VD2、VD3 的整流和 C1、C3 的滤波后，便变成一个脉冲信号，该信号输入到由 VT2 和 VT3 组成的稳态触发电路中，该电路的功能是在外加结果触发下，稳态触发电路在晶体管 VT1 截止，VT2 饱和的稳定状态迅速地翻转到 VT1 饱和、VT2 截止的另一个稳定状态。通过调节 RP 的电阻值，使 VT2 基极电压在发动机 700r/min 时正好小于 0（VT2 截止的条件是：对于 NPN 管，VB < 0；对于 PNP 管，VB > 0），则 VT2 截止，VT3 饱和；VT4 截止，VT4 集电极将无电流经过继电器的电磁线圈，继电器触点断开，将压缩机离合器电路切断，压缩机停止运行。当发动机的转速大于 750r/min 时，触发器中 VT1 的基极电压由于脉冲信号的增强处于 VB > 0 的某一触发器的翻转电压；则 VT1 导通，VT2 截止，触发器输入信号到 VT4 的基极，放大后使继电器的电磁线圈有电流通过，从而产生磁场，触点开关闭合，使离合器的电路接通，压缩机运行。

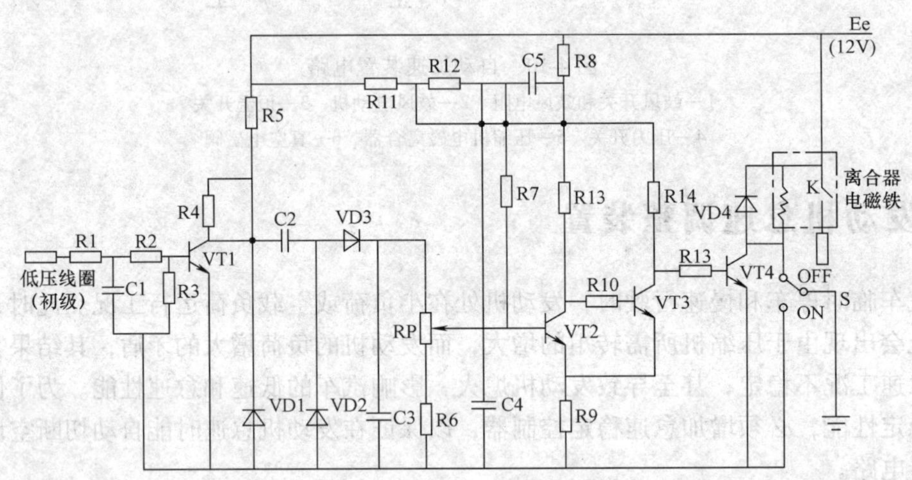

图 4-12　怠速继电器电路

开关 S 为工作方式选择，分手动和自动。接到 OFF 位置，则继电器直接通电源，处于接合状态，只要空调器一接上电流，压缩机就处于运行状态。它不再受怠速控制器制约。在怠速时，只有用手动闭合电源开关来停止压缩机运行。

4.3.2　怠速转速提高器

怠速继电器的功能是在汽车怠速行驶时，自动切断压缩机离合器电源，使制冷压缩机停止运行。这时车内空调将不制冷，车内温度将上升。怠速转速提高器是一种自动装置，它能在汽车低速行驶和停车怠速运转时，当发动机仍然在驱动压缩机的情况下，自动提高发动机转速，增加一定的功率来保证压缩机继续工作，而汽车仍然维持在无功率的输出状态。若这时空调压缩机不运行（当空调总控制电路断开），发动机仍能按原来调定的转速下进入怠速工况，而不必重新调定怠速节气门开关。

真空转换阀（VSV）是最常用的怠速转速提高器。其作用原理如图 4-13 所示。如果发动

机怠速时，不需要空调系统工作，真空转换阀的电源被切断，电磁线圈的磁场消失；弹簧将 VSV 阀芯顶下，关闭真空驱动器的通大气的通路，此时真空罐中负压将作用在真空驱动器上，通过杠杆使化油器的节气门不受障碍而能回到怠速位置，如图 4-13a 所示。当空调器的开关接通时，转换阀的线路有电流通过，阀芯受到磁场作用而上升，关闭真空罐和真空驱动器的真空管路，真空驱动器便接通大气压通路，在大气压力下，真空驱动器的弹簧使杠杆上升，杠杆又将节气门移到比怠速位置稍大的位置上；这样发动机转速提高，增大功率输出以供空调系统的压缩机和风扇驱动所需，如图 4-13b 所示。

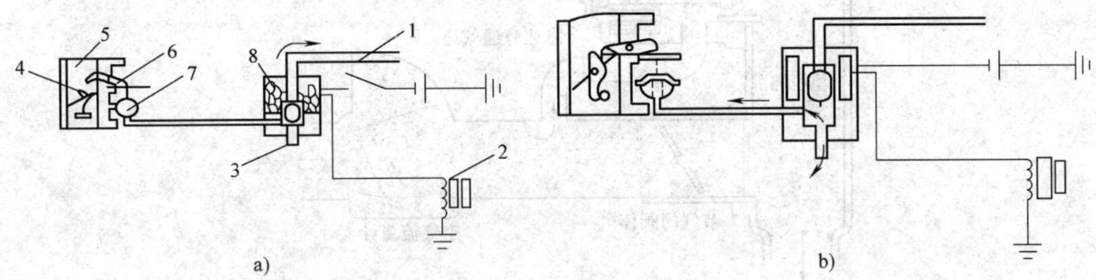

图 4-13　VSV 工作原理

a）空调系统（制冷）不工作　b）空调系统（制冷）工作

1—真空管　2—电磁离合器　3—大气接口　4—节气门　5—化油器喉管

6—杠杆　7—真空驱动器　8—电磁真空阀

VSV 阀的真空源也可以直接从节气门下方引出，如图 4-14 所示。其工作原理和真空转换阀相同。

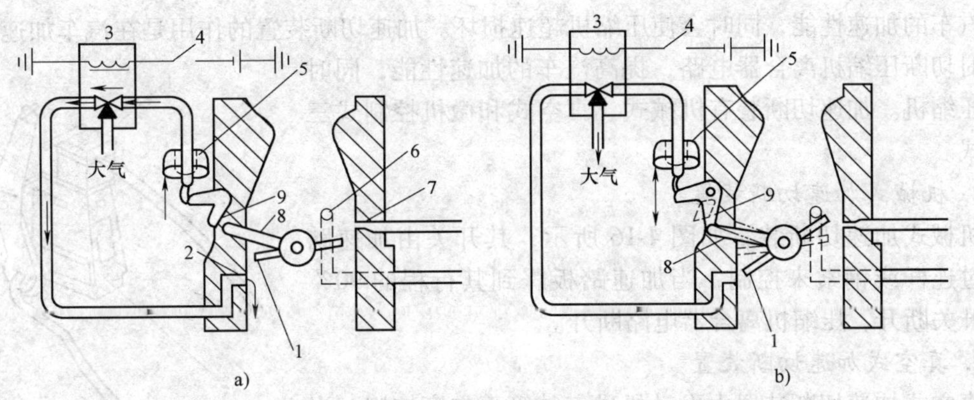

图 4-14　直接引自节气门真空的 VSV 阀

a）空调系统（制冷）不工作　b）空调系统（制冷）工作

1—节气门　2—真空引口　3—VSV 阀　4—空调开关　5—真空驱动器

6—怠速喷油器　7—主喷油器　8—连杆　9—杠杆

4.3.3　微机控制怠速系统

在电控燃油喷射系统中，发动机怠速由发动机电脑控制，微机控制怠速系统的组成如图 4-15 所示。当空调系统起动时，发动机 ECU 控制怠速控制阀增大开度，增大旁通进气量，提高发动机怠速。

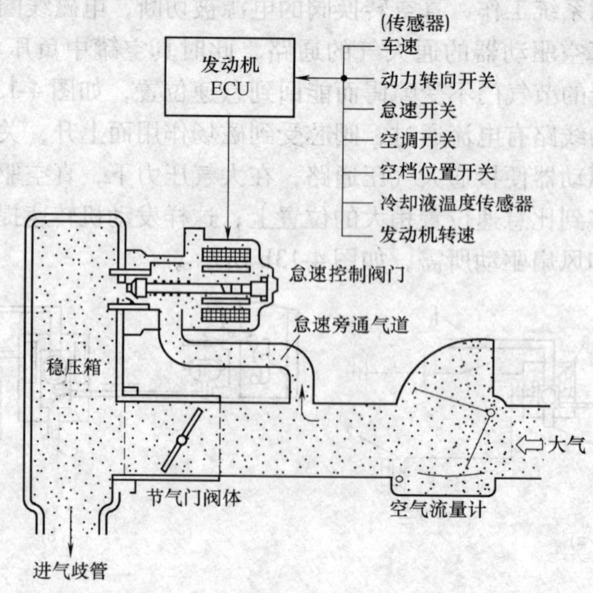

图 4-15　微机控制怠速系统

4.4　加速切断装置

汽车在加速或超车时，发动机需要输出最大功率，如果起动空调，会消耗发动机功率，降低汽车的加速性能，同时会使压缩机超速损坏。加速切断装置的作用是在汽车加速或超车时暂时切断压缩机离合器电路，提高汽车的加速性能，同时保护压缩机。加速切断装有机械式、真空式和微机控制式三种形式。

1. 机械式加速切断装置

机械式加速切断装置如图 4-16 所示，其开关由加速踏板通过连杆或钢索来控制，当加速踏板踩到其行程的 90% 时，开关断开，压缩机离合器电路断开。

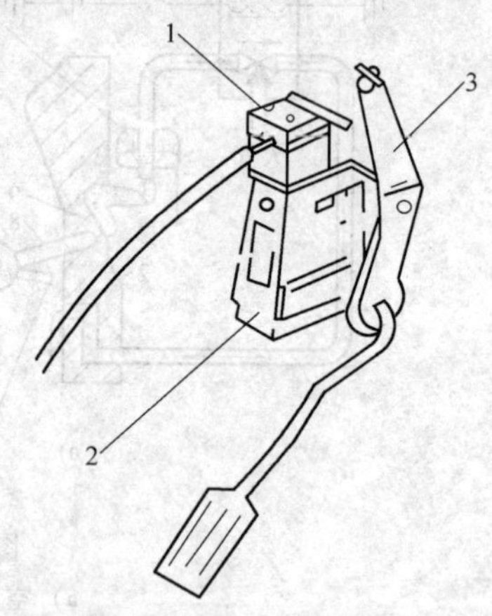

图 4-16　机械式加速切断装置
1—加速切断装置　2—加速踏板托架
3—加速踏板总成

2. 真空式加速切断装置

真空式加速切断装置由发动机进气歧管真空度控制，当汽车匀速或稍加速行驶时，进气歧管真空度较小，开关闭合，空调正常工作；当汽车急加速或怠速行驶时，进气歧管真空度较大，开关断开，空调停止工作。

3. 微机控制式加速切断装置

高级轿车上，车身计算机控制压缩机离合器电路，如图 4-17 所示。车身计算机根据节气门位置传感器和曲轴位置传感器信号感知急加速状态时，车身计算机控制断开压缩机离合器电路几秒钟，以实现加速切断控制。

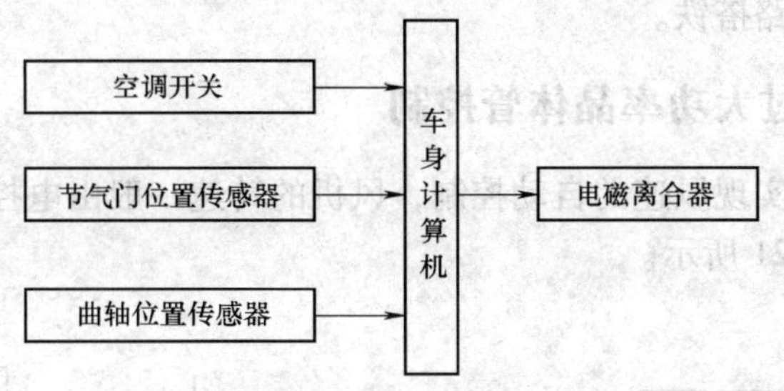

图 4-17　微机控制加速切断装置

4.5　鼓风机控制

要使车内有一个舒适的环境，除了要控制送风温度外，还应根据环境变化和乘员的不同需要，控制鼓风机的转速，以控制送风速度。一般通过改变线路中的电阻值来实现，根据控制方法的不同可分为三种形式，由鼓风机开关和调速电阻联合控制、电控模块通过大功率晶体管控制及晶体管与调速电阻器组合型控制。鼓风机的外形如图 4-18 所示。

4.5.1　由鼓风机开关和调速电阻联合控制

风机的控制档位一般有二、三、四、五速四种，最常见的是四速，如图 4-19 所示。通过改变风机开关与调速电阻的接通方式可令风机以不同转速工作。风机开关处于Ⅰ位置时，至电动机的电流须经过三个电阻，风机低速运行，开关调至Ⅱ位置，至电动机的电流须经两只电阻，风机按中低速运转，开关拨至Ⅲ位置时，至电动机的电流只经过一个电阻，风机按中高速运转，选定位置Ⅳ时，线路中不串任何电阻，加至电动机的是电源电压，风机以最高速运转。

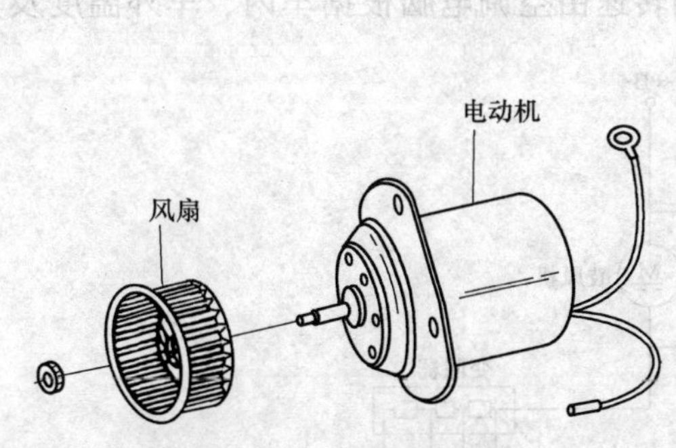

图 4-18　鼓风机的外形

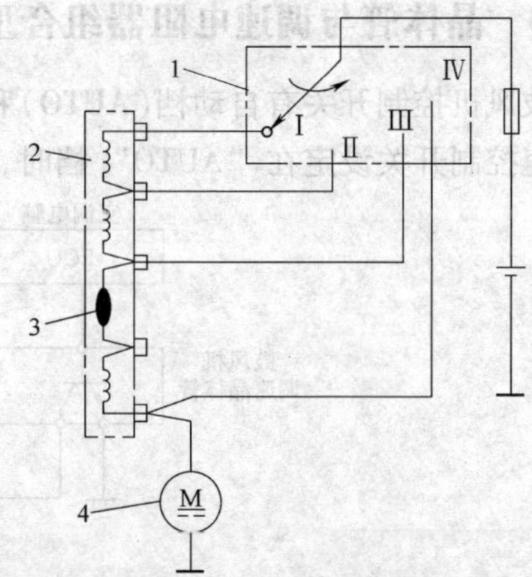

图 4-19　风机调速控制电路

1—风机开关　2—调速电阻　3—限温开关　4—风机

调速电阻一般装在空调蒸发器组件上，利用气流进行冷却。其外形如图 4-20 所示。风机开关一般装在操作面板内，设置不同档位供调速用，在设置时，风机开关可控鼓风机电源正极，也可控鼓风机电路搭铁。

4.5.2　电控模块通过大功率晶体管控制

现代中高档轿车为实现风速的自动控制，风机的转速一般由电控模板通过大功率晶体管控制，控制原理如图 4-21 所示。

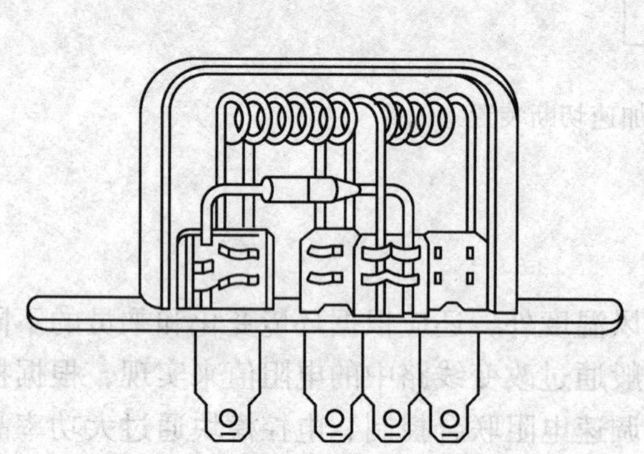

图 4-20　调速电阻

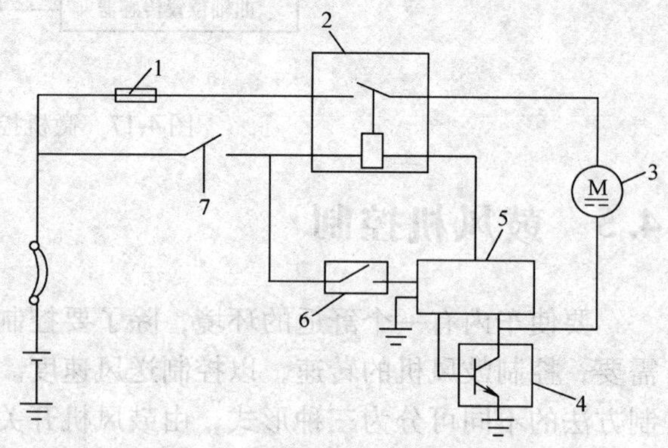

图 4-21　用晶体管控制的风机电路

1—熔丝　2—加热继电器　3—鼓风电动机　4—晶体管
5—空调控制器　6—鼓风机开关　7—点火开关

功率组件控制风机的运转，它把来自程序机构的风机驱动信号放大，放大器的输出信号根据车内情况，按照指令提供不同的风机转速，如果车内温度比所选定的温度高很多，在空调工作状态下，风机将高速运转；而当车内温度降低时，风机速度又降为低速。相反，如果车内温度比所选定的温度低得多，在加热状态下，风机将被起动为高速；而当车内温度上升后，风机速度降为低速。

4.5.3　晶体管与调速电阻器组合型控制

鼓风机控制开关有自动档(AUTO)和不同转速的人工选择模式，如图 4-22 所示，当鼓风机转速控制开关设定在“AUTO”档时，鼓风机的转速由空调电脑根据车内、车外温度及其

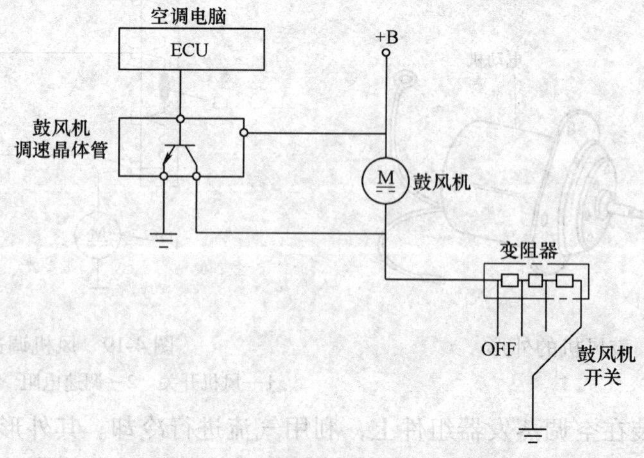

图 4-22　晶体管与调速电阻器组合型

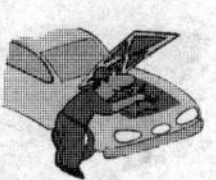

他传感器的参数控制。若按动人工选择模式开关，则空调电路取消自动控制功能，执行人工设定功能。

4.6　电磁离合器

汽车空调电磁离合器的功能是控制发动机与压缩机之间的动力联系。当电源接通时，电磁离合器将发动机的动力传递给压缩机主轴。使压缩机处于工作状态；当电源断开，电磁离合器便切断发动机与压缩机的联系，使压缩机停止工作；所以电磁离合器是汽车空调自控系统中的执行元件，受温控器(恒温器)、压力控制器(压力继电器)、车速继电器、电源开关等元件的控制。

4.6.1　电磁离合器结构原理

如图4-23所示为汽车空调电磁离合器工作原理图。当电磁线圈通电时，产生强大的磁场，将衔铁吸引，带轮将发动机的动力传递给主轴，使压缩机工作。当电磁离合器断开电源时，磁场消失，吸力消失，衔铁离开电磁线圈，切断压缩机和发动机的联系，压缩机停止工作。

如图4-24所示为电磁离合器结构图。电磁离合器的主要结构是电磁线圈固定在前缸盖，

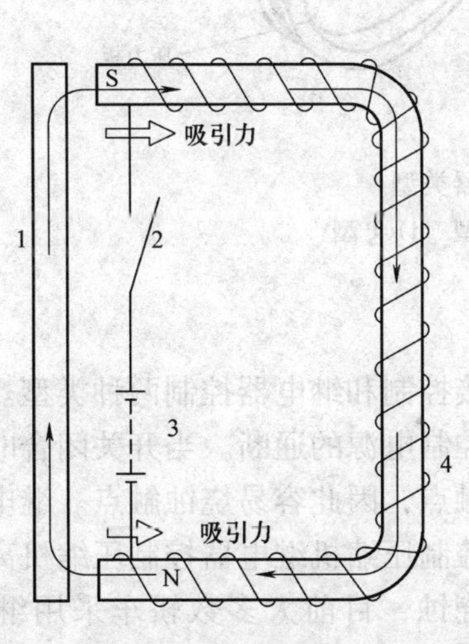

图4-23　电磁离合器工作原理

1—衔铁　2—开关　3—电源　4—电磁线圈

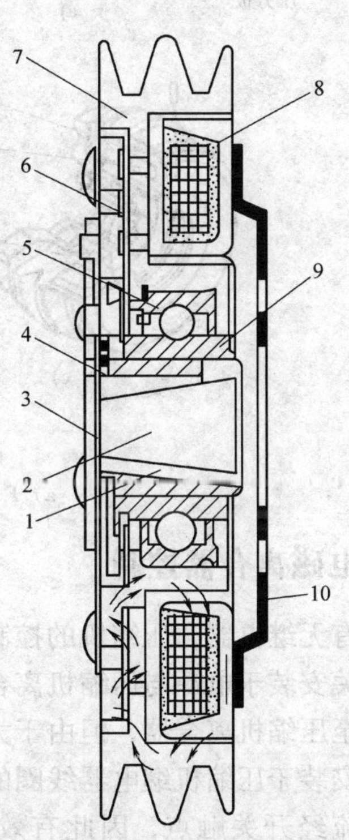

图4-24　电磁离合器结构

1—键　2—主轴　3—压板　4—帽轴套　5—滚子轴承　6—衔铁　7—带轮　8—电磁线圈　9—前缸盖凸缘　10—固定板

嵌在带轮的凹槽内。前缸盖凸缘压装轴承，而带轮装在轴承上。衔铁和前压板用三片弹簧铆接，当电磁线圈通电时，磁场吸引衔铁，并克服弹簧力，将前压板也吸引结合在一起，紧贴带轮，压板上的轴套套装在压缩机主轴键上；这样，带轮带动衔铁、压板，再驱动主轴转动，压缩机开始工作。当电磁线圈断电时，没有了磁场引力，压板在弹簧片弹力作用下，使衔铁脱离带轮，轴套也脱离键槽，压缩机停止工作，带轮空转。

电磁离合器还有一种形式，是电磁线圈和带轮一起转动，电磁线圈的接线是用电刷和滑环结构，目前这种结构已很少应用。

电磁离合器按其型号分为：F型、G型，适用于曲轴式压缩机；R型、P型，适用于斜盘式和旋叶式压缩机，如图4-25所示。

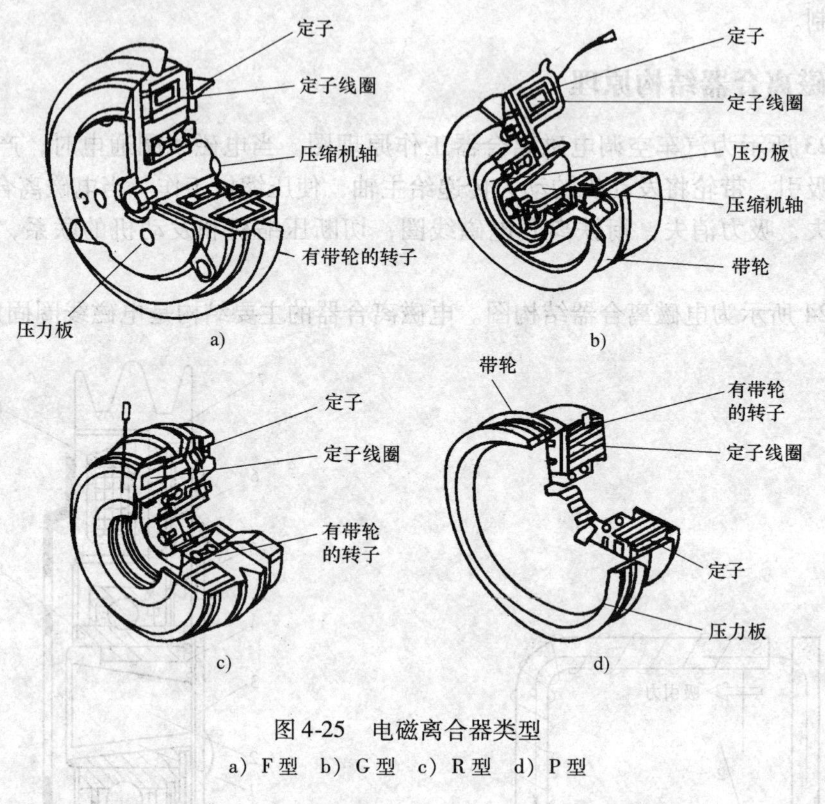

图4-25　电磁离合器类型

a）F型　b）G型　c）R型　d）P型

4.6.2　电磁离合器控制

根据有无继电器，压缩机的控制方式可分为直接控制和继电器控制两种类型。直接控制方式中开关安装于电源与压缩机离合器之间，直接控制电源的通断。当开关闭合时，大电流流经开关至压缩机离合器，但由于大电流流经开关触点，因此容易烧蚀触点。继电器控制方式中开关安装于压缩机继电器线圈的电路中，通过控制压缩机继电器控制压缩机离合器。由于小电流流经开关触点，因此有效地防止了触点烧蚀，目前大多数轿车采用继电器控制方式。

根据控制元件的不同，压缩机控制电路可分为以下几种。

1. 开关控制

该控制方式的控制电路如图4-26所示，当空调开关1（A/C开关）、环境温度开关2、恒温器

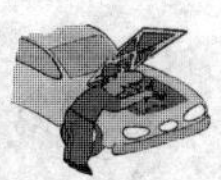

开关3、压力开关4闭合时，压缩机继电器5通电，压缩机电磁离合器6通电，压缩机运转。

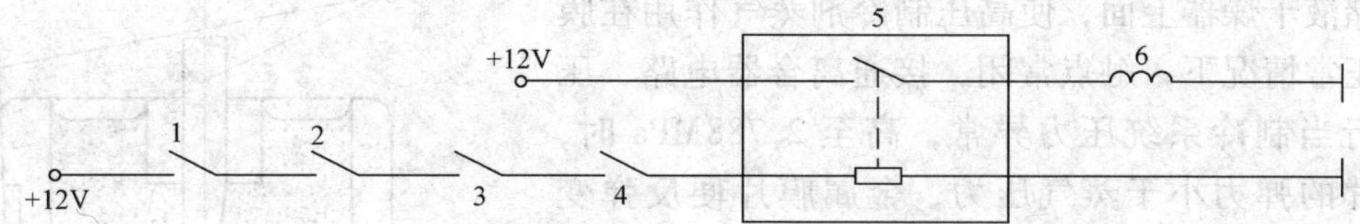

图4-26　开关控制压缩机

1—空调开关　2—环境温度开关　3—恒温器开关　4—压力开关　5—压缩机继电器　6—压缩机电磁离合器

2. 空调控制器控制

该控制方式的控制电路如图4-27所示，空调控制器根据各种开关和传感器信号控制压缩机的运转。

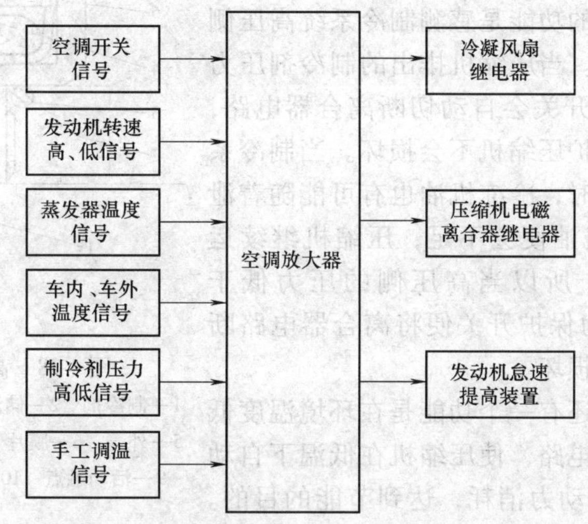

图4-27　空调控制器控制压缩机

3. 微机控制

对于自动空调系统，压缩机一般是由空调电脑根据传感器信号进行自动控制的，有关内容见第五章。

4.7　压力控制开关

4.7.1　高压压力保护开关

高压压力开关是用来防止制冷系统在异常的高压下工作，以保护冷凝器和高压管路不会爆裂、压缩机的排气阀不会折断以及压缩机其他零件和离合器不损坏。当冷凝器被污垢、杂物、碎纸或塑料薄膜阻挡冷却风道时，由于制冷剂无法冷却，制冷剂压力便会升高；当制冷系统制冷剂量过多时，系统压力也会增高；还有其他原因都会引起系统压力过高的异常，这时高压压力保护开关会自动将离合器电路切断，使压缩机停止运行，同时又将冷凝器风扇高速档电路接通，这样来自动提高风扇转速，以便较快地降低冷凝器的温度和压力。

高压压力保护开关的结构如图 4-28 所示，它直接装在储液干燥器上面，使高压制冷剂蒸气作用在膜片上。正常情况下，触点常闭，接通离合器电路，压缩机运行当制冷系统压力异常，高至 2.788MPa 时，金属膜片的弹力小于蒸气压力，金属膜片便反弹变形，触点迅速分离，将离合器电路断开，压缩机停止运行，从而保护了压缩机。当制冷剂压力下降到 2.13MPa 时，金属膜片会自动恢复原状，触点重新闭合，电路接通，压缩机又恢复运行。

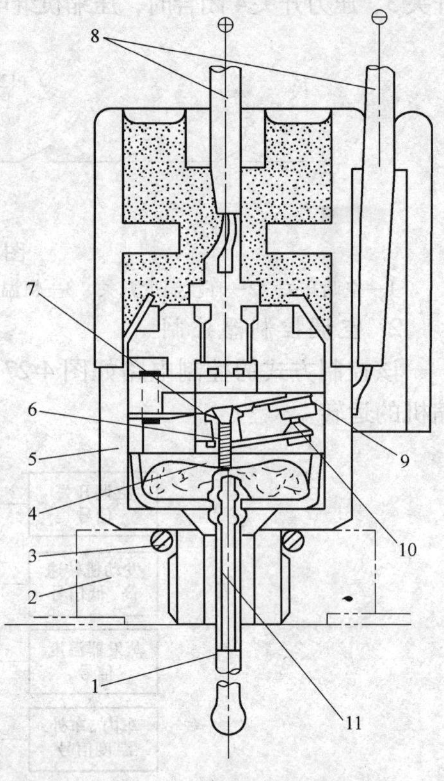

图 4-28 高压压力保护开关

1—制冷剂 2—储液器 3—O 形圈 4—膜片 5—外壳 6—膜片 7—调整螺钉 8—接线柱 9—活动触点 10—固定触点 11—感温包

4.7.2 低压压力保护开关

低压压力保护开关的功能是感测制冷系统高压侧的制冷剂压力是否正常。当压缩机排出的制冷剂压力过低时，低压压力保护开关会自动切断离合器电路，压缩机停止运行，以保护压缩机不会损坏。当制冷系统的制冷剂不足或泄漏时，冷冻机油也有可能随着泄漏，这样系统的冷冻机油便会不足，压缩机继续运行，将导致严重损坏。所以当高压侧的压力低于 0.423MPa 时，低压压力保护开关便将离合器电路断开，保证压缩机不受到损坏。

低压压力保护开关还有一个功能是在环境温度低时，会自动切断离合器电路，使压缩机在低温下自动停止运行，这样可减少动力消耗，达到节能的目的。其作用的原理如下：当外面环境温度过低时，冷凝温度也低，相应的压缩机排除的制冷剂的温度和压力也低，例如环境温度小于 10℃ 时，其压力正好是 0.423MPa，低压开关切断离合器电源，制冷系统停止工作。

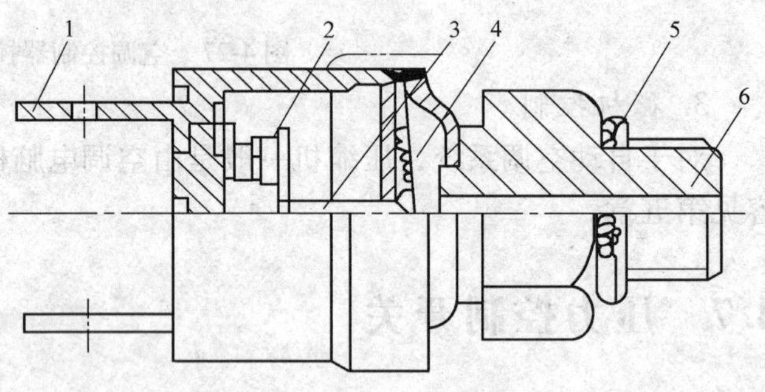

图 4-29 低压压力保护开关

1—电接头 2—触点 3—动触点杆 4—膜片 5—螺纹 6—壳体

低压压力保护开关的结构如图 4-29 所示。它结构和高压压力保护开关一样，不过是将动、定触点的位置调动一下，它也是用螺纹接头直接安装在储液干燥器上。

4.7.3 高低压联动保护开关

由于高、低压力保护开关均安装在储液干燥器上，用来感测高压端的压力是否正常。所以如果把高、低压力保护开关组合成一体，这样既可减少重量和接口，又可减少制冷剂泄漏的可能性。如图 4-30 所示就是装在储液干燥器上面的高、低压联动开关，其工作原理如下：

当高压制冷剂的压力正常时，压力应在0.423～2.75MPa之间，金属膜片和弹簧力处在平衡位置，高压触点14、15和低压触点1、2、7都闭合，电流从触点6、7到高压触点后再到触点1、2出来。当制冷剂压力降低到小于0.423MPa时，弹簧压力将大于制冷剂压力，推动低压触点7和3脱开，电流随即中断，压缩机停止运行，如图4-30a所示。反之，当压力大于2.75MPa时，蒸气压力将整个装置往下推到下止点。蒸气继续压迫金属膜片下移，并推动顶销将高压动触点14推开并与高压静触点15接触，将离合器电路断开，压缩机停止运行。当高压端的压力小于2.17MPa时，金属膜片恢复正常位置，压缩机又开始运行，如图4-30b所示。

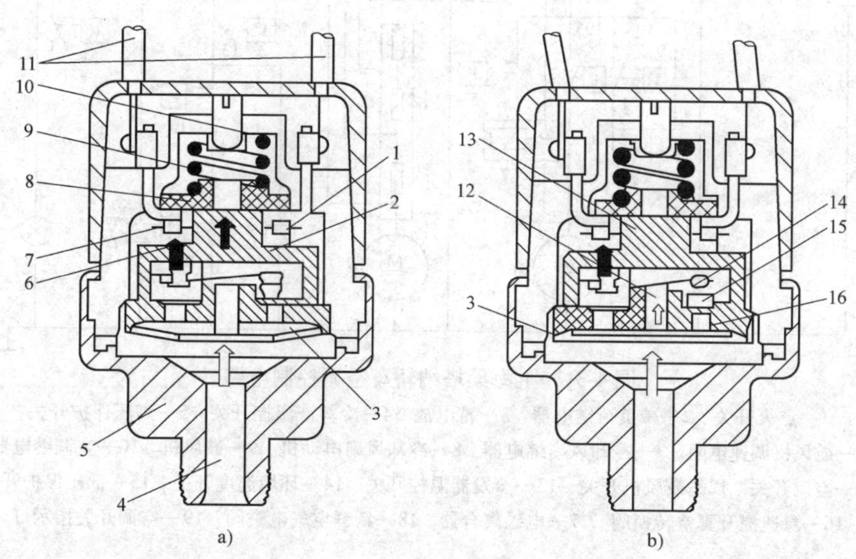

图4-30　高低压力联动保护开关

a）制冷剂压力降低到小于0.423MPa　b）制冷剂压力降低到大于0.423MPa

1、7—低压动触点　2、6—低压静触点　3—膜片　4—制冷剂压力通道　5—开关座　8—绝缘片　9—弹簧　10—调节螺钉　11—接线柱　12—顶销　13—铜座　14—高压动触点　15—高压静触点　16—膜片座

4.7.4　高压卸压阀

如果制冷剂的压力升得太高，它将会损坏压缩机。因此，在典型的空调系统中，有一个装在压缩机或高压管路上的由弹簧控制的卸压阀。不同系统和厂家高压卸压阀的压力调整值不同，一般在2.413～2.792MPa范围内变化。当压力超出调整值时，卸压阀将开始使制冷剂放空溢出，直到压力降低到调定值为止，此时在弹簧作用下，阀又自动关闭，以保证制冷系统正常工作。

4.8　典型汽车空调电路分析

4.8.1　桑塔纳轿车空调系统电路分析

如图4-31所示为上海桑塔纳轿车空调电路，它由电源电路、电磁离合器控制电路、鼓风机控制电路和冷凝器风扇电动机控制电路组成。

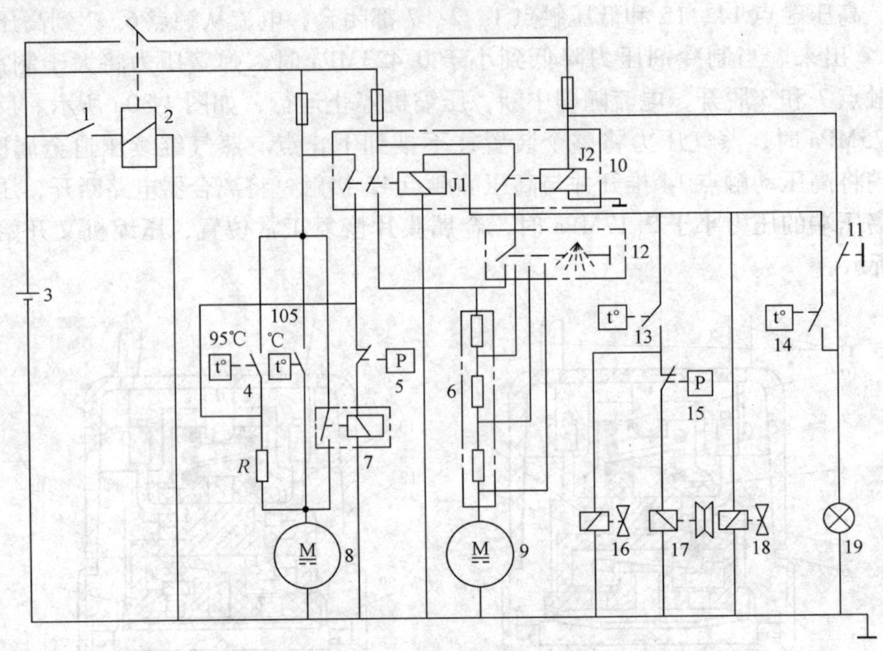

图4-31　上海桑塔纳轿车空调控制电路

1—点火开关　2—减负荷继电器　3—蓄电池　4—冷却液温控开关　5—高压保护开关
6—鼓风机调速电阻　7—冷却风扇继电器　8—冷却风扇电动机　9—鼓风机　10—空调继电器
11—空调开关　12—鼓风机开关　13—蒸发器温控开关　14—环境温度开关　15—低压保护开关
16—怠速提升真空转换阀　17—电磁离合器　18—新鲜空气电磁阀　19—空调开关指示灯

其工作过程如下：

1）点火开关处于断开(OFF)位置时，减负荷继电器2的线圈电路切断，触点张开，空调系统不工作。

2）点火开关处于起动(ST)位置时，减负荷继电器线圈电路切断，触点张开，中断空调系统的工作，以保证发动机起动时，蓄电池维持足够的电能。

3）点火开关处于接通(ON)位置时，减负荷继电器线圈电路接通，触点闭合，空调继电器中的线圈J2通电，接通鼓风机电路，此时可由鼓风机开关进行调速，使鼓风机按要求的转速运转，进行强制通风、换气或送出暖风。

4）当外界气温高于10℃时，才允许使用空调。当需要制冷系统工作时，接通空调开关，空调开关的指示灯亮，表示空调开关已经接通。此时电源经空调开关、环境温度开关可接通下列电路：

① 新鲜空气翻板电磁阀电路接通，该阀动作接通新鲜空气翻板控制电磁阀的真空通路，使新鲜空气进口关闭，制冷系统进入车内空气内循环。

② 经蒸发器温控开关、低压保护开关对电磁离合器线圈供电同时电源还经蒸发器温控开关接通化油器的怠速提升真空转换阀，提高发动机的转速，以满足空调动力源的需要。

③ 对空调继电器中的线圈J1供电，使两对触点同时闭合，其中一对触点接通冷凝器冷却风扇继电器线圈电路；另一对触点接通鼓风机电路。

低压压力保护开关串联在蒸发器温控开关和电磁离合器之间，当制冷系统因缺少制冷剂

使制冷系统压力过低时，开关断开，压缩机停止工作。

高压压力保护开关串联在冷却风扇继电器和空调继电器 J1 的一对触点之间，当制冷系统高压值正常时，触点张开，将电阻 R 串接入冷却风扇电动机电路中，使风扇电动机低速运转。当制冷系统高压超过规定值时，高压保护开关触点闭合，接通冷却风扇继电器线圈电路，冷却风扇继电器的触点闭合，将电阻 R 短路，使风扇电动机高速运转，以增强冷凝器的冷却能力。同时，冷却风扇电动机还直接受发动机冷却液温控开关的控制，当不开空调开关时，若发动机冷却液温度低于95℃时，风扇电动机不转动，高于95℃时，冷却风扇电机低速转动。当冷却液温度达到105℃时，则风扇电动机将高速转动。

空调继电器中的J1 触点在空调开关一接通时即可闭合，使鼓风机低速运转，以防止蒸发器因表面温度过低而结冰。

4.8.2　三菱帕杰罗汽车空调电路分析

如图 4-32 所示为三菱帕杰罗吉普车空调系统电路图。这种汽车的车厢内前后部都有空调器。即所谓的双空调，从图中可以看出，这种空调电路具有：前后风机控制、温度控制、速度控制、冷凝风扇控制、压力保护及发动机过热保护等功能。下面分析该电路：

（1）鼓风机控制电路　这种空调器具有两套完全独立的风机控制电路，即前、后风机控制电路，控制形式属于鼓风机开关和调速电阻联合控制型，通过风机开关的位置设定改变风机线路中串联的电阻值实现调速。其中前鼓风机为四速，后鼓风机为三速。与大多数风机控制电路一样，风机开关控制风机的搭铁回路。

（2）温度控制电路　帕杰罗吉普车空调系统属于离合循环控制制冷系统，它的温度控制是由放大器通过接合或断开电磁离合器电源实现的，由图中可以看出，前空调放大器接受出气口传感器、进气口传感器和空调机开关指令方式信号，经综合运算、比较之后控制压缩机的运转与停止，以实现温控和制冷循环。后空调放大器接受温度控制开关和热敏电阻的感温信号，以控制电磁阀，实现高压管的切断或接通，进而实现温度控制。

（3）怠速控制电路　与绝大多数空调线路一样，这种线路具有提高发动机怠速的功能。在电磁离合器接合的同时，提高怠速电磁阀通电工作效率、实现自动提速，使发动机怠速稳定。

（4）冷却扇控制电路　三菱帕杰罗的冷凝器位于散热器前面。它的散热除了利用发动机的冷却风扇和迎风散热外，还设置了专门的冷凝器风扇，以改善散热效果。冷凝器电扇电动机由空调放大器直接控制，电路正常时，与压缩机是同步工作的。

（5）压力控制和压力保护电路　为了防止压缩机在系统异常高或异常低压力条件下工作，在空调系统的高压端设置了双重压力开关。其中低压开关的工作范围为：0. 235MPa 时压力开关导通，0. 21MPa 时压力开关断开（R134a 系统为:0. 2MPa 时断开,0. 22MPa 时导通），高压开关的工作范围为：2. 7MPa 时压力开关断开，2. 1MPa 时压力开关断开（R134a 系统为：3. 2MPa 时断开,2. 6MPa 时闭合）。该开关在线路中串联在压缩机继电器控制线圈电路内，压力异常时双重压力开关动作，切断离合器电源电路。

（6）发动机过热保护　开启空调时，发动机冷却液温度会升高，特别是汽车处于急加速、上长坡或怠速状态，冷却液温度比正常时要高，为防止发动机过热损坏，帕杰罗空调系统设置了发动机冷却液温度开关，它是一个过热保护开关，装在发动机冷却液道出水口处，当冷却液温度在118℃以下时，冷却液温度开关重新闭合，空调工作恢复正常。

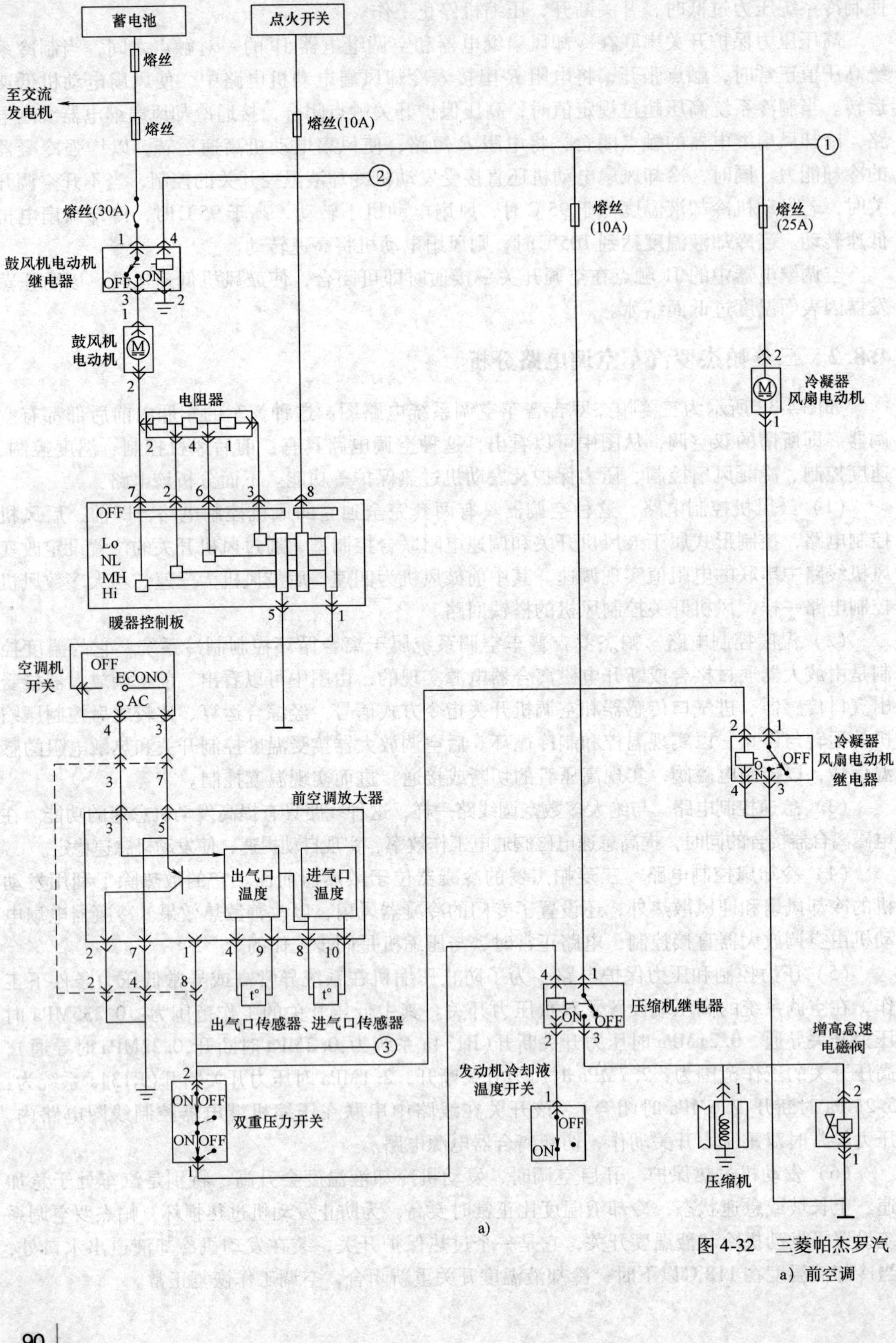

蓄电池
点火开关
熔丝
至交流发电机
熔丝
熔丝(10A)
熔丝(30A)
熔丝(10A)
熔丝(25A)
鼓风机电动机继电器
OFF ON
鼓风机电动机
冷凝器风扇电动机
电阻器
OFF
Lo
NL
MH
Hi
暖器控制板
空调机开关
OFF
ECONO
AC
冷凝器风扇电动机继电器
OFF
ON
前空调放大器
出气口温度
进气口温度
出气口传感器、进气口传感器
压缩机继电器
ON OFF
双重压力开关
ON OFF
ON OFF
发动机冷却液温度开关
OFF
ON
压缩机
增高怠速电磁阀

a)

图 4-32　三菱帕杰罗汽

a）前空调

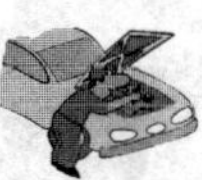

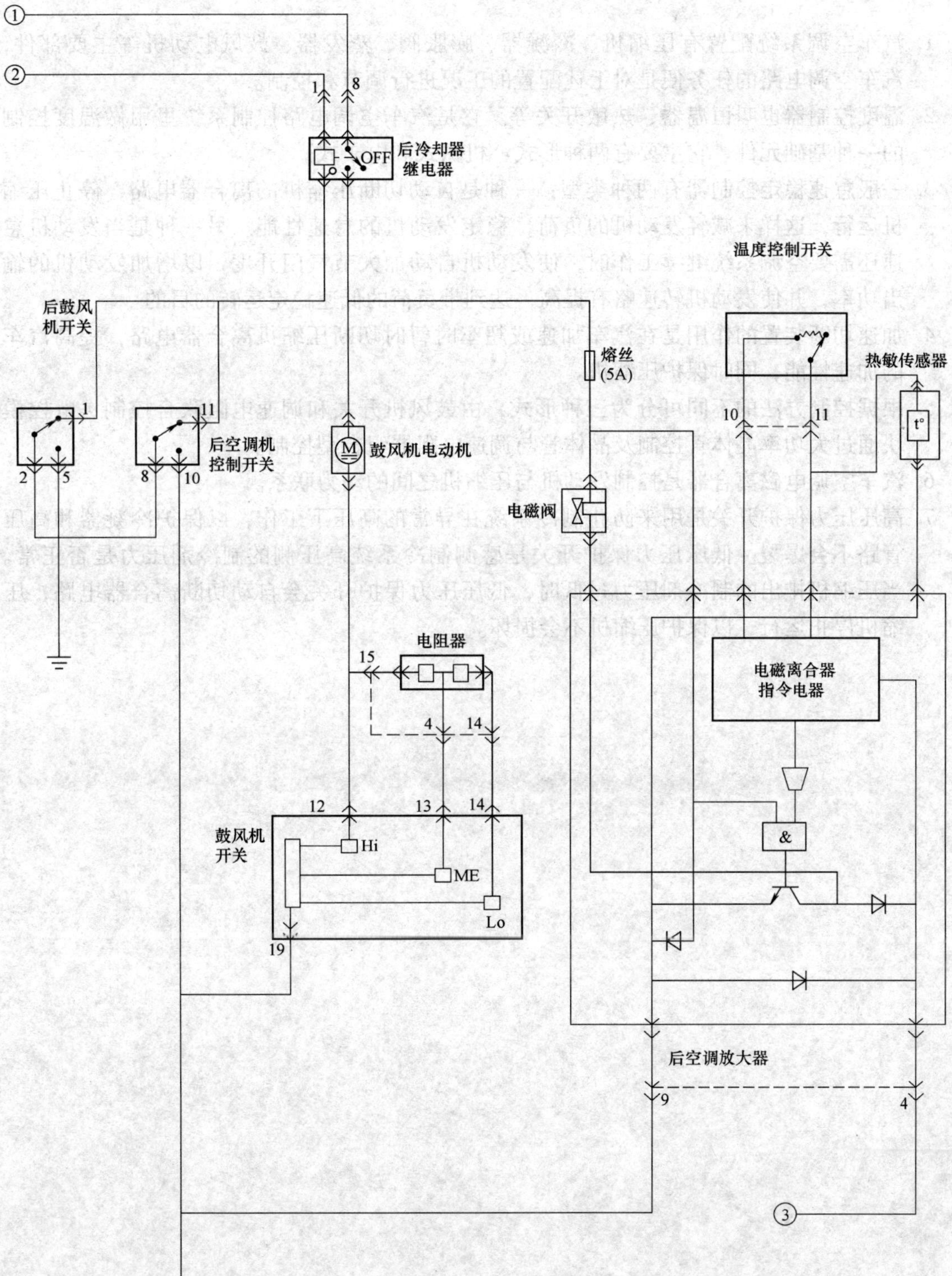
①
②
1
8
后冷却器
继电器
OFF
温度控制开关
后鼓风
机开关
熔丝
(5A)
热敏传感器
1
11
10
11
t°
M
鼓风机电动机
2
5
8
10
后空调机
控制开关
电磁阀
电阻器
15
4
14
电磁离合器
指令电器
12
13
14
鼓风机
开关
Hi
ME
Lo
19
&
后空调放大器
9
4
③
b)

车空调电路(后空调)

b）后空调

本 章 小 结

1. 汽车空调系统配置有压缩机、冷凝器、膨胀阀、蒸发器、鼓风电动机等主要部件，汽车空调电路的任务便是对上述配置的工况进行调节和控制。
2. 温度控制器也叫恒温器、热敏开关等。它是汽车空调电路控制系统里用做温度控制的一种基础元件。它主要有两种形式：机械式和电子式。
3. 一般怠速稳定控制器有两种类型：一种是自动切断压缩机的离合器电路，停止压缩机运行，这样来减轻发动机的负荷，稳定发动机的怠速性能。另一种是当发动机怠速还需要空调系统继续工作时，使发动机自动加大节气门开度，以增加发动机的输出功率，并使发动机转速略有提高，达到带负荷的低速稳定运转的目的。
4. 加速切断装置的作用是在汽车加速或超车时暂时切断压缩机离合器电路，提高汽车的加速性能，同时保护压缩机。
5. 根据控制方法的不同可分为三种形式，由鼓风机开关和调速电阻联合控制、电控模块通过大功率晶体管控制及晶体管与调速电阻器组合型控制。
6. 汽车空调电磁离合器是控制发动机与压缩机之间的动力联系。
7. 高压压力保护开关是用来防止制冷系统在异常的高压下工作，以保护冷凝器和高压管路不会爆裂。低压压力保护开关是感测制冷系统高压侧的制冷剂压力是否正常。当压缩机排出的制冷剂压力过低时，低压压力保护开关会自动切断离合器电路，压缩机停止运行，以保护压缩机不会损坏。

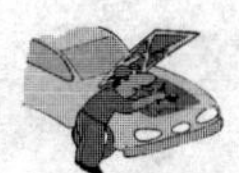

复习思考题

1. 汽车空调电路控制的内容有哪些？
2. 叙述机械式温控器的工作原理。
3. 汽车空调系统中高、低保护开关分别安装在何处？是如何起保护作用的？
4. 分析由开关和调速电阻联合控制的鼓风机的工作过程。
5. 分析图 4-31 桑塔纳轿车空调系统电路。
6. 温度控制器的种类有哪些？在系统中的工作原理是什么？

实训项目三　汽车空调电路、电气系统故障诊断

一、实训目标

掌握汽车空调电路的故障检修

掌握汽车空调电气系统故障诊断方法。

二、仪器与设备

实验用轿车若干辆或完整的空调系统示教台若干台、拆装工具若干套、万用表、测试灯等。

三、操作过程

汽车空调电气系统的故障主要有三种：压缩机离合器和鼓风机都不工作；只有压缩机离合器工作；只有鼓风机工作。

由于各厂家生产的空调系统电路不同，维修时应参阅生产厂家的维修手册进行，下面仅介绍故障检查的基本方法。

压缩机和鼓风机的控制电路如图 4-33 所示。

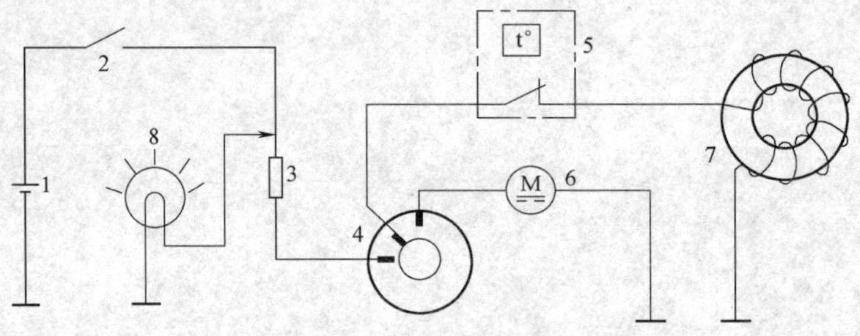

图 4-33　压缩机和鼓风机的控制电路

1—蓄电池　2—点火开关　3—熔断器　4—主控开关　5—恒温器

6—鼓风机电动机　7—压缩机离合器电磁线圈　8—测试灯

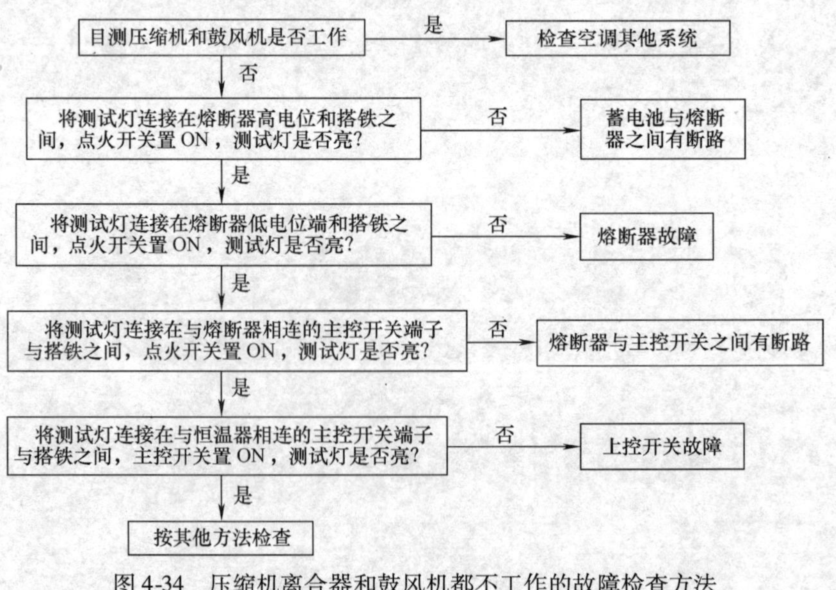

图 4-34　压缩机离合器和鼓风机都不工作的故障检查方法

1. 压缩机离合器和鼓风机都不工作

当压缩机离合器和鼓风机都不工作，系统不制冷，也无空气流过蒸发器时，应检查压缩机和鼓风机共用的电源线路。故障检查方法如图 4-34 所示。

2. 只有压缩机离合器工作

当只有压缩机离合器工作，鼓风机不运转，无空气流动时，应检查鼓风机及其控制电路。故障检查方法如图 4-35 所示。

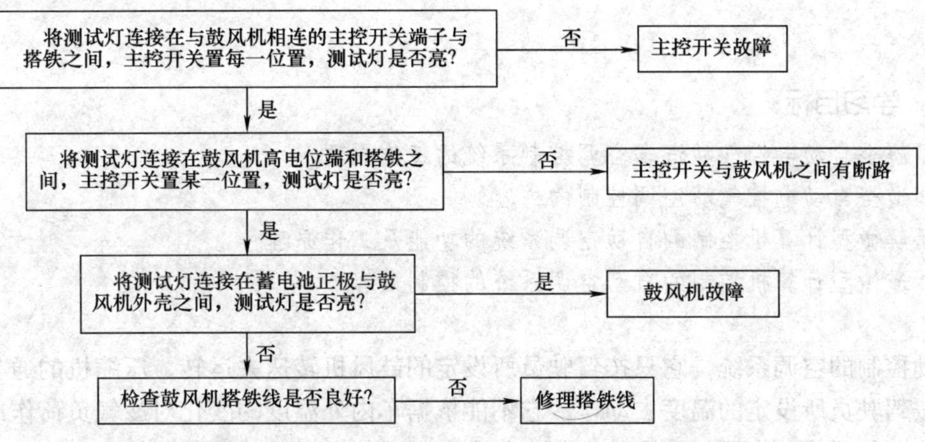

图 4-35 只有压缩机离合器工作的故障检查方法

3. 只有鼓风机工作

当只有鼓风机工作，压缩机不运转，系统不制冷时，应检查压缩机及其控制电路。故障检查方法如图 4-36 所示。

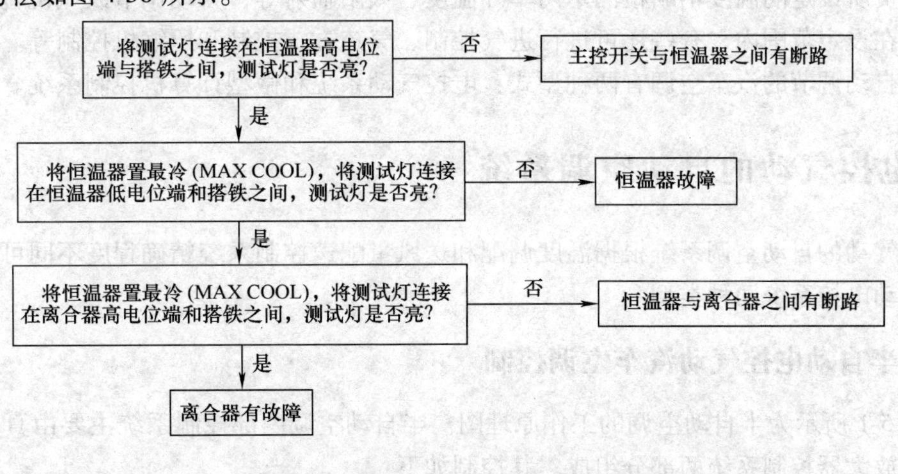

图 4-36 只有鼓风机工作的故障检查方法

第 5 章 自动调节的汽车空调系统

学习目标：

- 了解全自动电控气动汽车空调控制系统的工作原理
- 知道全自动电控气动空调控制的内容
- 了解微型计算机控制的自动空调系统的功能及工作原理
- 知道微型计算机控制的自动空调系统的控制内容

手动控制的空调系统，它只按驾驶员所设定的鼓风机转速去运转，压缩机的通与断动作变化只按驾驶员所设定的温度去动作。它不能依据车内外温度的变化对冷气负荷作出任何修正动作。配气系统各个风门位置的变化也是由面板功能键通过拉索与风门刚性连接完成。而在汽车运行中，太阳辐射、乘客热量、发动机余热等因素引起车内温度发生变化，要求现代汽车空调能予以自动修正控制。

为了减轻驾驶员的负担，避免手动调节的麻烦，现代汽车安装了自动控制空调器。它能根据驾驶员所设定的温度不断检测车内车外温度、太阳辐射等，自动调节鼓风机转速，保持车内温度在设定范围内，有些还可进行进气控制、气疏方式控制和压缩机控制等。

目前自动调节的汽车空调有两种型式：电控气动系统和微型计算机控制系统。

5.1 电控气动的自动空调系统

电控气动的自动空调系统根据温度调配和送风量配送控制系统精确程度不同可分为半自动和全自动电控系统两种类型。

5.1.1 半自动电控气动汽车空调控制

如图 5-1 所示为半自动空调的工作原理图。半自动空调内部控制系统主要由真空自动控制系统和放大器控制系统两部分组成。其控制如下：

当手工选定空调的功能选择键在其设定温度后，放大器控制系统将预选温度的电阻、环境电阻、车内温度电阻全部输入到放大器，放大器即产生一个电流信号，输入到真空换能器，真空控制系统将电流信号通过真空换能器转变成相应真空度大小的信号，输送到真空伺服驱动器上。真空伺服器根据真空度信号大小使控制杆伸长或缩短一个量，与其相连接的温度风门、风机转速开关和反馈电位计有一个相对应的位置，从而输送一定温度和风量的空气。

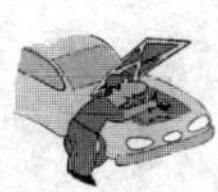

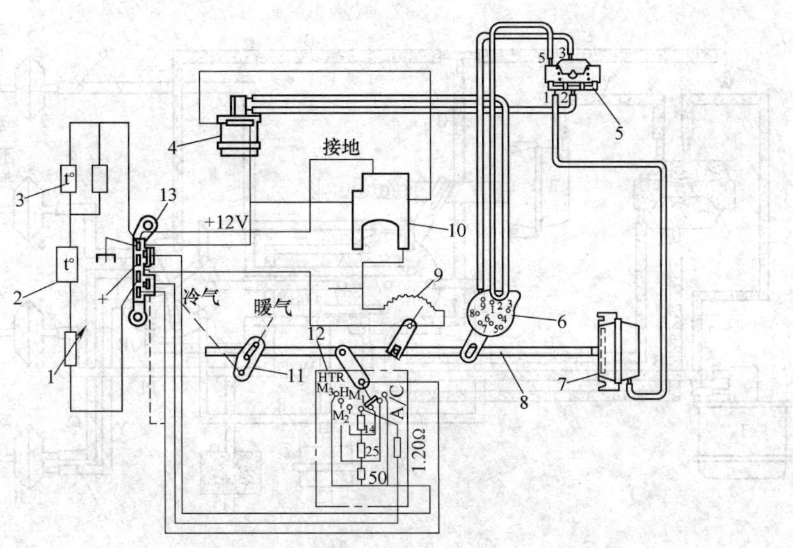

图 5-1　半自动空调的工作原理

1—温度选择电阻　2—车内温度传感器　3—车外环境温度传感器　4—真空换能器　5—真空保持器　6—真空选择器　7—主控制的真空伺服驱动器　8—控制杆　9—反馈电位计　10—电子放大器　11—温度风门控制曲柄　12—风机调速线路板　13—功能选择键

1. 真空控制系统

如图 5-2 所示为通用汽车半自动空调控制系统的真空控制系统，主要由真空罐、真空控制器、真空驱动器、真空换能器、真空保持器和真空伺服驱动器等组成。半自动空调与手动空调不同的是增加了真空换能器、真空保持器和真空伺服器。真空换能器是一种将电能转换为真空控制信号的装置。其结构如图 5-3 所示。

在换能器的支架上，有一个双通针阀，一端控制真空源的通路，另一端控制铁心上的大气阀门，铁心的下端通大气，外部有一个电磁线圈。电流大小由恒温放大器控制。由于橡胶膜片的密封作用，外面的大气只能通过柱塞阀门来和真空系统相通。其工作原理是：当流过电磁线圈的电流越大，其磁场强度越强，克服弹簧力使铁心向下位移量越大，针阀和铁心上的双通针阀口开度越大，外部空气泄入量越多，进入真空伺服驱动器的真空越小，收缩量也越小。反之，当放大器输出信号电流越弱，电磁线圈磁场越弱，克服弹簧推动铁心向上，双通针阀口开度减小，直至关闭大气与真空系统的通路，此时，系统的真空度增大，真空伺服驱动器收缩量相应增大。由此可见，换能器将放大器的电信号变化转变成真空伺服驱动器控制杆的收缩量变化。

真空保持器的结构如图 5-4 所示。其工作原理是当发动机进气歧管处真空度下降时，真空保持器能切断发动机的真空源，同时，膜片亦将真空换能器和伺服真空驱动器之间的真空气路切断，保持系统原来的工作状态。

如图 5-2 所示真空控制系统中，其主要由两个真空系统组成。第一个系统是真空换能器、真空保持器和真空伺服驱动器。根据放大器输出电信号的强弱，控制真空换能器输出相应大小真空信号。真空伺服器根据真空信号的变化改变控制杆伸长或缩短的位置，相应自动地控制温度风门的位置和风机的转速，自动地调配输出空气的温度。第二个系统是根据人工

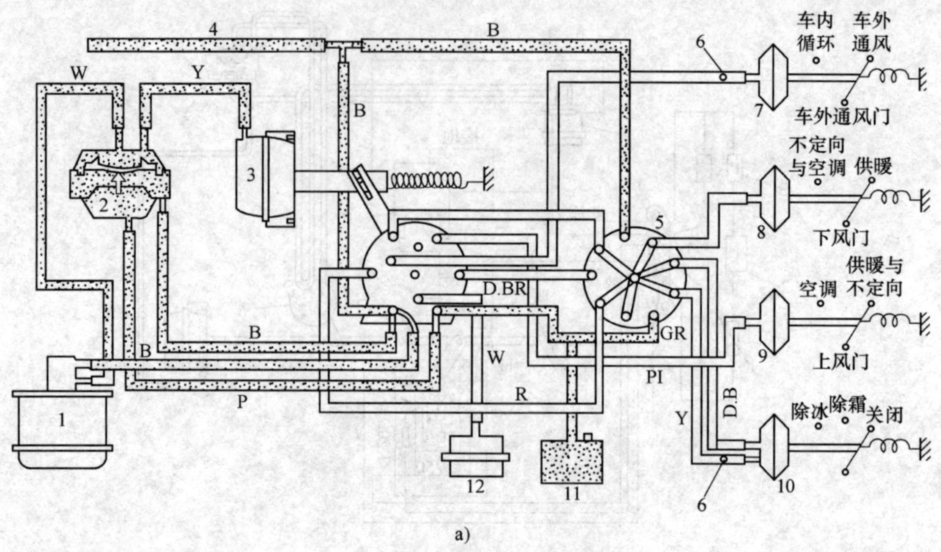

a)

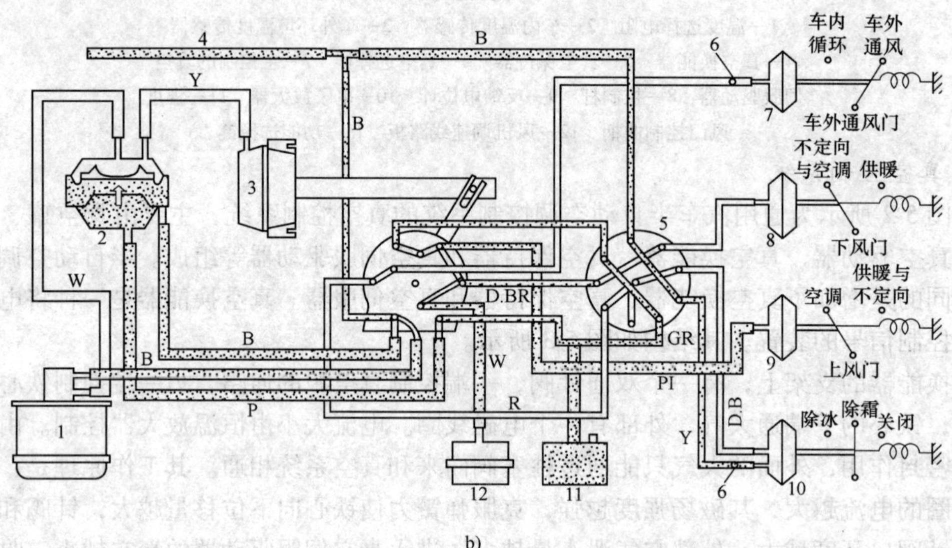

b)

图 5-2 通用汽车半自动空调系统真空控制回路

a）空调状态 b）供暖状态

1—真空传递器 2—真空保持阀 3—主控制真空驱动器 4—发动机进气歧管真空接口 5—分配阀 6—节流阀 7—外来空气口真空驱动器 8—下风门真空驱动器 9—上风口真空驱动器 10—除霜门真空驱动器 11—真空罐 12—热水开关真空驱动器

选择功能键的位置，控制上、中、下风门的开闭和热水真空阀的通断。以上两个系统相互独立。

2. 放大器控制系统

半自动电控气动汽车空调具有保持温度在预选范围内恒定的功能。放大器控制系统可根据车内温度电阻传感器、大气温度传感器，空调器温度传感器、人工设定的调温电阻的电阻变化，相应控制真空换能器的电磁线圈的信号电流大小，使其输出不同的真空度，使真空伺

服驱动器按选定的真空度工作，达到调配送气量和控制温度目的。

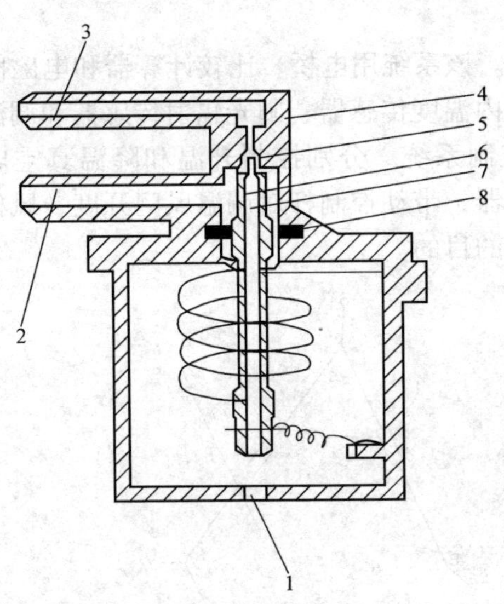

图5-3　真空换能器

1—大气孔　2—真空换能器外壳　3—双通针阀　4—大气通道　5—铁心　6—橡胶膜片　7—电磁线圈　8—弹簧

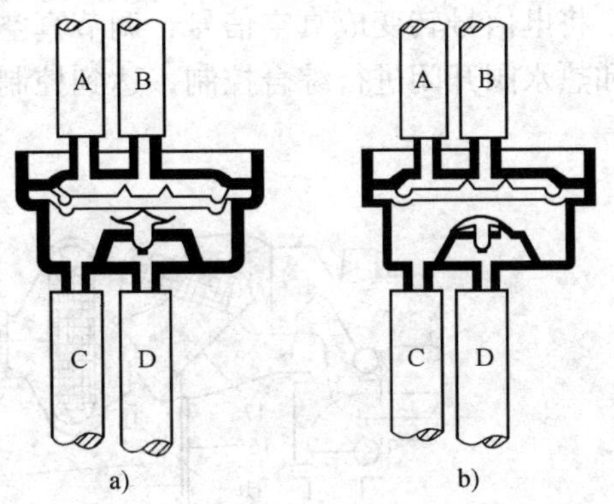

图5-4　真空保持器

a）发动机真空度较高　b）发动机真空度较低

A—到真空驱动器　B—来自真空换能器的真空　C—发动机真空　D—止回阀真空

电流信号放大器电路如图5-5所示，大气温度传感器、车内温度传感器、空调器温度传感器都采用负温度特性的热敏电阻。当温度升高时，电阻值减小，VT_1 的基极电流增大，VT_1 的发射极与集电极电流增大，VT_2 的基极电流增大，导致复合管 VT_2、VT_3 的集电极电流增大，使换能器电磁线圈电流增大。通过真空伺服换能器控制温度风门和风机转速迅速降温。反之当温度下降，达到预定温度时电阻值增大，换能器电磁线圈电流减小，使真空伺服驱动器产生相应动作，控制送气量，保持温度恒定。

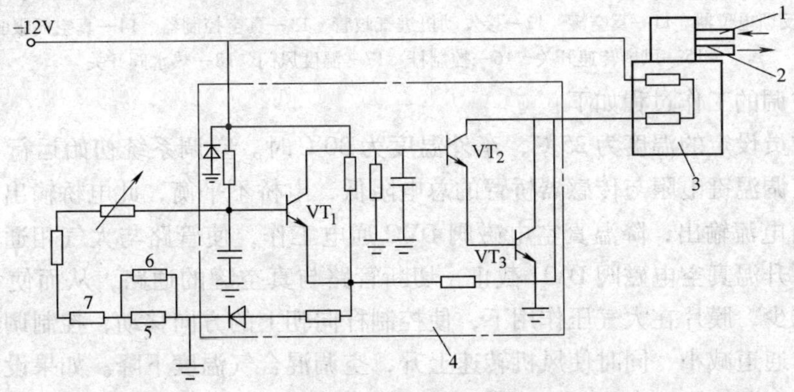

图5-5　电流信号放大器电路

1—真空换能器　2—放大器　3—阳光辐射传感器　4—大气温度传感器　5—车内温度传感器　6—空调器温度传感器　7—调温器电阻

5.1.2 全自动电控气动汽车空调控制

如图5-6所示为全自动汽车空调系统工作原理。该系统用电桥、比较计算器和电磁阀取代了放大器和换能器。电桥由大气温度传感器、车内温度传感器、阳光辐射传感器和调温键电阻组成，它和计算比较器 OP_1、OP_2 组成一个控制系统。分别控制升温和降温真空电磁阀，将电信号转变成真空信号，调节真空伺服驱动器，带动控制杆对调温风门开度、风机转速和热水阀开闭进行综合控制，达到控制温度恒定的目的。

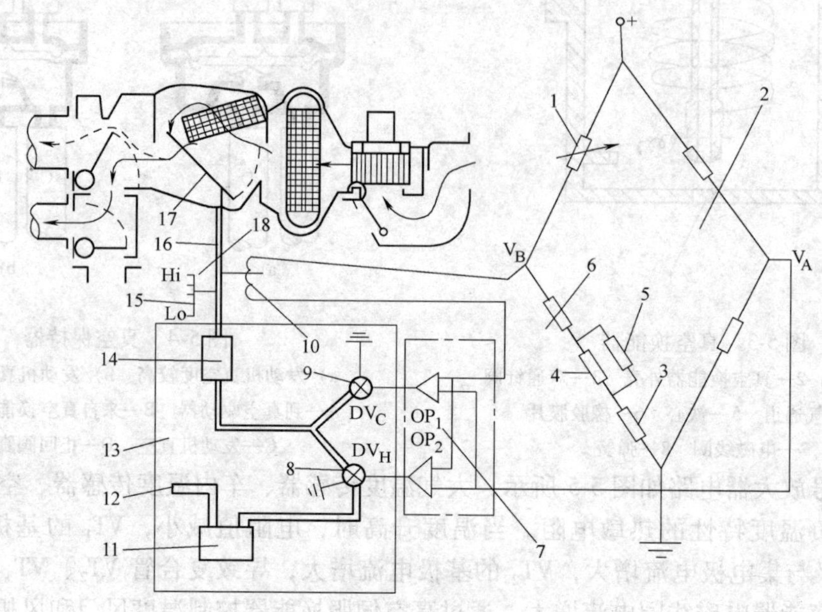

图5-6 全自动汽车空调系统工作原理

1—调温键电阻 2—电桥 3—大气温度传感器 4—阳光辐射传感器 5—风道温度传感器 6—车内温度传感器 7—比较计算器 8—升温真空电磁阀 9—降温真空电磁阀 10—反馈电位器 11—真空罐 12—接发动机进气歧管 13—真空控制器 14—真空伺服驱动器 15—风扇转速开关 16—控制杆 17—温度风门 18—热水阀开关

全自动空调的工作过程如下：

例如驾驶员设定的温度为25℃，车外温度为30℃时。空调系统初始运行，在电桥电路中，由于设定调温键电阻与传感器桥臂的总电阻低，电桥不平衡，此电桥输出电位 $V_B > V_A$，比较器 OP_1 有电流输出，降温真空电磁阀DVC通电工作，使管路与大气相通。比较器 OP_2 无电流输出，升温真空电磁阀DVH截止，切断管路与真空罐的通路，从而使真空伺服驱动器的真空度减少，膜片在大气压作用下，使控制杆向朝上的方向移动，控制调温风门使经过加热器的气体通道减小，同时使风机转速上升，空调混合气温度下降。如果设定温度与环境温度相差越大，调温风门在控制杆的作用下使通往加热器的空气通道关闭至最小，风机转速达到最大，加快车内降温速度。

随着车内逐渐降温，调温键电阻与车内温度传感器电阻之差值不断减小，直至为零时，$V_B = V_A$，比较器 OP_1、OP_2 均无电流输出，DVC关闭大气通路，真空伺服驱动器维持在最大制冷量时的工作状态，调温风门仍然全关，风机高速运转。当车内温度继续下降，车内温

度传感器电阻高于调温键电阻值时，电桥电路电位 $V_A > V_B$，比较器 OP_2 输出电流信号，升温真空电磁阀 DVH 打开真空气路，OP_1 无电流输出，DVC 关闭大气通路，真空伺服驱动器的真空度增大，膜片克服弹力下移，带动控制杆下移。调温风门逐渐打开加热器空气通路，冷空气重新加热，车内温度回升，随着控制杆的下移，反馈电位器电阻不断减小，电桥总电阻差值不断减小，当车内温度达到设定温度时，电桥 $V_A = V_B$，即 OP_1、OP_2 均无信号输出，真空伺服器保持原工作位置。

由于环境的温度、太阳辐射和其他因素变化使车内温度变化时，两个比较器不断工作，输出电流控制真空电磁阀，使真空伺服驱动器不断调节控制调温风门的位置，使输出空气温度相应变化，保证车内温度在设定温度范围内。

当空调输出最大制冷量时，真空伺服器控制杆上有装置可切断热水阀开关，加热器不工作，同时控制杆使调温风门关闭加热器空气通路。另外，功能选择键在自然风位置时，也不要加热器工作。风机在需要制冷量较大时高速工作，在不需要制冷或制冷较少时，低速运行。

5.2　微型计算机控制的自动空调系统

5.2.1　微型计算机控制的自动空调系统的功能

微型计算机控制的自动空调系统，不仅能按照乘员的需要送出温度和湿度最适宜的空气，而且可以根据需要自动调节风速、风量，还极大地简化了乘员的操作工作，该系统主要用在高级轿车。

微型计算机控制的汽车空调系统一般具有如下几种功能。

1）空调控制。包括温度自动控制、风量控制、运转方式的自动控制、换气量控制等，满足车内乘员对空调舒适性的要求。

2）节能控制。即压缩机运转工况的控制、换气量的最佳控制以及随温度变化的换气切换、根据车内外温度自动切断压缩机电源等的控制。

3）故障诊断储存。空调系统发生故障，ECU 将故障部位用故障码的形式储存起来，在需要修理时能指示故障的部位。

4）故障、安全报警。包括制冷剂不足报警、制冷压力高压或低压报警、离合器打滑报警、各种控制器件的故障判断报警、并对故障判断等报警直到修复为止。

5）显示。包括显示给定的温度、控制温度、控制方式、运转方式的状况以及运转时间等。

5.2.2　微机控制的自动空调器的组成

微机控制的自动空调器如图 5-7 所示，由电子控制系统、配气系统和面板控制三部分组成。其中配气系统已在前面介绍过，电子控制系统主要由传感器、ECU 和执行器三部分组成，ECU 可以接收和计算各种传感器输入的信号，能够根据环境的变化迅速发出信号控制各执行器的动作。传感器信号主要有三种，一是驾驶员面板设定的温度信号和功能选择信号，二是车室内温度传感器、车外环境温度传感器、阳光辐射温度传感器等各种传感器输入的信号，三是空气混合风门的位置反馈信号。执行器信号有三种：一是向驱动各种风门的伺服电动机或真空驱动器输送的信号，二是控制风机电动机转速的电压调节信号，三是控制压缩机开停信号。现代微型计算机自动空调的执行器已不再使用电磁真空阀和真空电动机操纵各个风门，而是通过电脑控制各个部件上的伺服电动机。即通过触摸按钮向电脑输入各种信号，电脑通过计算、分析、比较，发出指令，控制伺服电动机动作，打开所需的风门，按照输入的预设温度，控制温度风门的位置。伺服电动机比真空阀和真空电动机的工作可靠性高，控制机构简单。

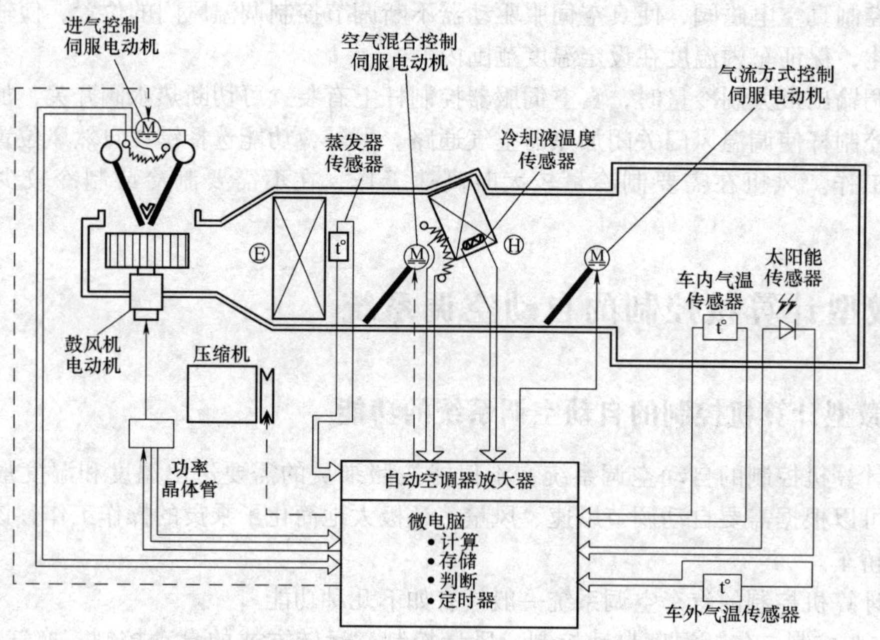

图 5-7　微电脑控制型自动空调系统

如图 5-8 所示为微机控制的自动空调器控制板，它由温度控制开关和各功能选择键组成，当按下(AUTO)自动设置开关，微型计算机控制空调系统根据乘员选定的温度和功能自动选择运行方式，满足所需要的温度。另外，根据汽车使用中的复杂情况，可用手动控制键

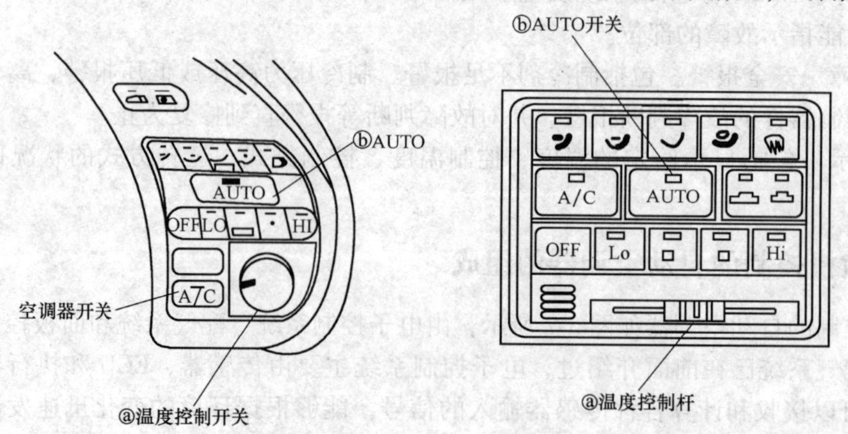

图 5-8　自动空调控制板

取代自动调定。

5.2.3　微机控制自动空调系统的工作原理

微机控制自动空调系统的控制功能主要包括送风温度控制、鼓风机转速控制、工作模式控制、进气模式控制、压缩机控制等项目。

1. 送风温度控制

温度控制的目的是为了使车内空气温度达到车内人员设定温度的要求，并保持稳定。如图 5-9 所示，微机控制自动空调系统的温度控制系统的基本组成包括车内温度传感器、车外温度传感器、太阳能传感器、蒸发器温度传感器、冷却液温度传感器、设定温度电阻器、自动空调控制 ECU 和空气混合伺服电动机等。

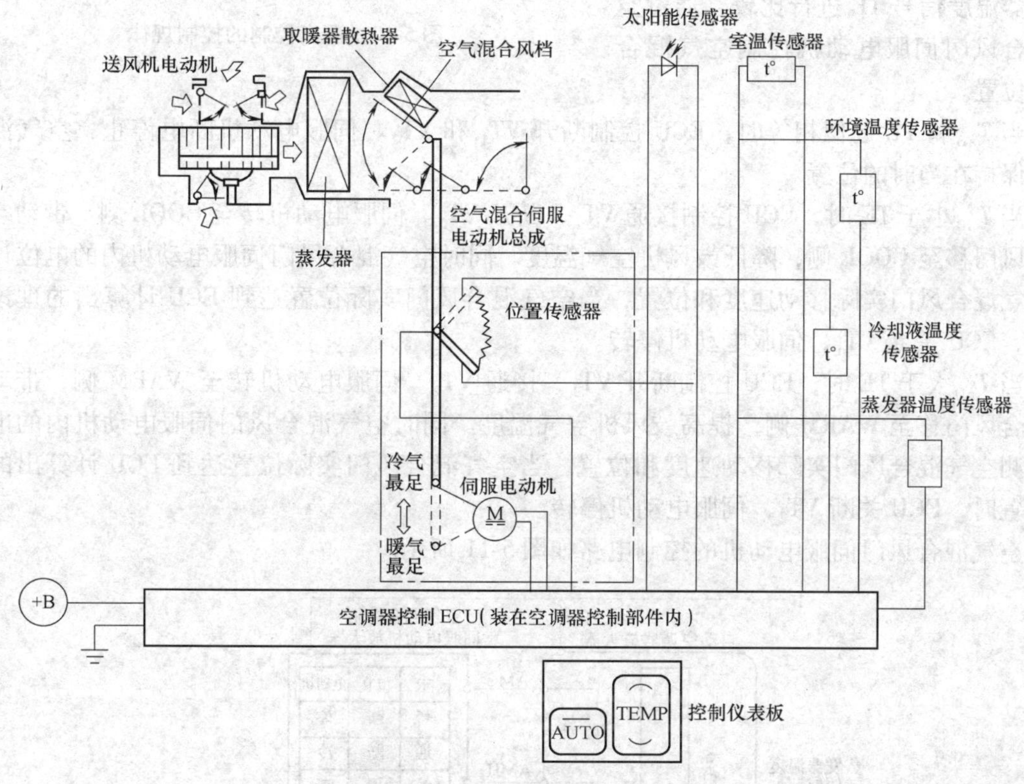

图 5-9　微机控制空调的温度控制系统

ECU 根据设定温度和车内温度传感器、车外温度传感器和太阳能传感器等信号，自动调节混合风门的位置。一般来说，车内温度越高、车外温度越高、阳光越强，混合风门就越接近“全冷”位置。ECU 根据车内温度和车外温度控制空气混合风门的位置，如图 5-10 所示，若车内温度 35℃，则混合风门处于最冷位置：若车内温度 25℃，则混合风门处于 50% 的位置。

温度控制系统的工作过程是：

1）ECU 根据传感器（即车内温度传感器、车外温度传感器、太阳能传感器和设定温度）信号按下列公式计算出鼓风机的空气温度 T_{AO} 值：

$$T_{AO} = A \times TSET - B \times TR - C \times TAN - D \times TS + E$$

式中，TSET 为设定温度，TR 为车内温度，TAN 为车外温度，TS 为太阳辐射强度，A、B、C、D、E 为常数。

特殊的是，当温度控制开关或控制杆置于 MAX COOL（最大冷风）或 MAX WARM（最大暖风）位置时，ECU 采用某一固定值，不按上述公式计算。

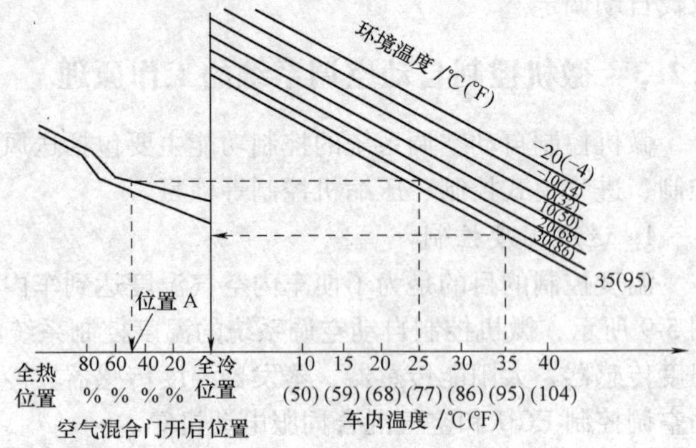

图 5-10　温度控制的控制规律

2）ECU 再将计算所得的 T_{AO} 值与蒸发器温度信号 TE 进行比较，通过空气混合风门伺服电动机控制空气混合风门位置。

当 T_{AO} 和 TE 近似相等时，ECU 控制断开 VT_1 和 VT_2。伺服电动机断电停止，空气混合风门保持在当时的位置。

当 T_{AO} 小于 TE 时，ECU 控制接通 VT_1，断开 VT_2。伺服电动机转至 COOL 侧，带动空气混合风门移至 COOL 侧，降低鼓风机空气温度。同时空气混合风门伺服电动机内的电位计检测空气混合风门实际移动速度和位置，当空气混合风门实际位置达到 ECU 计算出的理论位置时，ECU 关断 VT_1，伺服电动机停转。

当 T_{AO} 大于 TE 时，ECU 控制断开 VT_1，接通 VT_2。伺服电动机转至 WARM 侧，带动空气混合风门移至 WARM 侧，提高鼓风机空气温度。同时空气混合风门伺服电动机内的电位计检测空气混合风门实际移动速度和位置，当空气混合风门实际位置达到 ECU 计算出的理论位置时，ECU 关断 VT_2，伺服电动机停转。

空气混合风门伺服电动机的控制电路如图 5-11 所示。

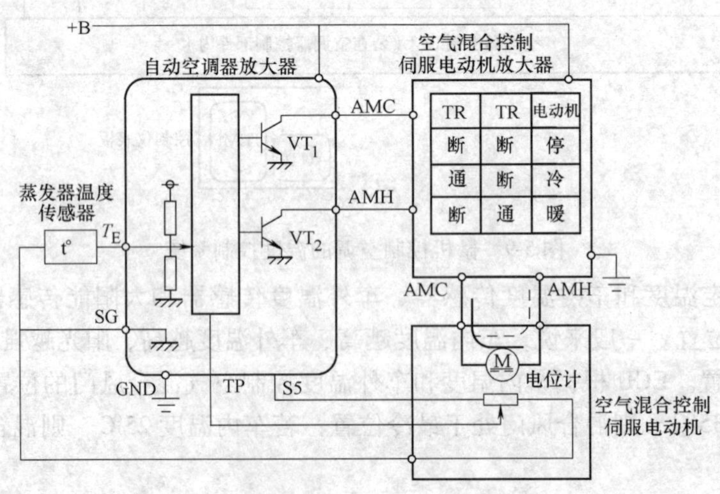

图 5-11　空气混合风门伺服电动机的控制电路

2. 鼓风机转速控制

鼓风机转速控制的目的是为了调节降温或升温速度，稳定车内温度。如图 5-12 所示，鼓风机转速控制系统主要由冷却液温度传感器、蒸发器传感器、鼓风机电阻器、功率晶体管、ECU、鼓风机电动机和控制面板等组成。其中功率晶体管的作用是根据 ECU 的 BLW 端子输出的鼓风机驱动信号，改变流至鼓风机电动机的电流，从而改变鼓风机的转速。

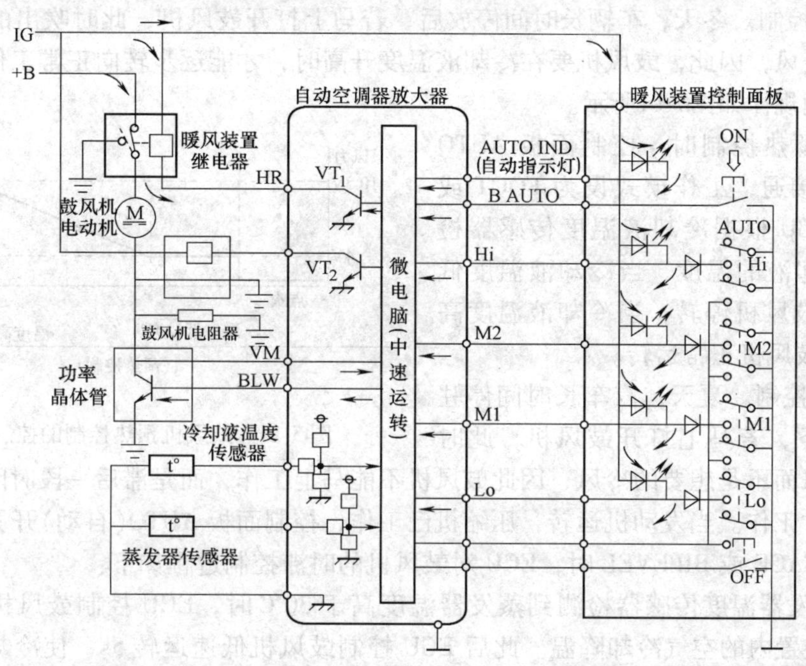

图 5-12　鼓风机转速控制系统的控制电路

1）自动控制。当控制面板上 AUTO(自动)开关接通时，ECU 根据 T_{A0} 值自动控制鼓风机转速。控制规律如图 5-13 所示，随冷却液温度的升高，鼓风机工作电压逐渐增大，转速增大，风力增强。

鼓风机低速运转时，ECU 接通 VT_1，暖风装置继电器通电闭合，电流方向为蓄电池→暖气装置继电器→鼓风机电动机→鼓风机电阻器→搭铁，鼓风机低速运转。同时控制面板 AUTO(自动)指示灯和 Lo(低速)指示灯均亮。

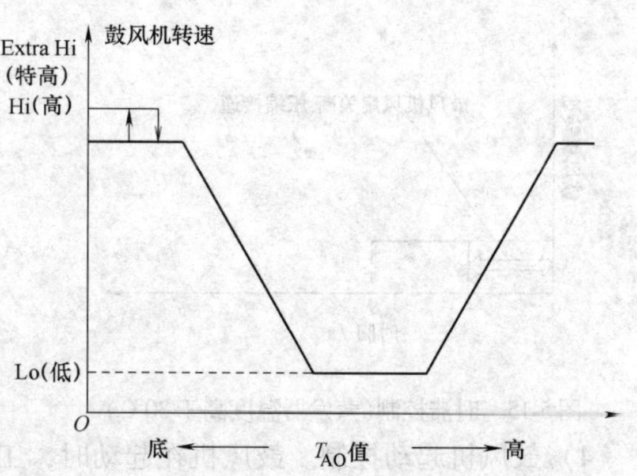

图 5-13　鼓风机自动控制的控制规律

鼓风机中速运转时，ECU 接通 VT_1，使暖风装置继电器通电闭合，ECU 根据计算出的 T_{A0} 值，从 BLW 端子输出信号至功率晶体管，电流方向为蓄电池→暖气装置继电器→鼓风机电动机→鼓风机电阻器和功率晶体管→搭铁，鼓风机中速运转。同时 ECU 从与功率晶体管相连的 VM 端子接收反馈信号，检测鼓风机实际转速，依此修正鼓风机驱动信号。此时控制面板 AUTO(自动)指示灯亮，Lo(低)、M1(中 1)、M2(中 2)、Hi

(高)指示灯根据鼓风机转速高低点亮。

鼓风机特高速度运转时，ECU 接通 VT_1 和 VT_2，使暖风装置继电器和鼓风机继电器闭合。电流方向为蓄电池→暖风装置继电器→鼓风机电动机→鼓风机风扇继电器→搭铁，鼓风机特高速度运转，同时控制面板 AUTO(自动)和 Hi(高速)指示灯亮。

2）预热控制。冬天，车辆长时间停放后，若马上打开鼓风机，此时吹出的是冷空气而不是想要的暖风，因此，鼓风机要在冷却液温度升高时，才能逐步转向正常工作。鼓风机预热控制的控制规律如图5-14所示。

鼓风机预热控制时，控制面板 AUTO(自动)开关接通，工作模式设为 FOOT 或 BILEVÈL，ECU 根据冷却液温度传感器检测发动机冷却液的温度，当冷却液温度低于 30℃时，鼓风机停转；当冷却液温度高于 30℃时，鼓风机正常运转。

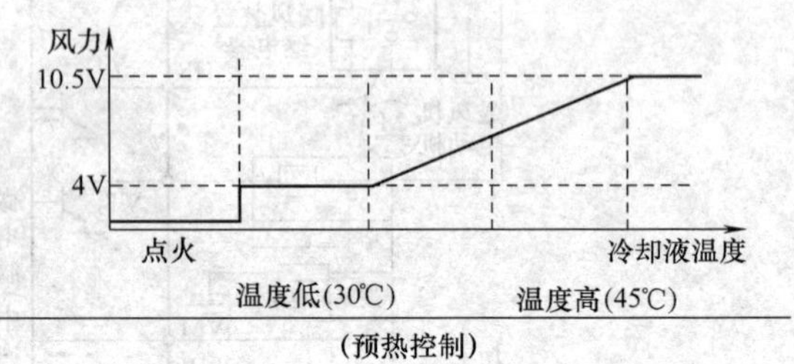

图 5-14　鼓风机预热控制的控制规律

3）时滞控制。夏天，汽车长时间停驻在炎热太阳下，若马上打开鼓风机，此时吹出的是热风而不是想要的冷风，因此鼓风机不能马上工作，而是滞后一段时间，待蒸发器温度降低后才工作。当发动机运转，压缩机已工作，控制面板 AUTO(自动)开关接通，工作模式设置在 FACE 或 BILEVEL 时，ECU 对鼓风机的时滞控制过程如下：

① 当蒸发器温度传感器检测到蒸发器温度高于 30℃时，ECU 控制鼓风机电动机关断 4s，使冷风装置内的空气冷却降温。此后 ECU 控制鼓风机低速运转 5s，使冷却的空气送至乘客舱，如图 5-15 所示。

② 当蒸发器传感器检测到蒸发器温度低于 30℃时，ECU 控制鼓风机低速运转 5s，如图 5-16 所示。

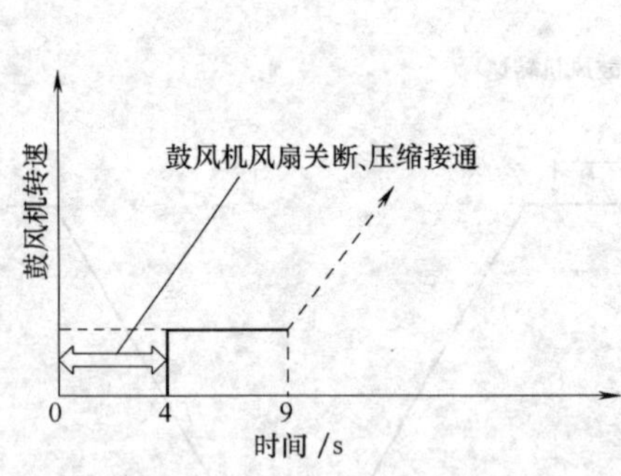

图 5-15　时滞控制(蒸发器温度高于 30℃)

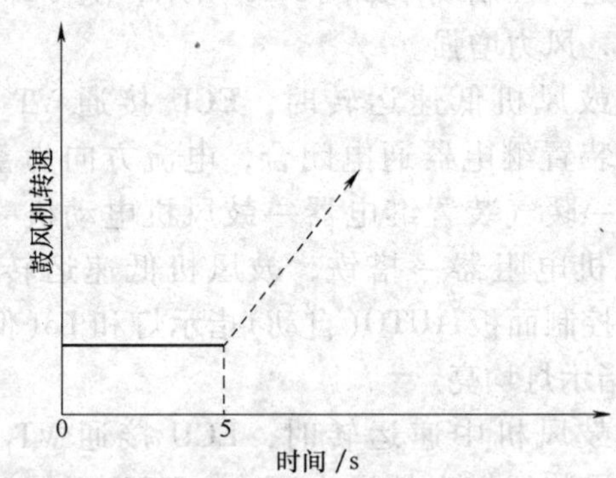

图 5-16　时滞控制(蒸发器温度低于 30℃)

4）鼓风机起动控制。鼓风机在起动时，工作电流会比稳定工作时大很多，为了防止烧坏鼓风机控制模组，不论鼓风机目标转速多少，在鼓风机起动时均应为低速运转，然后才逐步升高，直至目标转速。当鼓风机起动，ECU 控制暖风装置继电器闭合时，电流流过鼓风机电动机和电阻器，电动机低速运转，2s 后 ECU 通过 BLW 端子向功率晶体管输出驱动信号，从而防止功率晶体管被起动电流损坏。

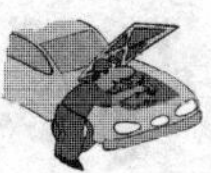

5）车速补偿。车速高时，迎面风冷却强度大，鼓风机的转速可适当降低，使之与低速时具有一样的感觉，如图 5-17 所示。

6）极速控制。有些车型，当设定温度处于最低(18℃)或最高(32℃)时，鼓风机转速会固定为高速运转。

7）手动控制。ECU 根据控制面板手动开关的操纵信号，将鼓风机驱动信号送至功率晶体管，相应地控制鼓风机的转速。

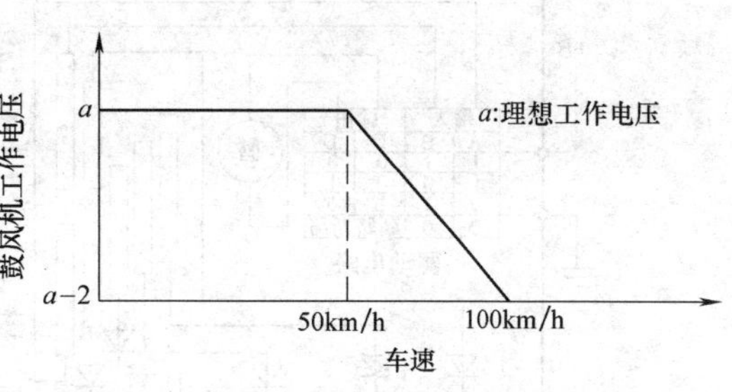

图 5-17　车速补偿控制规律

3. 工作模式控制

工作模式控制的目的是调节送风方向，提高舒适性。工作模式控制系统主要由传感器、ECU、工作模式控制伺服电动机和控制面板等组成。在手动模式中，模式风门有吹脸、双层、吹脚、吹脚/除雾、除雾五种位置。在自动模式中，模式风门一般有吹脸、吹脚、双层三种位置，ECU 根据传感器信号按照“头冷脚热”的原则自动调节模式风门的位置。ECU 根据 T_{AO} 值控制工作模式，其控制规律如图 5-18 所示，控制电路如图 5-19 所示。

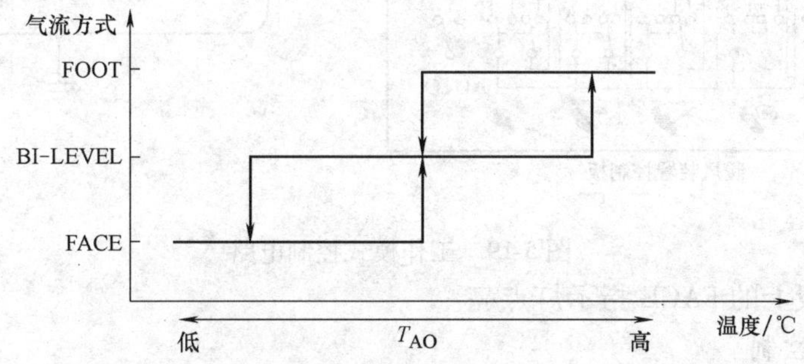

图 5-18　工作模式控制规律

当 T_{AO} 从低变至高时，原来气流方式控制伺服电动机内的移动触点位于 FACE 位置。ECU 接通 VT_1，使驱动电路输入信号端 B 端通过 VT_1 搭铁为 0，A 端断路为 1。此时驱动电路输出端 D 端为 1，C 端为 0，电流由 D 端输出，C 端流回，电动机旋转，内部触点由 FACE 位移到 FOOT 位，电动机停转，出气方式由 FACE 方式转为 FOOT 方式。同时 ECU 接通 VT_2，使控制面板上的 FOOT 指示灯点亮。

当 T_{AO} 已从高变至中时，原来气流方式控制伺服电动机内的移动触点位于 FOOT 位置。ECU 接通 VT_3，使驱动电路输入信号端 A 端通过。VT_3 搭铁为 0，B 端断路为 1。此时驱动电路输出端 C 端为 1，D 端为 0，电流由 C 端输出，D 端流回，电动机旋转，内部触点由 FOOT 位移到 BILEVEL 位，电动机停转，出气方式由 FOOT 方式转为 BILEVEL 方式。同时 ECU 控制控制面板上的 BILEVEL 指示灯点亮。

当 T_{AO} 已从中变至低时，原来气流方式控制伺服电动机内的移动触点位于 BILEVEL 位置。ECU 接通 VT_4，使驱动电路输入信号端 A 端通过 VT_4 搭铁为 0，B 端断路为 1。此时驱动电路输出端 C 端为 1，D 端为 0，电流由 C 端输出，D 端流回，电动机旋转，内部触点由 BILEVEL 位移到 FACE 位，电动机停转，出气方式由 BILEVEL 方式转为 FACE 方式。同时

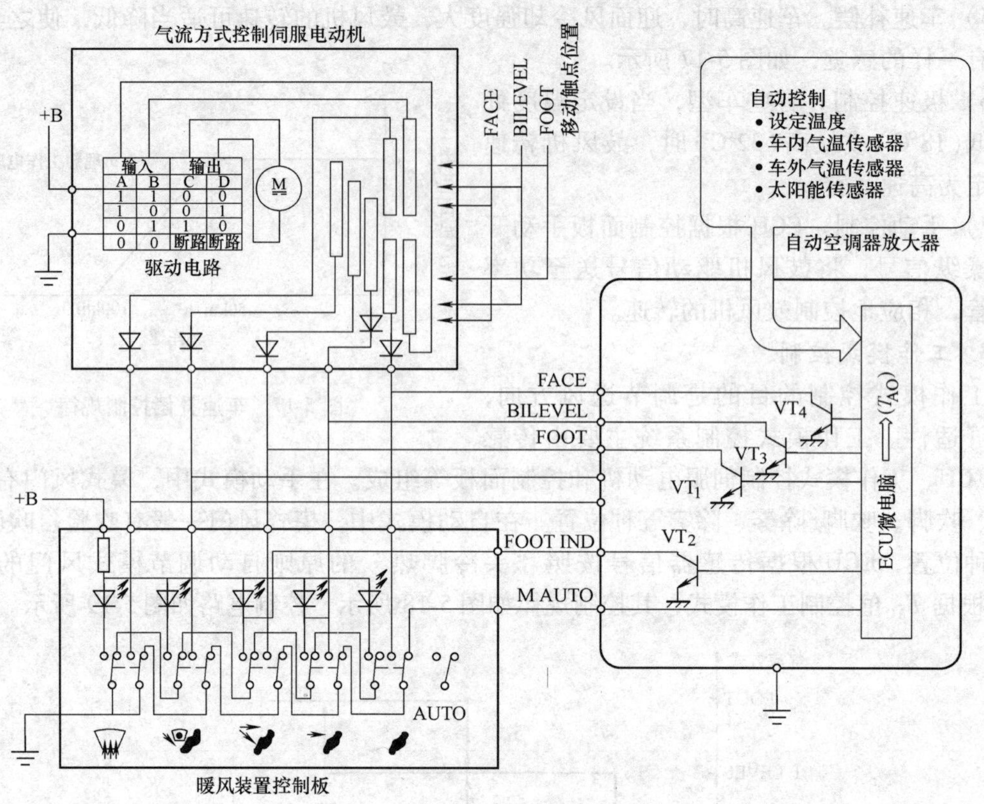

图 5-19　工作模式控制电路

ECU 控制控制面板上的 FACE 指示灯点亮。

4. 进气模式控制

进气模式控制的目的是调节进入车内的新鲜空气量，使车内空气温度和质量达到最佳。在手动模式中，进气门只有内循环和外循环两种位置。在自动模式中，进气门一般有内循环、20% 新鲜空气和外循环三种位置。ECU 根据传感器信号自动调节进气门的位置，其控制规律如图 5-20 所示：若车内温度为 35℃，进气门处于内循环位置，以快速降温；若车内温度为 30℃，进气门处于 20% 新鲜空气位置，引进部分新鲜空气以改善空气质量；若车内温度为 25℃，进气门处于外循环位置。

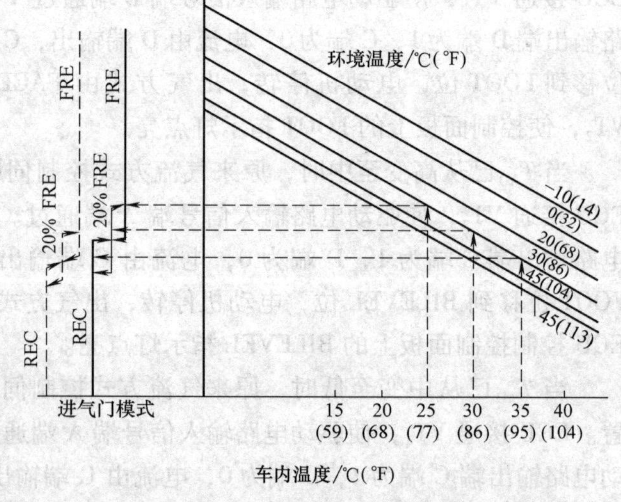

图 5-20　进气模式控制的控制规律

进气模式控制的控制电路如图 5-21 所示。当 ECU 根据 T_{AO} 值接通 FRS 晶体管时，触点 B 搭铁，电流方向为：蓄电池→点火开关→端子①→电动机→触点 B→端子③→FRS 晶体管→搭铁，电动机旋转，带动风门由 RECIRC（车内循环）位移至 FRESH（车外新鲜空气）位。

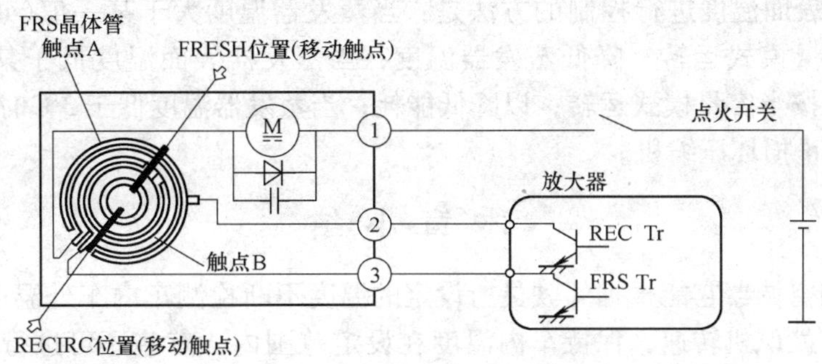

图 5-21　进气模式控制电路

该控制系统还有一种新鲜空气强制进气控制功能，当手动按下 DEF 开关时，将进气方式强制转变为 FRESH 方式，以清除风窗玻璃上的雾气。除此之外，进气模式控制还可改变新鲜空气与循环空气的混合比例。

5. 压缩机控制

1）基本控制。ECU 根据车内温度、车外温度、蒸发器温度和设定温度等参数，自动控制压缩机的通断，调节蒸发器表面温度，并防止蒸发器表面结冰。

2）低温保护。当车外环境温度低于某值(3℃或 8℃)时，压缩机停止工作，防止压缩机的损耗。

3）高速控制。当发动机转速超过某转速时，压缩机停止工作，防止因压缩机转速过高而造成损坏。

4）加速切断。当发动机处于急加速工况时，为了保证发动机足够的动力，压缩机暂时停止工作。

5）高温控制。当发动机冷却液温度超过某值(109℃)时，压缩机停止工作，防止发动机冷却液温度进一步上升。

6）打滑保护。当压缩机卡死导致传动带打滑时，压缩机停止工作，防止传动带负荷过大而断裂，进而影响水泵、发电机等的工作。

7）低速控制。当发动机转速低于某转速(600r/min)时，压缩机停止工作，防止发动机失速。

8）低压保护。当制冷系统压力低于某值(500kPa)时，压缩机停止工作，防止压缩机在系统制冷剂不足条件下工作，造成压缩机损坏。

9）高压保护。当系统压力超过某值(2800kPa)时，压缩机停止工作，防止空调系统瘫痪。

10）可变排量压缩机的控制。可变排量压缩机有全容量(100%)运转、半容量(50%)运转和压缩机停止三种工作模式。ECU 根据空调系统冷气负荷的大小，控制压缩机的排量变化，以减少能量的浪费。可变排量压缩机的控制系统主要有两种类型：一种是根据冷却液温度进行控制；一种是根据蒸发器表面温度进行控制。

根据冷却液温度进行控制的方法是：当发动机冷却液温度过高时，ECU 根据冷却液温度传感器信号，控制压缩机按半容量模式运转，防止发动机过热；反之，当发动机冷却液低于某一值时，ECU 控制压缩机按全容量模式运转，满足制冷需要。

根据蒸发器表面温度进行控制的方法是：当蒸发器温度大于某一值(40℃)时，ECU 控制压缩机按全容量模式运转，降低蒸发器温度；当蒸发器表面温度低于某一值(40℃)时，ECU 控制压缩机按半容量模式运转，以降低能耗；当蒸发器温度低于 3℃时，ECU 控制压缩机停止运转，防止损坏压缩机。

本 章 小 结

1. 自动控制空调器它能根据驾驶员所设定的温度不断检测车内车外温度、太阳辐射等，自动调节鼓风机转速，保持车内温度在设定范围内，有些还可进行进气控制、气流方式控制和压缩机控制等。
2. 电控气动的自动空调系统根据温度调配和送风量配送控制系统精确程度不同可分为半自动和全自动电控系统两种类型。
3. 微型计算机控制的自动空调系统，不仅能按照乘员的需要送出温度和湿度最适宜的空气，而且可以报据需要自动调节风速、风量，还极大地简化了乘员的操作工作，该系统主要用在高级轿车。
4. 微型计算机控制的汽车空调系统一般具有空调控制、节能控制、故障诊断储存故障、安全报警、显示等功能。
5. 微机控制的自动空调器由电子控制系统、配气系统和面板控制三部分组成。
6. 微机控制自动空调系统的控制功能主要包括送风温度控制、鼓风机转速控制、工作模式控制、进气模式控制、压缩机控制等项目。

复习思考题

1. 汽车自动空调制冷系统温度控制的主要目的是什么？
2. 自动空调与手动空调有哪些区别？
3. 简述全自动空调的控制原理。
4. 微机控制的汽车空调具有哪些功能？
5. 简述微机控制的汽车空调的工作原理。

实训项目四　汽车自动空调的故障诊断与检测维修

一、实训目标

掌握自动空调系统故障自诊断的方法。

掌握自动空调系统传感器的检测方法。

掌握自动空调系统执行器的检测与维修方法。

二、仪器和设备

广州本田雅阁汽车一辆(或汽车自动空调实验台)、汽车电气设备电路图一套、数字式高阻抗万用表、汽车故障解码器、检修工具等。

三、操作过程

1. 汽车自动空调故障自诊断

目前，轿车自动空调基本上都具有自诊断功能，以广州本田雅阁轿车为例，如图5-22所示为空调控制面板，故障自诊断的操作方法如下：

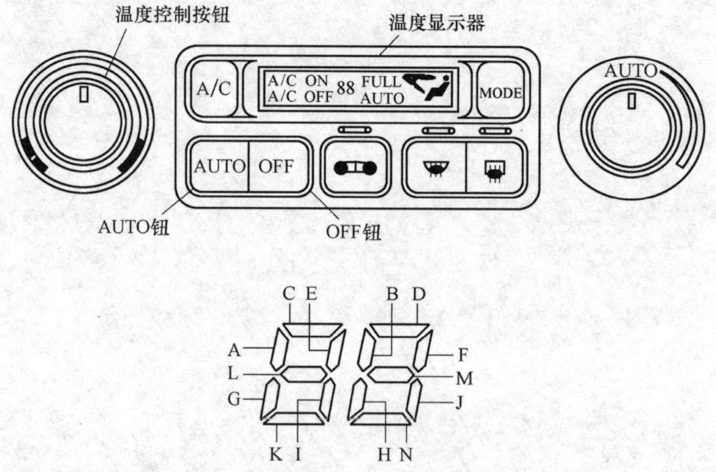

图5-22　广州本田雅阁轿车空调控制面板

① 接通点火开关。

② 将温度控制按钮先旋至MAX COOL(最冷)位置，然后再旋至MAX HOT(最热)位置。

③ 1min后，在按下AUTO按钮(不松开)的同时，按下OFF按钮。

④ 同时按下AUTO和OFF按钮时，如果系统有故障存在，就会通过温度显示器指示出相应的故障，如图5-22所示。不同的故障以温度显示数码管“88”各段中某一段闪亮来指示。温度显示器各段所指示的故障如表5-1所示。如果同时出现多个故障，则有关的指示段(灯)会同时闪亮。

表5-1　温度显示数码管各段闪亮故障码表

温度显示器闪亮段	指示故障的部位	可能的故障原因
A	车内温度传感器	电路断路、传感器故障
B	车内温度传感器	电路短路、传感器故障

（续）

温度显示器闪亮段	指示故障的部位	可能的故障原因
C	车外温度传感器	电路断路、传感器故障
D	车外温度传感器	电路短路、传感器故障
E	阳光辐射传感器	电路断路、传感器故障
F	阳光辐射传感器	电路短路、传感器故障
G	蒸发器温度传感器	电路断路、传感器故障
H	蒸发器温度传感器	电路短路、传感器故障
I	空气混调控制电动机	电路断路
J	空气混调控制电动机	电路短路
K	空气混调控制电动机	通道阻塞、电动机故障
L	模式控制电动机	电路断路或短路
M	模式控制电动机	通道阻塞、电动机故障
N	鼓风机电动机	电路断路或短路、电动机故障
A、C、E、G、I、L	传感器公共导线	电路断路

2. 自动空调系统传感器的检测方法

（1）检修前的检查　在检修自动空调系统传感器前，应先作如下检查：

① 检查发动机冷却液液位，发动机能否上升至正常的温度。

② 检查发动机盖下熔断器/继电器盒内的 56 号熔断器（40A）、57 号熔断器（20A）和 58 号熔断器（20A）、驾驶席侧仪表板下熔断器/继电器盒内的 3 号熔断器（7.5A）、副驾驶席侧仪表板下熔断器/继电器盒内的 13 号熔断器（7.5A）是否都正常。

③ 检查接地线，如 G101、G201、G401 等连接是否良好。

（2）车内温度传感器及其电路断路故障的检修　车内温度传感器也是一个温度系数为负的热敏电阻，自诊断检测温度控制系统自诊断指示灯 A 亮，表示车内温度传感器或其电路有断路故障，其故障检测步骤与方法如下：

① 检查车内温度传感器。拆下车内温度传感器，测量它的两端子之间的电阻，测量时，用电吹风加热传感器或冷却传感器，看其电阻值是否有变化，且是否与图 5-23 所示的温度曲线相符合。如果电阻值不符，则更换车内温度传感器；如果电阻值相符，则进行下一步检修。

② 检查车内温度传感器 2 号端子与车内温度控制装置之间的导线是否断路。断开车内温度控制装置 20 芯插头，检查车内温度传感器插头的 2 号端子与车内温度控制装置插头的 16 号端子之间的通路情况，如图 5-24a 所示。如果不通，则车内温度传感器 2 号端子与车内温度控制装置之间的导线有断路故障，需予以排除；如果是通路，则进行下一步检修。

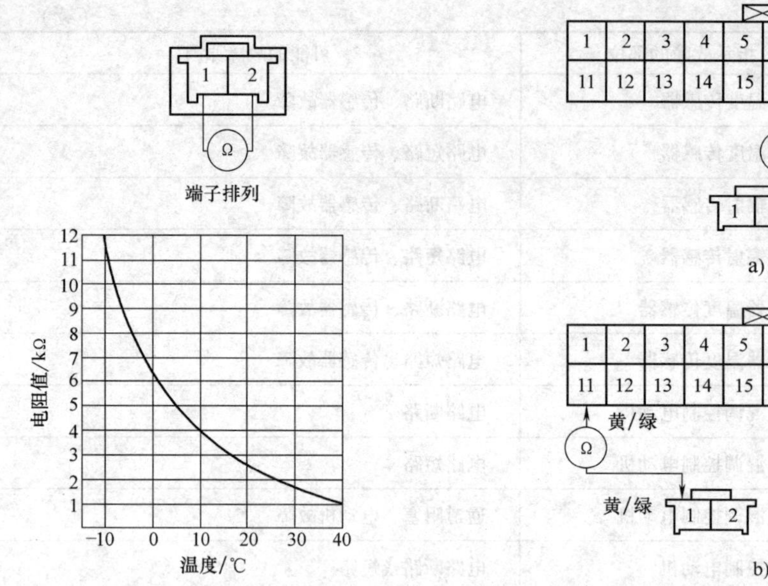

图 5-23　车内温度传感器温度特性

图 5-24　车内温度传感器 2 号、1 号端子导线断路故障
a）检查车内温度传感器 2 号端子侧导线断路故障
b）检查车内温度传感器 1 号端子侧导线断路故障

③ 检查车内温度传感器 1 号端子与车内温度控制装置之间的导线是否断路。如图 5-24b 所示，用万用表欧姆档检查车内温度传感器 1 号端子与车内温度控制装置插头的 11 号端子之间的通路情况。如果不通，则车内温度传感器 1 号端子与车内温度控制装置之间的导线有断路故障，需予以排除；如果是通路，则检查车内温度传感器 2 芯插接器和车内温度控制装置 20 芯插接器有无连接松动或接触不良，若无，则需更换一个车内温度控制装置再试。

（3）车内温度传感器及其电路短路的检测　温度控制系统自诊断指示灯 B 亮，表示车内温度传感器或其电路有短路故障。其故障检修步骤与方法如下：

① 检查车内温度传感器。拆下车内温度传感器，测量车内温度传感器两端子之间的电阻，测量时，用电吹风加热传感器，然后再冷却传感器，看其电阻值是否有变化，且是否与图 9-44 所示的温度特性曲线相符合。如果电阻值不符，则需更换车内温度传感器；如果电阻值基本相符，则进行下一步检修。

② 检查车内温度传感器与车内温度控制装置之间的导线是否对地短路。断开车内温度控制装置 20 芯插头，用欧姆表检查车内温度控制装置插头的 16 号端子与地之间的通路情况。如果是通路，说明车内温度传感器与车内温度控制装置之间的导线有对地短路故障，需予以排除；如果不是通路，则更换一个车内温度控制装置再试。

3. 自动空调系统执行器的检测方法

（1）空气混调控制电动机及其电路断路故障的检修　车内温度控制系统自诊断指示灯亮，表示空气混调控制电动机或其电路有断路故障，故障检修步骤与方法如下：

1）检查和更换空气混调控制电动机。方法如下：

① 检测空气混调控制电动机电阻。拔开空气混调控制电动机的 7 芯插头，测量空气混调控制电动机插座有关端子之间的电阻，各端子的排列如图 5-25a 所示。正常的电阻值范围如下：5 号与 7 号端子之间的电阻为 4.2 ~ 7.8kΩ；3 号与 5 号端子之间的电阻在最大制冷(MAX COOL)时为 0.59 ~ 1.10kΩ，在最大送暖(MAX HOT)时为 3.53 ~ 6.55kΩ。如果电阻值不在正常范围之内，则需更换空气混调控制电动机。

② 检查空气混调控制电动机的动作。将空气混调控制电动机的 1 号端子与蓄电池正极相连，2 号端子与地连接，看空气混调控制电动机能否转动，并在转至最大制冷(MAX COOL)时停转。如果不转动，则将两端子的连接更换后，看空气混调控制电动机能否运转，并转至最大送暖(MAX HOT)时停转。如果空气混调控制电动机能正常转动，则说明空气混调控制电动机及其连接装置等均无故障。如果不能转动，则需拆下电动机，检查空气混调控制电动机连接装置和风门能否平滑移动，如果能，则更换空气混调控制电动机；若不能，则检修空气混调控制连接装置和阀门。如果检测结果正常，则进行下一步检修。

③ 空气混调控制电动机的更换。空气混调控制电动机的拆卸如图 5-25b 所示。断开空气混调控制电动机上的 7 芯插头，从空气混调控制连接装置上拆下空气混调控制电动机的连杆。从加热器上拆下自攻螺钉，并取下空气混调控制电动机。安装空气混调控制电动机与拆卸的相反顺序进行。

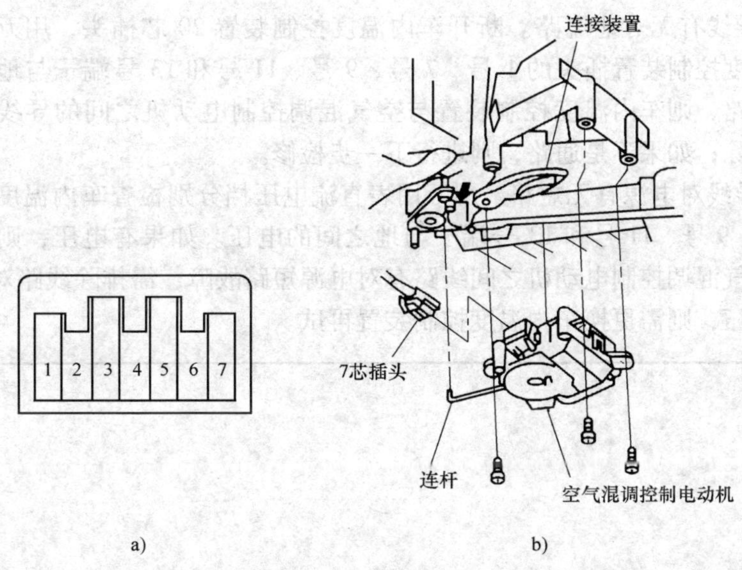

图 5-25　空气混调控制电动机的端子排列及拆卸

a）空气混调控制电动机端子排列　b）空气混调控制电动机的拆卸

2）检查导线有无断路。如图 5-26 所示，断开车内温度控制装置的 20 芯插头，检查 20 芯插头与空气混调控制电动机 7 芯插头各对应端子之间的通路情况。如果不通，则说明车内温度控制装置与空气混调控制电动机之间的导线有断路故障，需予以排除；如果是通路，则检查车内温度控制装置的 20 芯插接器和空气混调控制电动机的 7 芯插接器连接有无问题，若连接无问题，则需更换车内温度控制装置再试。

（2）空气混调控制电动机及其电路短路故障的检修　车内温度控制系统自诊断指示

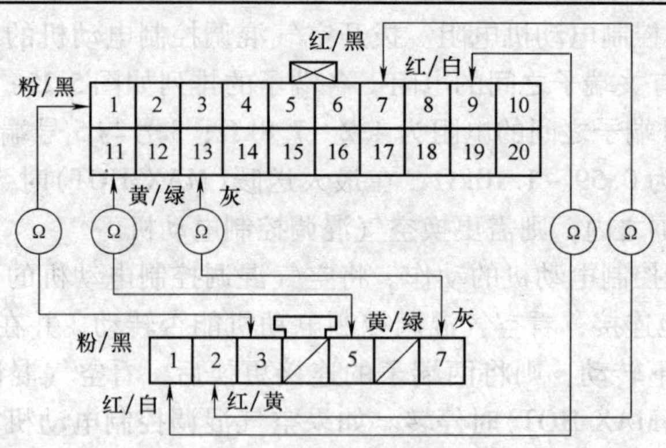

图 5-26　检查空气混调控制电动机线路有无断路

灯亮，表示空气混调控制电动机或其电路有短路故障。故障检修步骤与方法如下：

1）检查空气混调控制电动机。方法同上。如果检测结果不正常，则需拆下空气混调控制电动机后检查空气混调控制连接装置与阀门是否能平滑移动，若能，则更换空气混调控制电动机，若不能，则检修空气混调控制连接装置和阀门；如果检测结果正常，则进行下一步检修。

2）检查导线有无对地短路。断开车内温度控制装置 20 芯插头，用万用表欧姆档分别检查车内温度控制装置插头的 1 号、7 号、9 号、11 号和 13 号端子与地之间的通路情况。如果是通路，则车内温度控制装置与空气混调控制电动机之间的导线有对地短路故障，需予以排除；如果不是通路，则进行下一步检修。

3）检查导线对电源有无短路。用万用表直流电压档分别检查车内温度控制装置插头的 1 号、7 号、9 号、11 号和 13 号端子与地之间的电压。如果有电压，则说明车内温度控制装置与空气混调控制电动机之间线路有对电源短路故障，需排除线路对电源的短路故障；如果无电压，则需更换车内温度控制装置再试。

第 6 章 汽车空调通风、取暖与配气系统

学习目标：

- 了解汽车空调的通风与空气净化装置的基本结构与工作原理
- 理解汽车空调供暖系统的组成、结构与工作特点
- 掌握汽车空调的配气方式、系统的组成与工作方式
- 学会正确使用、操作汽车空调通风、取暖与配气装置

在相对封闭的汽车车厢内，为了满足舒适性的要求，除了能够对温度进行调节和对大量新鲜空气进行及时补充外，还要对狭小的车厢内部空间的气流进行调配。汽车空调通风、取暖与配气系统正是完成上述任务的重要组成部分。

6.1 汽车通风与空气净化装置

6.1.1 通风装置

为了健康和舒适，汽车车厢内空气要符合一定的卫生标准，这就需要输入一定量的新鲜空气。新鲜空气的配送量除了考虑人们因呼吸排出的二氧化碳、蒸发的汗液、吸烟以及从车外进入的灰尘、花粉等污染物外，还必须考虑造成车内正压和局部排气量所需风量。将新鲜空气送进车内，取代污浊空气的过程，称为通风。

新鲜空气进入量必须大于排出和泄漏的空气量，才能保持车内压力略大于车外的压力。保持车内空气正压的目的是防止外面空气不经空调装置直接进入车内，而且能防止热空气排出，以及避免发动机废气通过回风道进入车内，污染空气。

因此，对车厢内进行通风换气以及对车内空气进行过滤、净化是十分必要的，汽车通风和空气净化装置也是汽车空调系统的重要组成部分。

根据我国对轿车、客车空调的新鲜空气要求，换气量按人体卫生标准最低不少于 $20m^3/(h \cdot 人)$，且车内的 CO_2 的体积分数一般应控制在 0.03% 以下，风速在 0.2m/s 左右。

汽车空调的通风方式一般有动压通风、强制通风和综合通风三种。

1. 动压通风

动压通风也称自然通风，它利用汽车行驶时对车身外部所产生的风压为动力，在适当的地方开设进风口和排风口，以实现车内的通风换气目的。

进、排风口的位置决定于汽车行驶时车身外表面的风压分布状况和车身结构形式。进风

口应设置在正风压区，并且离地面尽可能的高，以免进入汽车行驶时所扬起的带有尘土的空气。排风口则设置在汽车车厢后部的负压区，并且应尽量加大排气口的有效流通面积，提高排气效果，还必须注意到灰尘、噪声以及雨水的侵入。

如图6-1所示为用普通轿车车身的模型进行风洞试验的表面压力分布图。由图可见，车身外部大多受到负压，只有在车前及前风窗玻璃周围为正压区。因此，轿车的进风口设在车窗的下部正风压区，而且此处都设有进气阀门和内循环空气阀门，用来控制新鲜空气的流量。一般在空调系统刚起动，而且车内、外温差较大时，关闭外循环气道，采用内循环方式工作，这样可以尽快降低车内温度。排风口设置在轿车尾部负压区，动压通风时，车内空气的流动如图6-2所示。

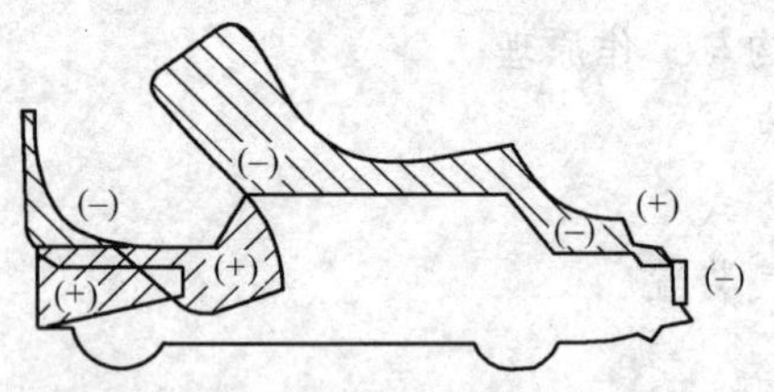

图6-1　轿车车身表面风压分布

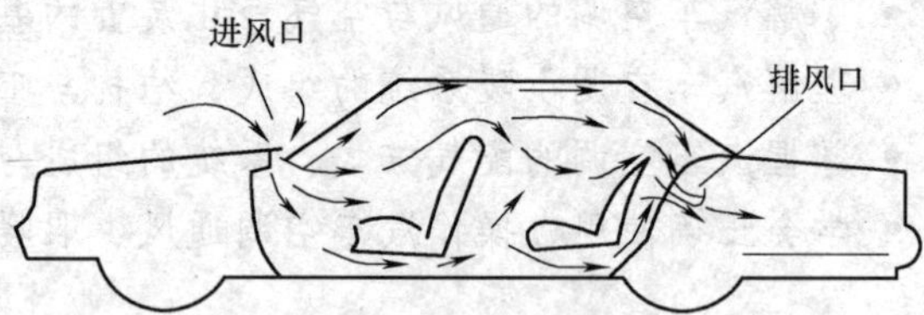

图6-2　轿车空调风的循环

由于动压通风不消耗动力，且结构简单，通风效果也较好，因此，轿车大都设有动压通风口。

2. 强制通风

强制通风是利用鼓风机强制将车外空气送入车厢内进行通风换气的通风方式。这种方式需要能源和通风设备。在冷暖一体化的汽车空调上，大多采用通风、供暖和制冷的联合装置，将外部空气与空调冷暖空气混合后送入车内，此种通风装置常见于高级轿车和豪华旅行车上。

3. 综合通风

综合通风是指一辆汽车上同时采用动压通风(自然通风)和强制通风两种通风方式。采用综合通风系统的汽车比单独采用强制通风或自然通风的汽车结构要复杂得多。最简单的综合通风系统是在自然通风的车身基础上，安装强制通风扇，根据需要可分别使用和同时使用。这样，基本上能满足各种气候条件下的通风换气要求。

综合通风系统虽然结构复杂，但省电，经济性好，运行成本低。特别是在春秋季节的天气，用动压通风导入凉爽的室外空气，以取代制冷系统工作，同样可以保证舒适性要求。这种通风方式近年来在汽车上的应用逐渐增多。

6.1.2　空气净化装置

汽车空调系统采用的空气净化装置通常有空气过滤式和静电集尘式两种。前者是在空调系统的送风和回风口处设置空气滤清装置，它仅能滤除空气中的灰尘和杂物，结构简单，只需定期清理过滤网上的灰尘和杂物即可，故广泛用于各种汽车空调系统中。后者则是在空气进口的过滤器后再设置一套静电集尘装置或单独安装一套用于净化车内空气的静电除尘装置。它除具有过滤和吸附烟尘等微小颗粒的杂质作用外，还具有除臭、杀菌、产生负氧离子以使车内空气更为新鲜洁净的作用。由于其结构复杂，成本高，因此只用于高级轿车和旅行车上。

如图6-3所示为静电集尘式空气净化装置的空气净化过程。

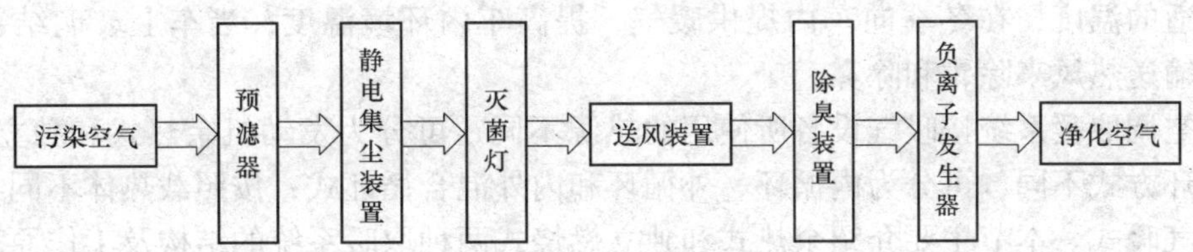

图6-3　静电集尘式空气净化装置原理图

预滤器用于过滤大颗粒的杂质，静电集尘器则以静电集尘方式把微小的颗粒尘埃、烟灰及汽车排出的气体中含有的微粒吸附在集尘板上。其工作原理是这样的：通过高压放电时产生的加速离子通过热扩散或相互碰撞而使浮游尘埃颗粒带电，然后在高压电场中库仑力的作用下，克服空气的阻力而被吸附在集尘电极板上。如图6-4所示为静电集尘原理图，其中图6-4a是放电电极流出的辉光电流使尘埃颗粒带电的状况，图6-4b为带电的尘埃颗粒向集尘电极板运动的状况。

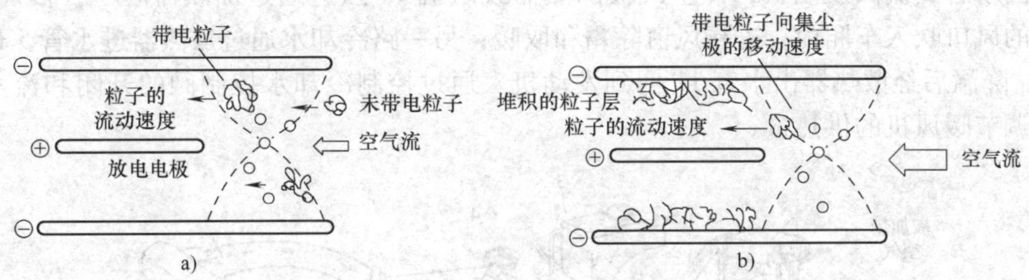

图6-4　静电集尘原理

a）微粒子带电　b）微粒子集尘

灭菌灯用于杀死吸附在集尘板上的细菌，它是一只低压水银放电管，能发射出波长为353.7nm的紫外线光，其杀菌能力约为太阳光的15倍。

除臭装置用于除去车厢内的油料及烟雾等气味，一般是采用活性炭过滤器、纤维式或滤纸式空气过滤器来吸附烟尘和臭气等有害气体。

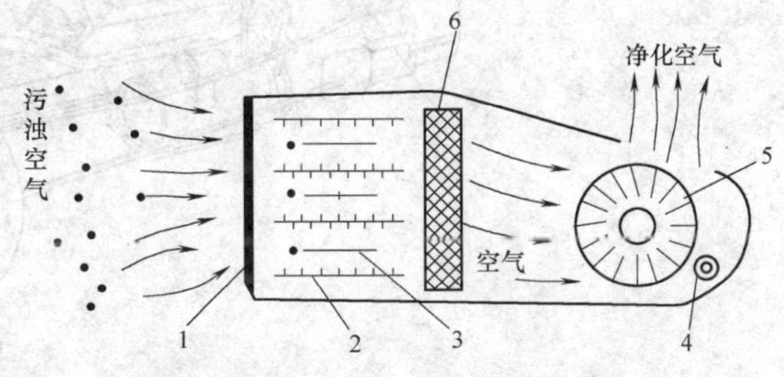

图6-5　静电集尘式空气净化装置

1—粗滤器　2—集尘电极　3—充电电极
4—负离子发生器　5—风机　6—活性炭过滤器

如图6-5所示为实用的静电集尘式空气净化装置结构示意图，它通常安装在制冷、采暖采用内循环方式的大客车上，采用这种装置净化后的空气清洁度很高，可以充分满足汽车对舒适性的要求。

6.2　汽车空调取暖系统

现代汽车空调已发展成为冷暖一体化装置，不仅能制冷，而且能制热和通风，成为适应全年性气候的空气调节系统。汽车空调取暖系统主要作用是能与蒸发器一起将空气调节到乘员感觉舒适的温度；在冬季向车内提供暖气，提高车内环境温度；当车上玻璃结霜和结雾时，可以输送热风来除霜和除雾。

汽车空调取暖系统按暖气设备所使用的热源不同，可分为发动机余热式和独立燃烧式；按空气循环方式不同，可分为内循环、外循环和内外混合循环式；按照载热体不同，可分为水暖式和气暖式。本节主要介绍余热式和独立燃烧式两种取暖系统的结构及工作原理。

6.2.1 余热式取暖系统

1. 水暖式暖气装置

轿车、载货汽车和小型客车经常利用发动机冷却循环水的余热供热，将其引入换热器，由鼓风机将车厢内或车外部空气吹过换热器而使之升温。此装置设备简单，安全经济，但热量小，受发动机运行工况影响大。如图 6-6 所示，水暖式暖气装置工作原理是通过发动机上的冷却水控制阀 4 将分流出来的一路冷却水送入暖风机的加热器芯子 1，放热后的冷却水经加热器出水管 2 流回发动机；冷空气被加热器鼓风机 13 强迫通过加热器芯子，被加热后，由不同的风口吹入车厢内，进行风窗除霜和取暖；另一路冷却水通过散热器进水管 5 进入散热器 8，降温后经散热器出水管 11 回到发动机。通过控制冷却水控制阀的开闭和流水量大小，可调节暖风机的供热量。

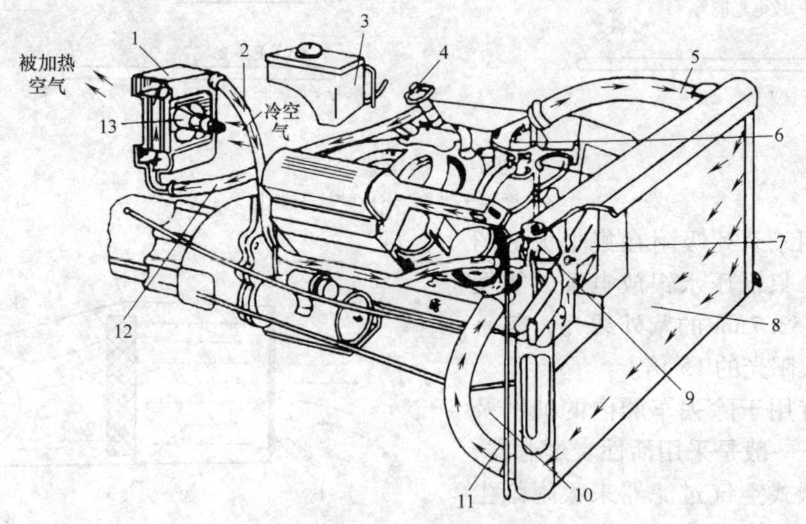

图 6-6 汽车余热水暖装置

1—加热器芯子 2—加热器出水管 3—膨胀水管 4—冷却水控制阀 5—散热器进水管 6—恒温器 7—风扇 8—散热器 9—水源 10—散热器溢流管 11—散热器出水管 12—加热器水管 13—加热器鼓风机

输入暖风机的空气有三种方式：一是输入车内的空气，称为内循环；二是输入车外的新鲜空气，称为外循环；三是同时输入内、外两种空气，称为混合循环。一般内循环采暖效果好，加热空气吸热量少，外循环吸入的空气新鲜，混合循环则具备二者优点，克服了二者缺点，在汽车上应用广泛。如图 6-7 所示为内外混合循环式暖气装置，由外部空气吸入口 7 吸进新鲜空气，由内部空气吸入口 5 吸进内部空气，在混合室 4 混合，被鼓风机 8 送入换热器

1，加热后被送往前座脚下，并通过后座导管 2，暖气管道 3 供后座席取暖。

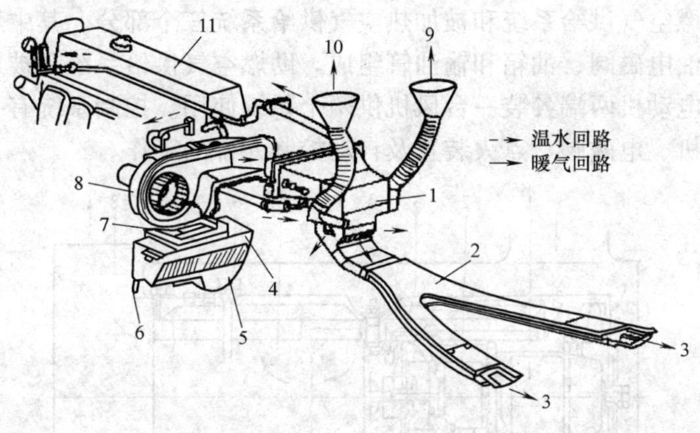

图 6-7　内、外混合循环式暖气装置

1—换热器　2—后座导管　3—暖气管道　4—混合室　5—内部空气吸入口　6—风门操纵　7—外部空气吸入口　8—鼓风机　9—除霜（前窗）　10—除霜（后窗）　11—发动机

2. 气暖式暖气装置

利用发动机排气管中的废气余热或冷却发动机后的灼热空气作为热源，通过换热器加热空气，把加热后的空气输送到车厢内取暖的装置，称为气暖式暖气装置。这种暖气装置受车速变化的影响大，对换热器的密封性、可靠性要求高。

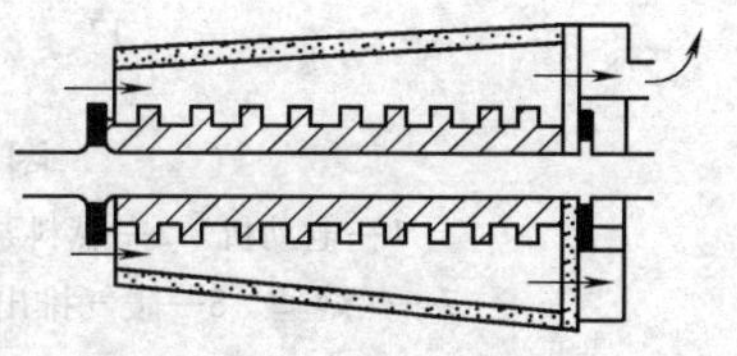

图 6-8　汽车余热气暖装置

如图 6-8 所示，在发动机排气管装一段肋片管，管外套上外壳，废气通过肋片传热，加热夹层中的空气，在鼓风机作用下，将空气加热后送入车室。

如图 6-9 所示为另一种结构气暖装置，通过换热器 11，将冷却发动机后的部分空气与进气管 2 的空气相混合，加热后通过排热风管 9，在鼓风机 7 的作用下送入车室内，以供采暖。

6.2.2　独立燃烧式取暖系统

发动机余热式取暖装置普遍受发动机功率和工况影响较大，车速低，下坡时采暖效果不佳。目前大客车普遍采用独立燃烧式取暖装置，其热容量大，热效率可达 80%。一般可使用煤油、轻柴油作燃料。

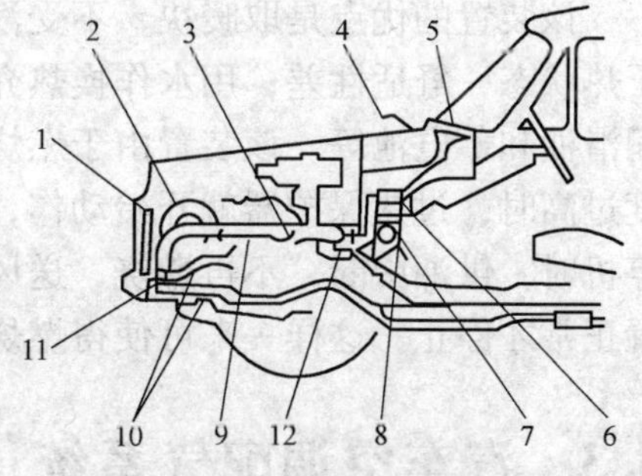

图 6-9　气暖暖风机

1—挡风栅　2—进气管　3—夏季用热风泄出阀　4—通风　5—除霜器　6—电动机　7—鼓风机　8—转换阀　9—排热风管　10—专用排气管（除霜，去雾等）　11—换热器　12—截止阀

如图 6-10 所示为独立燃烧式（空气加热式）暖气装置结构图。这种装置通常由燃烧室、换热器、供给系统和控制系统四部分组成。燃烧室由火花塞 4 和燃料分布器 3 组成，燃料分布器直接装在暖房空气送风机 17 的电动机轴上，在工作时，由其内部出来的燃油在离心力作用下便于雾化。换热器位于燃烧室后端，由双层腔组

成，内腔通过的是燃烧的高温气体，外腔通过的是新鲜空气，便于冷热交换。供给系统包括燃料供给系统，助燃空气供给系统和被加热空气供给系统三个部分。其中燃料供给系统由燃料泵、电动机、燃油电磁阀、油箱和输油管组成。助燃空气供给系统和被加热空气供给系统共用一台电动机，电动机两端各装一台风机供两个系统使用。控制系统有手动和自动两种方式，用来控制电动机、电磁阀、点火装置及自动控制元件的工作。

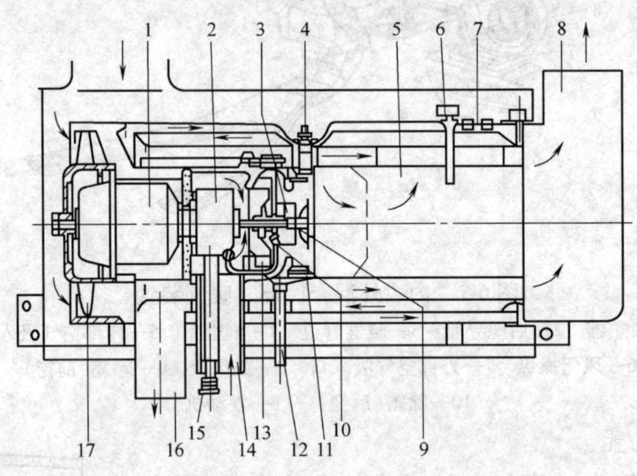

图 6-10　空气加热独立燃烧式暖气装置

1—电动机　2—燃料泵　3—燃料分布器　4—火花塞　5—燃烧室　6—燃烧指示器　7—热熔丝　8—暖气排出口　9—分布器帽　10—油分布器管　11—燃烧环　12—排气管　13—燃烧空气送风机　14—燃烧室空气吸入管　15—燃料吸入　16—排气管　17—暖房空气送风机

该暖气装置工作时，燃油由电路电磁阀和液压泵来控制。当打开暖气开关时电磁阀打开，电动机工作，与其同轴的燃料泵 2 工作，燃油从油箱经滤清器进入燃料分布器 3，在离心力作用下飞散雾化，并与供给燃烧的空气混合进入燃烧室 5。火花塞 4 通电点火，使混合气点燃燃烧，燃烧后的高温气体在与新鲜空气换热后，由排气管 16 排向大气。另一方面，在电动机轴前端安装的暖房空气送风机 17 向内送入空气，经换热器加热后由暖气排出口 8 进入车室的管路和送风口。

该装置的优点是取暖快，不受汽车行驶工况的影响。用空气作换热介质提供暖风是高温干热状态，舒适性差；用水作换热介质提供暖风，出风柔和，舒适感好，还可预热发动机、润滑油和蓄电池等。该装置由于燃烧时温度高，因此对其安全保护就相当重要，暖风出口温度过高时，过热保护器就开始动作，断开电磁阀的电源，停止燃油供应。另外，燃烧终止或停机时，供油中断，不再燃烧，送风机应继续运行一段时间，直至感测温度指示内部温度装置正常才停止，这样一来可使得燃烧室不会因过热而受损。

6.3　汽车空调配气系统

6.3.1　汽车空调配气方式

汽车空调已经由单一制冷或取暖的方式发展到冷暖一体化方式，由季节性空调，发展到全年性空调，真正起到空气调节的作用。系统根据空调的工作要求，可以将冷、热风按照配

置送到驾驶室内，满足调节需要。

如图6-11所示为汽车空调配气系统的基本结构，它通常由三部分构成：第一部分为空气进入段，主要由用来控制新鲜空气和室内循环空气的风门叶片和伺服器组成；第二部分为空气混合段，主要由加热器5、蒸发器3和调温风门组成，用来提供所需温度的空气；第三部分为空气分配段，使空气吹向面部、脚部和风窗玻璃上。它们是通过手动控制钢索(手动空调)、真空气动装置(半自动空调)或者电控气动(全自动空调)与仪表板空调控制键联接动作，执行配气工作的。

空调送风系统的工作过程如下：新鲜空气+车内循环空气→进入风机→空气进入蒸发器冷却→由风门调节进入加热器的空气→进入各吹风口。

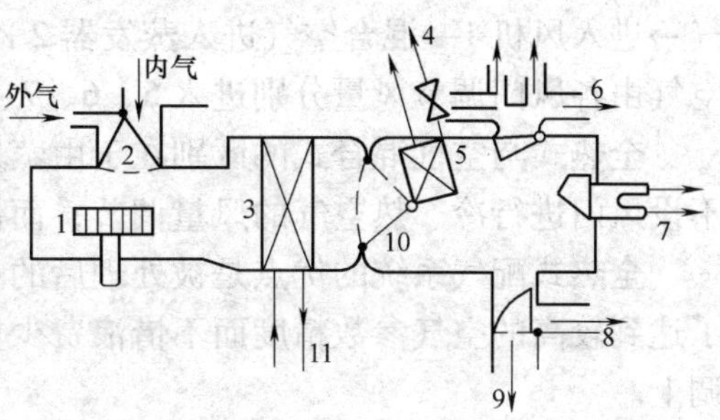

图6-11　汽车空调送风系统

1—鼓风机　2—新鲜空气风门　3—蒸发器　4—加热器进出水管　5—加热器　6—除霜风口　7—侧吹风口　8—面部吹风口　9—脚部吹风口　10—加热器旁通风门　11—蒸发器制冷剂进出管

空气进入段的风门主要控制新鲜空气和室内循环空气的比例，在夏季室外空气气温较高、冬季室外温度较低的情况下，尽量开小风门，以减少冷、热气量的损耗。当车内空气品质下降，汽车长时间运行或者室内外温差不大时，这时应定期开大风门。一般汽车空调空气进口段风门的开启比例为15%～30%。

加热器旁通风门主要用于调节通过加热器的空气量。顺时针旋转风门，开大旁通风门，通过加热器空气量少，由风口7、8、9吹出冷风；反之，逆时针旋转风门，关小旁通风门，这时由风口6、7、8、9吹出热风供采暖和玻璃除霜用。

汽车空调配气方式有以下几种。

1. 空气混合式配气系统

图6-12a所示为空气混合式配气流程图。

从图中可看出其工作过程为：车外空气+车内空气→进入风机1→混合空气进入蒸发器2冷却→由风门调节进入加热器加热→进入各吹风口4、5、6。进入蒸发器1后再进入加热

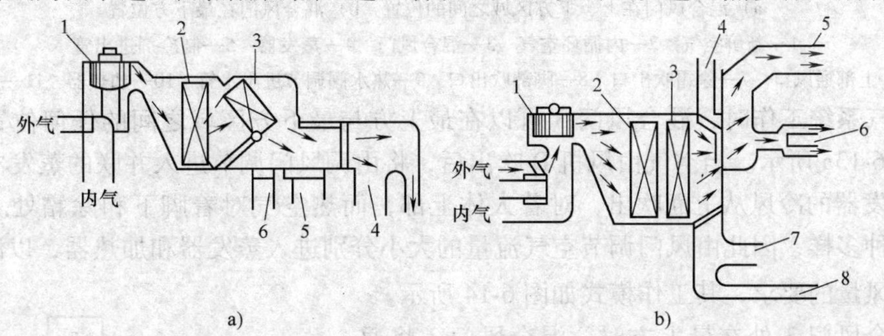

图6-12　汽车空调送风流程

a) 空气混合式　b) 全热式

1—风机　2—蒸发器　3—加热器　4—冷气吹出口　5—中心吹出口　6—除霜吹出口　7—热风吹出口　8—侧吹出口

器 3 的空气量，可用风门进行调节。若进入加热器的风量少，也就是冷风量相对较多，这时冷风由冷气吹出口 4 吹出；反之，则吹出的热风较多，热风由除霜吹出口 6 或热风(脚部)吹出口 5 吹出。

空气混合式配气系统的优点是能节省部分冷气量，缺点是冷、暖风不能均匀混合，空气处理后的参数不能完全满足要求，亦即被处理的空气参数精度较差一些。

2. 全热式配气系统

如图 6-12b 所示为全热式配气流程图。从图中可看出其工作过程为：车外空气 + 车内空气→进入风机 1→混合空气进入蒸发器 2 冷却→出来后的空气全部进入加热器 3→加热后的空气由各风门调节风量分别进入 5、6、7、8 各吹风口。

全热式与空气混合式的区别在于由蒸发器出来的冷空气全部直接进入加热器，两者之间不设风门进行冷、热空气的风量调节，而使冷空气全部进入加热器再加热。

全热式配气系统的优点是被处理后的空气参数精度较高，缺点是浪费一部分冷气，即为了达到较高的空气参数精度而不惜浪费少量冷气。这种配气方式只用在一些高级豪华汽车空调上。

3. 加热与冷却并进混合式配气系统

如图 6-13 所示为加热与冷却并进混合式配气工作原理图。

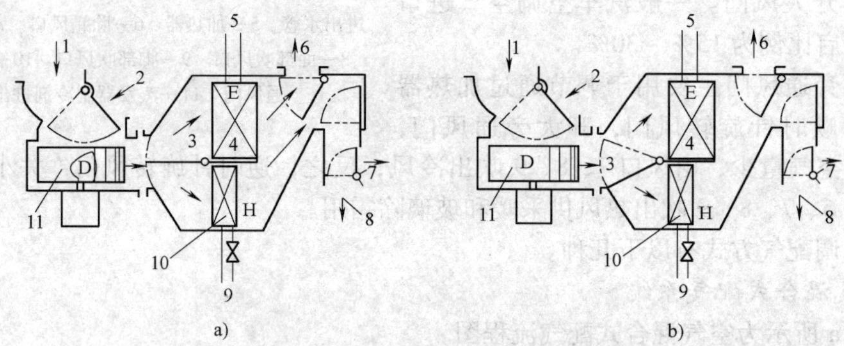

图 6-13 加热与冷却并进混合式配气工作原理图

a）混合风门在上、下方区域之间的位置 b）混合风门在最下方位置

1—新鲜空气 2—内循环空气 3—混合风门 4—蒸发器 5—制冷剂进出管 6—上部通风口 7—除霜吹出口 8—脚部吹出口 9—热水阀调节进出水管 10—加热器 11—风机

该配气系统工作时，混合风门 3 可以在最上方与最下方区域之间的任何位置开启或停留，如图 6-13a 所示。当空气由风机 D 吹出后，将由调风门调节进入并联的蒸发器 E 和加热器 H，蒸发器的冷风从上面吹出，对着人体上部，而热空气对着脚下和除霜处。由于风量和温度多种多样，因此由风门调节空气流量的大小分别进入蒸发器和加热器，以满足不同温度、不同风量的要求，其工作模式如图 6-14 所示。

当混合风门 3 处在最上方时，混合风门 3 将通往蒸发器的通道口关闭；或者当混合风门 3 处在最下方时，混合风门 3 将通往加热器的通道口关闭，如图 6-13b 所示，这样在 E 和 H 不用时，单纯暖气或冷气将不经混合直接送至各出风口。若两者都不

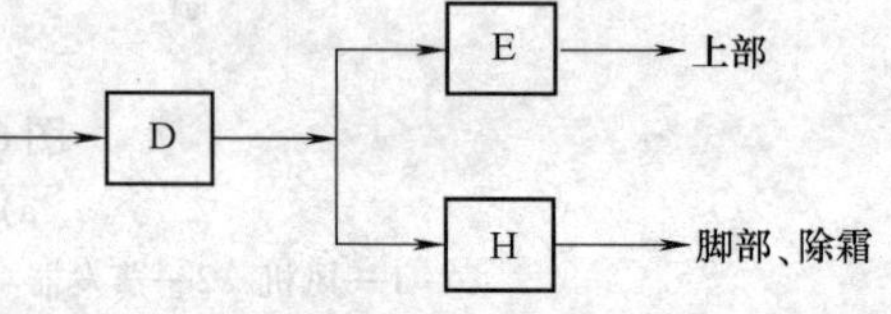

图 6-14 加热与冷却并进混合式工作模式

运行，送入车内的便是自然风。

4. 半空调配气系统

新鲜空气和车内循环空气经风门调节后，先经过风机吹进蒸发器进行冷却，然后由混合风门调节，一部分空气进入加热器，冷气出口不再进行调节。其模式如图6-15所示。

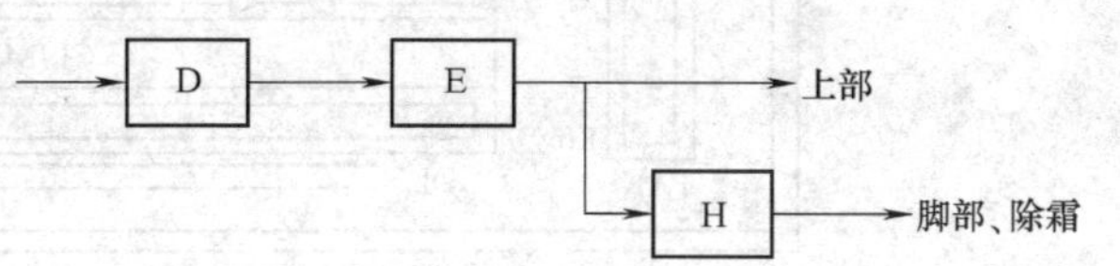

图6-15　半空调工作模式

同样，由风门来调节其送入车内的空气温度。若蒸发器E不工作，将空气全部引到加热器H，则送出的是暖风；若加热器H不工作，则送出来的全部是冷风；若两者都不工作，则送出来的是自然风，其系统结构如图6-16所示。

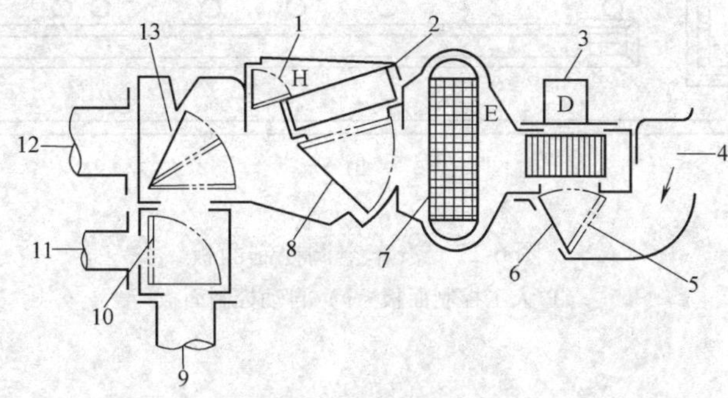

图6-16　半空调配气系统

1—限流风门　2—加热器芯　3—风机电动机　4—新鲜空气入口　5—新鲜/再循环空气风门　6—再循环空气风口　7—蒸发器芯　8—混合风门　9—至面板风口　10—A/C除霜风门　11—至除霜器风口　12—至底板出口　13—加热除霜口

从目前汽车空调的配气方式来看，空气混合式使用得最多。它是将空气经过蒸发器进行降温除湿处理后，用调节风门将一部分空气送到加热器加热。将出来的热气和冷气再混合，可以调节人们所需要的各种温度的空气，而且除霜的热风可直接从加热器引到除霜风口，直接吹向风窗玻璃。它的最大特点是效率高，节能显著。

6.3.2　汽车空调面板控制

汽车空调配气系统各风门的位置变化主要由拉绳操纵机构、真空操纵机构或电动机伺服装置控制。而上述操纵机构又受驾驶员面板功能键的控制，目前控制面板又可分为人工控制面板和自动控制面板，本节主要讲述人工控制面板。

对于不同类型的汽车空调，人工控制面板的控制键和形式有所不同，但它们的功能键控制内容基本相同。控制面板一般有4个功能键，如图6-17所示。

1. 功能选择键

功能选择键主要用于空调系统取暖、制冷、冷暖风或除霜控制，具体功能选择键的名称和作用为：OFF—停止位置，MAX—最冷位置，A/C(或NORM)—空调位置，VENT—自然通风位置；FLOOR(或HEATER)—暖气位置；MIX(或BILEVEL)—取暖化霜位置。

功能选择键移动在不同位置，可通过拉绳或真空开关控制各个风门的开关位置，从而调

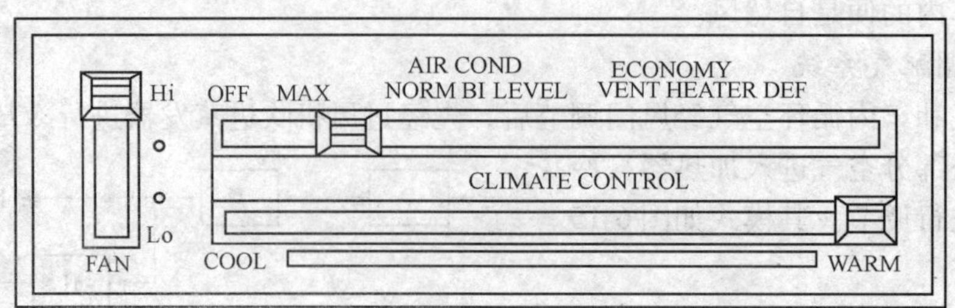

a)

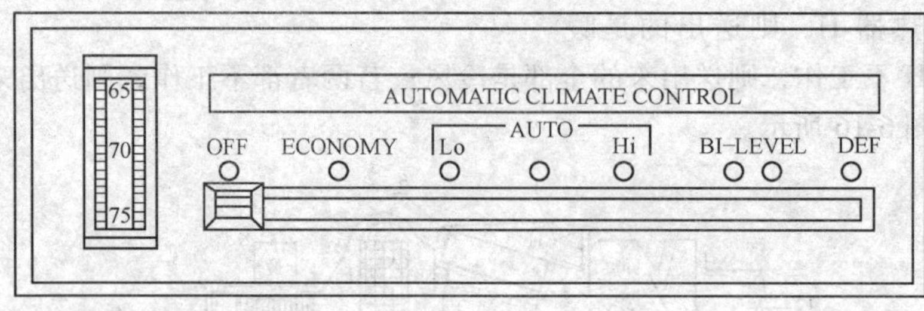

b)

图 6-17　汽车空调控制面板

a）人工控制面板　b）自动控制面板

节空气温度与流向。

2. 温度键

温度键主要用于控制调温风门的位置。当其位于冷端(COOL)或暖端(WARM)时，调温风门在拉绳作用下分别关闭或打开流经加热器的空调风。当其位于二者中间任意位置时，可得到不同比例的暖气与冷空气的混合空气。

3. 调风键

调风键主要用于控制空调器内鼓风机的转速，一般有4个调速档，即Hi(高速)、Lo(低速)、M1(中速1)、M2(中速2)和OFF(断开)。

调风键用于控制一个可变电位计，通过改变电动机线路电阻值来改变电动机的激磁量，达到变速的目的。

4. 后窗除霜键

后窗除霜键属于一个电路开关，用于控制后风窗除霜电热丝电源的通断，指示灯用于提醒乘员不要忘记切断电源。

对于设有BILEVEL(双层出风)位置的汽车空调系统，空气在中间风口和地板风口之间进行分配。在此位置时，有些系统的压缩机不工作。

面板功能键在VENT、FLOOR(或HEATER)、MIX(或BILEVEL)位置时，不需要压缩机工作，因而，此三个功能键又叫经济功能键。

6.3.3　汽车空调手动和半自动真空控制系统

汽车空调配气系统的基本结构有手动、半自动真空控制系统和全自动电控真空控制系统。全自动电控真空控制系统采用微电脑控制空调的工作过程，其配气系统的操作方式与执

行器的结构与手动、半自动真空操作系统有较大区别。

对于手动、半自动真空控制系统而言，虽然从汽车空调整体结构和控制电路上有较大差别，但其配气系统的工作原理和控制过程并无严格区分，所不同的只是手动系统对风门、调温风门的控制，部分采用拉索连动机构，而半自动真空操作系统则全部采用真空控制结构。它们的共同特点是对系统的控制都是依靠人工转换空调面板的控制开关进行的，而配气的工作则通过真空执行器来完成。

1. 手动拉索式汽车空调的使用与控制

如图6-18所示为一种手动调节的空调系统操纵机构分解图。

（1）调温键的操纵机构　移动调温键带动拉索，可以改变调温门位置，达到控制温度的目的。同时，调温键还控制真空气路开关。当其在COOL位置或WARM位置时，分别切断或接通真空通路，可使控制加热器冷却液的控制阀切断或导通。另外，在调温键后面装有温度控制器，内有感温包毛细管或热敏电阻，用于控制蒸发器出口温度。

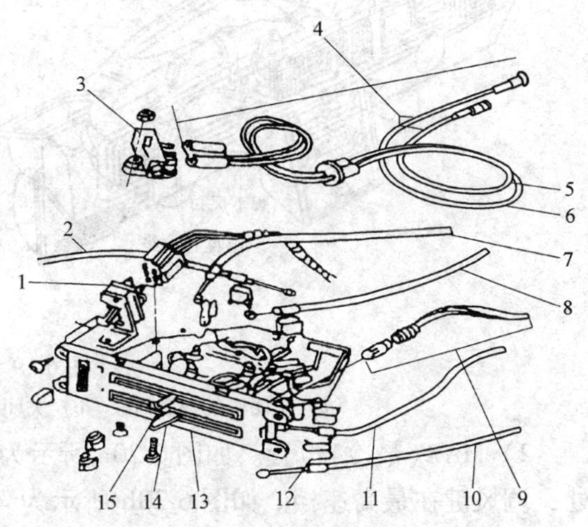

图6-18　手动调节的空调系统操纵机构分解图

1—调风键总成　2—下风门拉绳　3—真空切断开关　4—真空软管　5—真空冷却水控制阀接口　6—真空罐接口　7—除霜门拉绳　8—气源门拉绳　9—离合器控制电路　10—温度风门拉绳　11—中风门拉绳　12—恒温器　13—控制面板　14—功能选择键　15—调温键

（2）功能选择键的操纵机构　首先，功能选择键控制压缩机离合器的电路开关，在三个经济键位置时，切断压缩机电磁离合器电路，压缩机制冷循环不工作。在MAX、A/C键时，接通电磁离合器电路，压缩机制冷循环工作。其次，功能选择键通过拉索控制各风门的开闭。气源风门在MAX位置时，打开车内空气循环入口，关闭外循环。在其余键位置时，关闭内循环，打开车外进气通道。

下风门受FLOOR键控制，使热空气吹向脚下；除霜风门则受DEF键控制，使热空气吹向风窗玻璃；在MIX位置时，能同时拉动下风门和除霜风门，使暖空气在下风口和除霜风口进行分配。

调风键通过改变鼓风机的调速电阻来改变鼓风机的转速，得到不同的送风量。

2. 半自动真空控制汽车空调的使用与控制

（1）半自动真空控制的汽车空调控制键与风门间的关系　下面以半自动真空控制的汽车空调系统为例，重点介绍面板控制键与各风门之间的关系。其中有关配气图上符号为：V一有真空作用，NV一无真空作用，PV一有部分真空作用。

1）OFF(关闭)位置。如图6-19a所示为面板功能键位于OFF位置。如图6-19b所示为各风口均无空气流动的状态。如图6-19c所示为配气系统各风门位置：气源风门关闭外部新鲜空气入口；调温风门关闭加热器入口，化霜风门关闭化霜风口；中风门关闭中风口，打开下风口，此时真空系统工作。

此时空调压缩机、鼓风机均不工作。

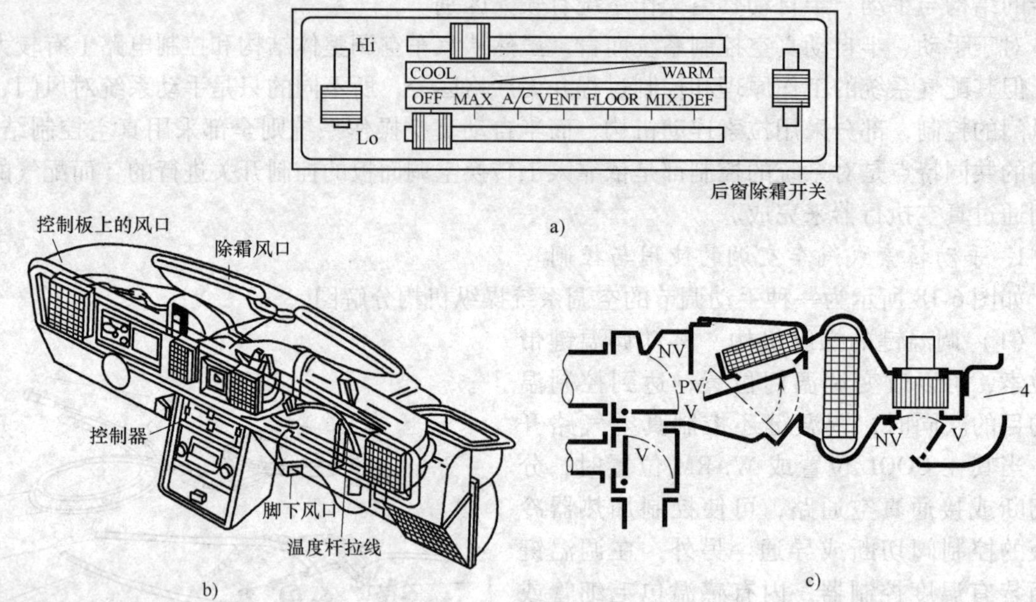

图 6-19 OFF 位置

a）关闭时的控制面板 b）关闭时的风口 c）关闭时的各风门位置

2）MAX(最冷)位置。如图 6-20a 所示为面板功能键位于 MAX 位置，调温键位于 COOL 处，调风键在最高速档。如图 6-20b 所示为驾驶室上部四个风口排出冷气，车内空气循环。如图 6-20c 所示为配气系统各风门位置：气源风门关闭外部新鲜空气入口；调温风门关闭流经加热器的空气入口；中风门打开中风口，化霜风门关闭化霜风口。

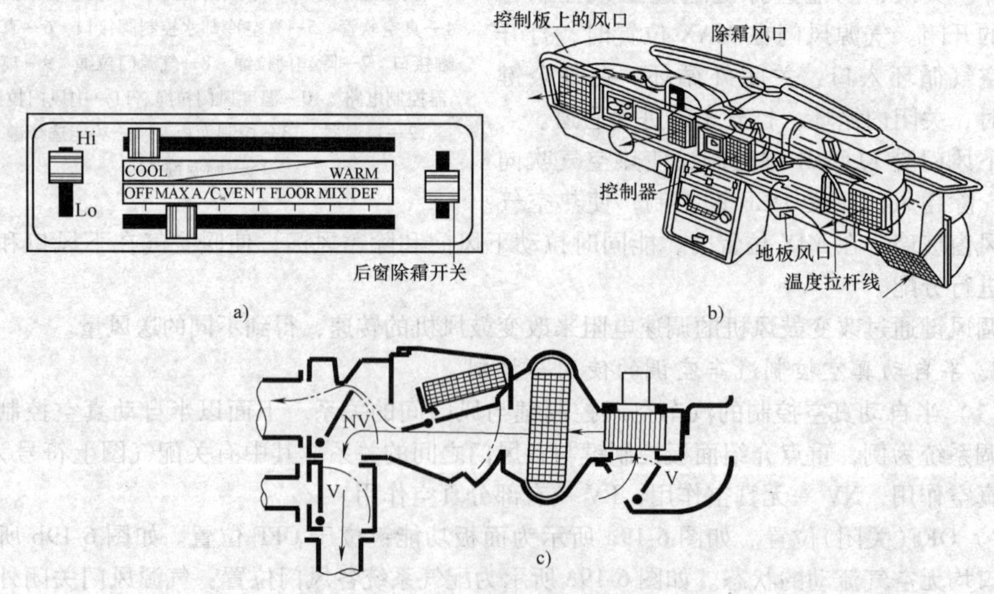

图 6-20 MAX 位置

a）MAX(最冷)位置时的控制面板 b）MAX(最冷)位置时的风口状况

c）MAX(最冷)位置时的各风门位置

此时压缩机工作，鼓风机高速运转，车内空气循环，快速降温。但压缩机不能长时间工作，否则车内空气不新鲜。通过改变调温键，以改变调温风门位置，从而控制车内空气温度。

3）A/C(正常空调)位置。如图6-21a所示，面板功能键位于A/C(正常空调)位置。如图6-21b所示，新鲜空气经冷却后由驾驶室上部四个风口排出。如图6-21c所示，配气系统各风门位置与MAX(最冷)位置的主要区别是：气源门打开外部新鲜空气入口，其他相同。

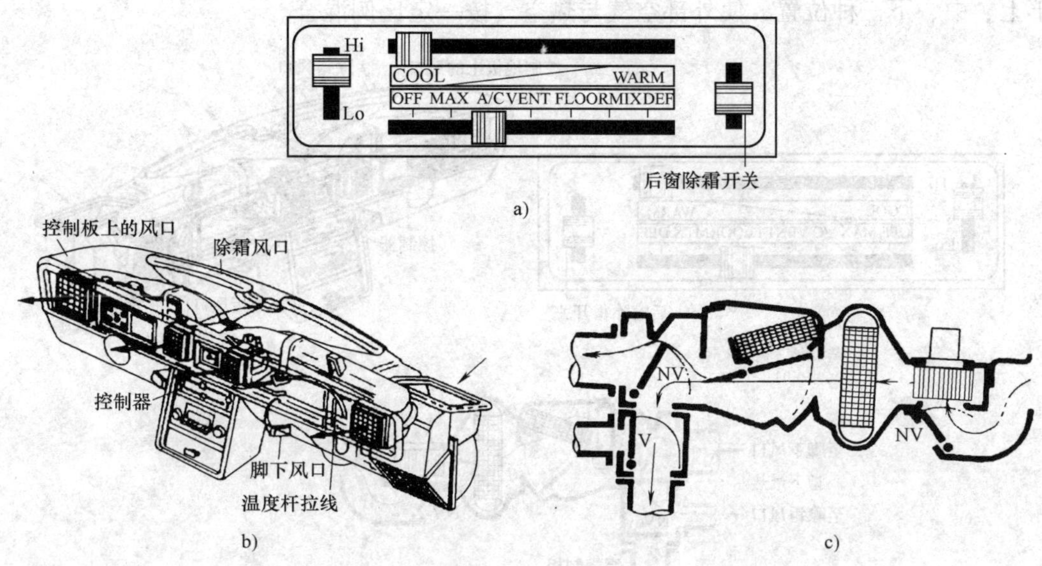

图6-21 A/C位置

a）A/C(正常空调)位置时的控制面板 b）A/C(正常空调)位置时的风口状况

c）A/C(正常空调)位置时的各风门位置

此时压缩机工作，经过蒸发器冷却的空气可以经过加热器加热，也可以不经过加热器加热。

4）VENT(通风)位置。如图6-22a所示，面板功能键位于VENT(通风)位置，调风键位于Lo(低)位置。如图6-22b所示，驾驶室上部四个风口将车外空气直接引入，配气系统各风门位置与A/C(正常空调)位置相同。

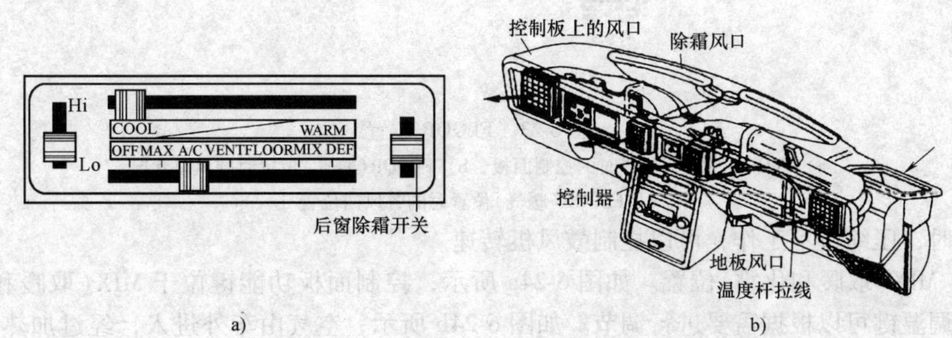

图6-22 VENT位置

a）VENT(通风)位置时的控制面板 b）VENT(通风)位置时的风口状况

此时压缩机不工作，空气也不加热。

5）FLOOR（暖气）位置。如图6-23a所示，面板功能键位于FLOOR（暖气）位置，调温键位于WARM位置，调风键位于Hi高速位置。如图6-23b所示，驾驶室地板风口有热空气吹出，并有少量热空气吹向风窗玻璃。如图6-23c所示，配气系统各风门位置为：气源风门打开外部新鲜空气入口；中风门打开下风口；化霜风门将中风口关闭，打开化霜口。调温风门打开流经加热器的空气入口，可以根据实际需要（最暖和、中等暖和、微暖和），将调温风门处于上、中、下三种位置，使外部空气与热空气按一定比例混合。

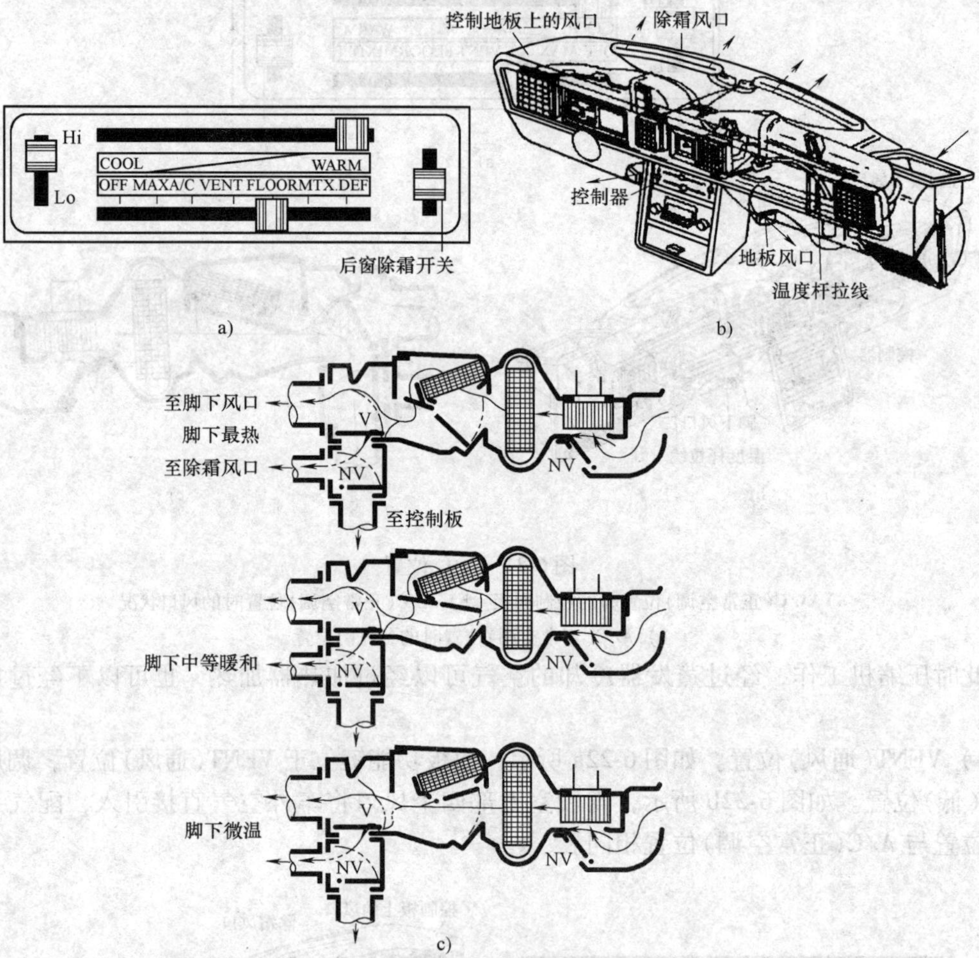

图6-23　FLOOR位置

a）FLOOR（暖气）位置时的控制面板　b）FLOOR（暖气）位置时的风口状况

c）FLOOR（暖气）位置时的各风门位置

此时，压缩机不工作，可以控制鼓风机转速。

6）MIX（取暖和化霜）位置。如图6-24a所示，控制面板功能键位于MIX（取暖和化霜）位置，调温键可以根据需要进行调节。如图6-24b所示，空气由车外进入，经过加热的空气分别从除霜风口、地板风口吹出，中风口关闭。如图6-24c所示，各风门位置为：气源风门打开外部新鲜空气入口，调温风门可根据需要在中间位置调节；中风门位于中间位置，打开

部分地板风口；化霜风门关闭中风口，打开除霜风口。

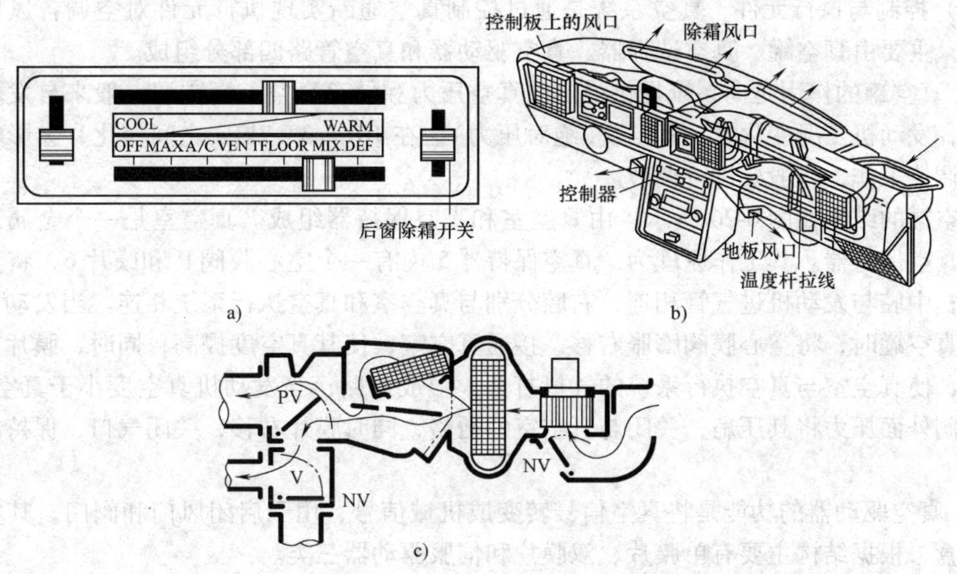

a)　b)　c)

图6-24　MIX位置

a）MIX（取暖和化霜）位置时的控制面板　b）MIX（取暖和化霜）位置时的风口状况

c）MIX（取暖和化霜）位置时的各风门位置

7）DEFROSTER（化霜）位置。如图6-25a所示，控制面板功能键位于DEFROSTER（化霜）位置，调温键位于WARM位置。如图6-25b所示，空气由车外进入，经过加热的空气主要从化霜口吹出，少量吹向地板风口，中风口关闭。如图6-25c所示，各风门位置为：气源风门打开外部新鲜空气入口；调温风门可根据需要全开或半开加热器入口；中风门将大部分热空气引入化霜口，少量吹向地板风口；化霜风门关闭中风口，打开除霜风口。

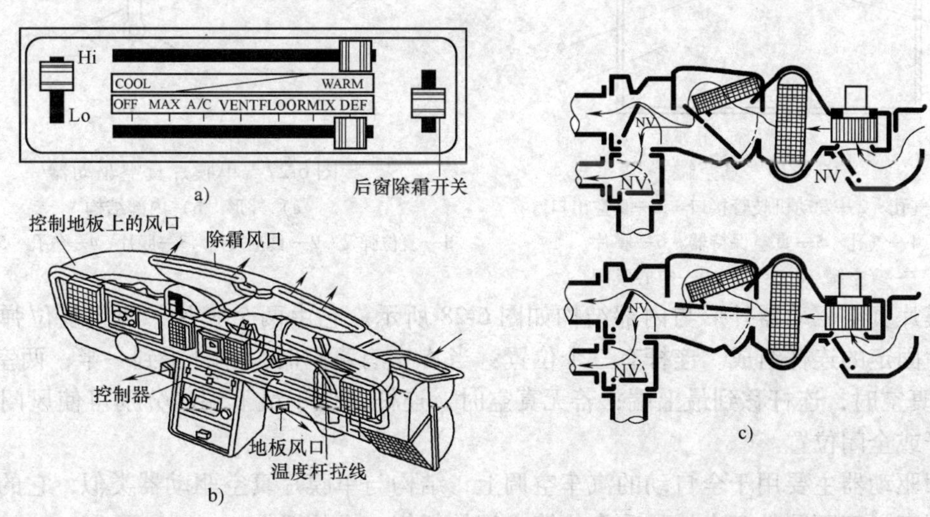

a)　b)　c)

图6-25　DEFROSTER位置

a）DEFROSTER（化霜）位置时的控制面板　b）DEFROSTER（化霜）位置时的风口状况

c）DEFROSTER（化霜）位置时的各风门位置

此时，气温若在10°C以上，压缩机工作，用于除湿。

（2）控制与执行元件　真空系统是通过控制真空通断实现执行元件对空调各风门动作的系统，主要由真空罐、真空选择器、真空驱动器和真空管路四部分组成。

1）真空罐的作用是向系统提供稳定的真空压力和储存真空。真空源一般来自发动机进气歧管，发动机工况变化时，真空度（绝对压力）会在101～33.7kPa之间变化，会影响真空系统的调控工作，一般要进行调节。

真空罐的结构如图6-26所示，由真空室和真空保持器组成。真空室是一个金属罐，内装一个真空保持器。其工作原理为：真空保持器5内有一个空心膜阀9和膜片6，将其分成三个腔；中腔与发动机进气管相连；右腔分别与真空室和真空执行系统相连。当发动机真空度大于真空罐时，将空心膜阀膨胀右移，接通真空室，使其真空度提高；同时，膜片克服弹力左移，使真空室与真空执行系统的气口打开，形成通路；当发动机真空度小于真空罐时，空心膜阀外面压力将其压扁，关闭与真空室的通路，同时膜片右移，关闭气口，保持罐内真空度。

2）真空驱动器的功能是将真空信号转变成机械信号，用于启闭风门和阀门，其实质是一个膜盒，根据结构主要有单膜片、双膜片和伺服驱动器三类。

单膜片真空驱动器外形与内部结构如图6-27所示，主要由弹性膜片、弹簧、与膜片固定的连杆组成。连杆只有两个位置：当膜盒通过胶管接通真空时，膜片克服弹力将连杆上拉；当切断真空源时，弹簧推动膜片使连杆复位，用于控制风门的启闭。

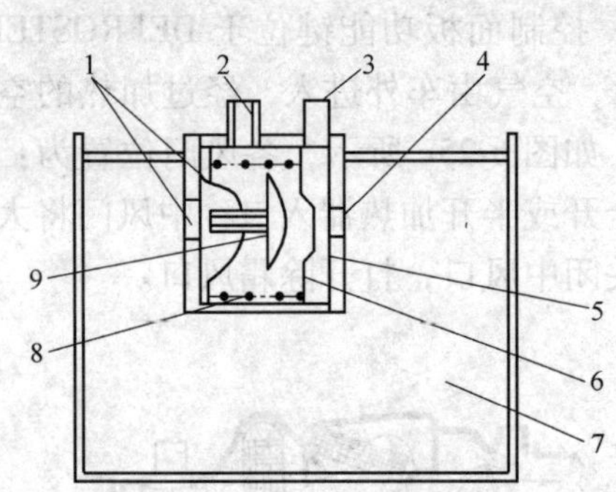

图6-26　真空罐

1—气孔　2—发动机歧管接口　3—真空出口　4—气孔　5—真空保持器　6—膜片　7—真空罐　8—弹簧　9—空心膜阀

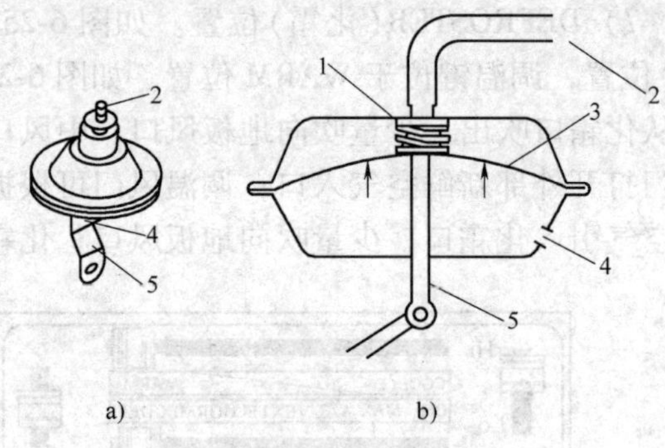

图6-27　单膜片真空驱动器

a）外形　b）内部结构

1—复位弹簧　2—真空接口　3—膜片　4—气孔　5—连杆

双膜片真空驱动器外形与内部结构如图6-28所示。它由两个膜片、两组复位弹簧、与一个膜片固定的连杆组成。连杆有三个位置：当A室有真空时，连杆提到一半；两室（A、B室）都有真空时，连杆移到最上端；若无真空时，连杆则位于最下端，分别可使风门处于全开、半开或全闭位置。

伺服驱动器主要用于全自动的汽车空调上，结构与单膜片真空驱动器类似，它的连杆位置可根据真空度不同处于全伸长和全收缩之间的任何一个位置上。

3）真空选择器的作用是根据空调器控制的需要，选择调配真空源与多个真空驱动器的连接，控制整个真空系统的工作。

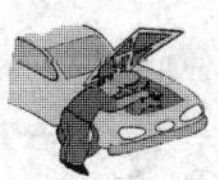

真空选择器主要构造为橡胶圆盘上开有若干圆弧槽，分配真空通路和真空驱动器通路的通断。机械连杆与面板功能键相连，当移动功能选择键时，带动圆盘转动，关闭或接通相应的真空气路，控制真空执行器动作，实现各风门的开闭。工作原理在后面的实例中具体介绍。

4）真空管路一般采用不同颜色的真空橡胶管，分接不同的通路。其中白色胶管用于连接外来空气口；蓝色胶管连接进气风门和上风门；红色胶管用在全真空；黄色胶管连接中风门和除霜风门。通常真空管路捆在一起作为一个整体，就像一组线束。

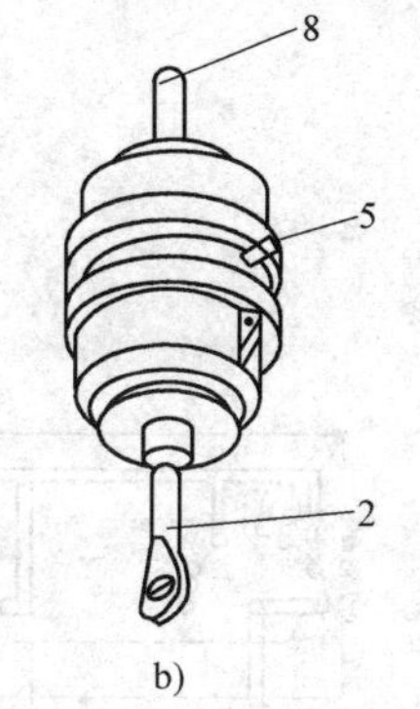

图6-28 双膜片真空驱动器

a）内部结构 b）外形

1—气孔 2—连杆 3—B室膜片 4—B室弹簧 5—中阀B室真空接口 6—A室膜片 7—A室弹簧 8—真空接口

3. 真空控制原理

如图6-29所示的为典型半自动真空控制配气系统为例，介绍其基本结构与工作原理。

图中真空控制部件包括真空罐、真空选择器、真空驱动器和真空管路。其中真空选择器受面板的功能选择键控制，其结构如图6-29所示，共有OFF、MAX、NORM、BILEVEL、VENT、HEATER、DEF七个功能位置，见表6-1。真空驱动器包括气源门真空驱动器、热水阀真空驱动器、上风口和中风口真空驱动器、下风口真空驱动器。配气部件包括调温风门、蒸发器、加热器、调温键、上风门、下风门。调温键直接控制调温风门的位置。

表6-1 空调功能键说明

序　号	功能键位置	功　能	序　号	功能键位置	功　能
①	OFF	停止	⑤	VENT	通风
②	MAX	最冷	⑥	HEATER	暖气
③	NORM	正常空调	⑦	DEF	除霜
④	BILEVEL	双层出风			

调温键控制调温风门的原理如下：

1）当功能键位于OFF(关闭)位置时，真空选择器位于管接口①，真空驱动器6和真空驱动器7左侧有真空作用，使气源风门关闭车外空气循环通道，同时下风口关闭。其余真空驱动器无真空作用，关闭热水真空阀和中风口，但除霜风门打开。

2）当功能键在MAX(最冷)位置时，真空选择器处于位置②，真空驱动器6有真空作用，气源风门在设定位置上，让80%的车内循环空气和20%车外空气混合进入空调器。真空驱动器7右端有真空作用，下风口关闭。真空驱动器8有真空作用，打开中风口，关闭上风口，冷气直吹人体上部。真空热水阀通断受调温键控制，此时调温键置于COOL位置，关闭热水阀。如将调温键移开COOL位置，则热水阀工作，让冷却水进入加热器。

3）当功能键在NORM(A/C)位置时，真空选择器位于真空切断器③。真空驱动器6无真空作用，则气源风门关闭车内循环空气，打开车外空气通道。真空驱动器7右侧有真空作用，关闭下风门。真空驱动器8有真空作用，打开中风门，关闭上风门。调温键只要离开

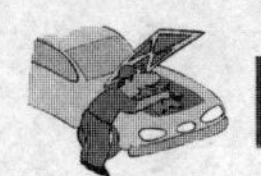

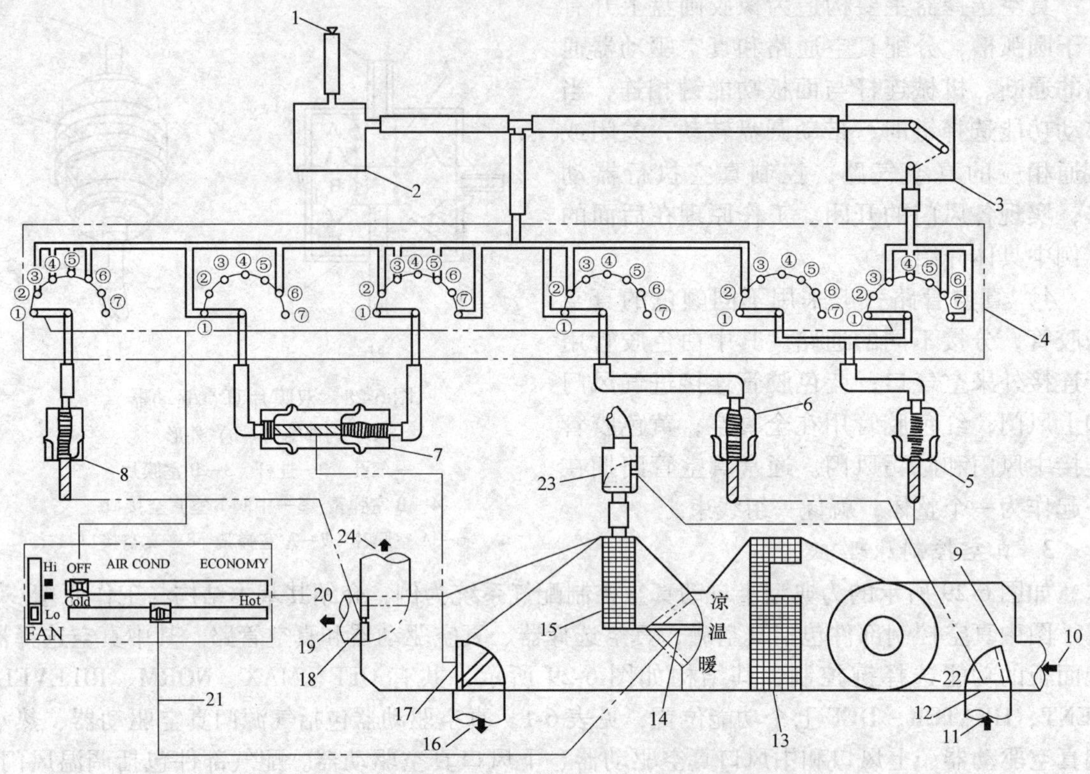

图 6-29 半自动空调系统的真空控制结构图

1—进气歧管接口 2—真空罐 3—调温键在 COOL 时，热水阀真空切断 4—真空选择器 5—热水阀真空驱动器 6—气源门真空驱动器 7—下风口真空驱动器 8—上风口和中风口真空驱动器 9—在 MAX 功能时设计规定新鲜空气占 20% 的外来空气口开启位置 10—外来空气口 11—车内循环空气风口 12—外来空气口阀门 13—蒸发器 14—调温风门 15—加热器芯 16—下风口 17—下风口阀门 18—中风口和上风口阀门 19—中风口 20—空调控制面板 21—调温风门拉索 22—空调风机 23—热水真空阀 24—上风门（除霜门）

COOL 位置，热水阀驱动器就有真空作用，加热器有冷却水循环。移动调温键，调温风门在拉绳作用下打开通向加热器的冷空气。调温键移动位置越大，空调温度越高。

4）当功能键位于 BILEVEL 位置（双层出风）时，真空选择器在位置④，真空驱动器 6 无真空作用，气源风门打开，让车外空气进入，车内循环空气关闭。真空驱动器 7 两端均无真空作用，下风门处于半开状态；真空驱动器 8 有真空作用，关闭上风门，将中风门打开。真空驱动器 5 有真空作用，热水阀打开，加热空气。此时压缩机工作，空调风从中风口和下风口两层吹入车内。

5）当功能键位于 VENT（通风）时，真空选择器处于位置⑤。真空驱动器 6 无真空作用，气源风门让车外空气进入。真空驱动器 5 无真空作用，将热水阀关闭，加热器无冷却水循环。真空驱动器 7 右侧有真空作用，左侧无真空作用，则关闭下风门；真空驱动器 8 有真空作用，则上风门关闭，打开中风门。此时压缩机不工作，外来空气既不被加热，也不被冷却，从中风口直接送入车内。

6）当功能键位于 HEATER（暖风）位置时，真空选择器位于⑥，真空驱动器 6 无真空作用，气源风门关闭车内循环空气口，打开车外空气进入口；真空驱动器 7 左侧有真空作用，

右侧无真空作用，下风口打开；真空驱动器8无真空作用，中风口关闭，上风口打开；真空驱动器5有真空作用，热水阀开启，加热器有冷却水循环；车外空气没有降温，但被加热，从上风口吹向风窗玻璃，从下风口吹向脚部。

7）当功能键在DEF(除霜)位置时，真空选择器位于⑦，真空驱动器6无真空作用，气源风门使外来空气送入，关闭车内空气循环；真空驱动器7右侧有真空作用，左侧无真空作用，故下风门关闭；真空驱动器8无真空作用，中风门关闭，上风门打开；真空驱动器5有真空作用，热水阀开启，加热器工作。被加热的车外空气吹向风窗玻璃除霜。

目前国内外大部分中档轿车如：桑塔纳2000、切诺基和部分中高档轿车如：别克、奥迪等车型均采用上述半自动真空控制的配气系统。

本章小结

1. 汽车空调的通风方式一般有动压通风、强制通风和综合通风三种。
2. 汽车空调系统采用的空气净化装置通常有空气过滤式和静电集尘式两种。前者仅能滤除空气中的灰尘和杂物，但结构简单，故广泛用于各种汽车空调系统中。后者除具有过滤和吸附烟尘等微小颗粒的杂质作用外，还具有除臭、杀菌、产生负氧离子以使车内空气更为新鲜洁净的作用，主要用于中、高档轿车上。
3. 汽车空调取暖系统主要作用是能与蒸发器一起将空气调节到乘员感觉舒适的温度；在冬季向车内提供暖气，提高车内环境温度；当车上玻璃结霜和结雾时，可以输送热风来除霜和除雾。取暖系统按暖气设备所使用的热源不同，可分为发动机余热式和独立燃烧式；按空气循环方式不同，可分为内循环、外循环和内外混合循环式；按照载热体不同，可分为水暖式和气暖式。
4. 汽车空调配气方式有以下几种：空气混合式配气系统、全热式配气系统、加热与冷却并进混合式配气系统、半空调配气系统。

复习思考题

1. 采用动压通风时，进、排气口通常在轿车的什么位置？为什么？
2. 为什么要分别设置内、外循环的送风方式？
3. 轿车空气净化装置是如何工作的？
4. 比较不同汽车采暖系统的工作方式与特点。
5. 汽车空调配气方式有哪些？简述其工作特点。
6. 为什么要采用加热与冷却并用的送风方式？
7. 简述手动、半自动真空控制面板主要按键的作用。

第7章 汽车空调系统的维护与检修

学习目标：

- 了解汽车空调的正确使用与检查保养
- 掌握空调系统维修与检测工具的使用
- 学会汽车空调系统维修、保养基本操作技能
- 掌握汽车空调零部件检修
- 学会汽车空调系统维修后的性能检测

7.1 汽车空调的正确使用与检查保养

汽车空调的正确使用与适时的检查保养对于保证和延长汽车空调寿命都具有重要意义。本章即从这两方面入手，向读者介绍如何更好地使用汽车空调，最大限度地发挥其性能、延长其使用寿命。

7.1.1 汽车空调的正确使用

7.1.1.1 注意事项

1. 确保系统中不混入水汽、空气和脏物

如果空气、水汽和脏物混入制冷系统，不仅会影响制冷效率，有时会使制冷设备损坏，其影响见表7-1。例如压缩机的吸气管，如果接头没有锁紧，由于吸气管内是负压，其压力小于外界大气压，外界的空气就会进入系统，于是水汽和脏物也会随之而入。此外，在充注制冷剂时如果操作不当，也可能使空气进入系统，空气中的氧气非常活跃，它会和冷冻机油作用发生反应，从而影响制冷系统的正常运行。

表7-1 制冷系统中的异物及其影响

制冷系统中的异物	影响
水汽	压缩机气门结冰；膨胀阀紧闭不开；变成盐酸和硝酸；腐蚀生锈
空气	造成高温高压；使制冷剂不稳定；使冷冻机油变质；使轴承易损坏
脏物	堵住滤网，变成酸性物；腐蚀零件
其他油类	形成蜡或渣，堵住滤网；润滑不好；使冷冻机油变质
金属屑	卡住或粘住所有的活动零件
酒精	腐蚀锌和铝；铜片起麻点；使制冷剂变质；影响制冷效果，冷气不冷

1）不能让水汽进入系统。水在0℃会结冰，如果压缩机气门结了冰，压缩机就不能正常工作；如果膨胀阀结了冰，膨胀阀则不能打开，失去作用。另外水和制冷剂起化学作用，会生成盐酸和硝酸等多种酸类。系统内水分愈多，形成腐蚀性酸液的浓度愈高，腐蚀性愈强，会造成零件严重腐蚀、生锈。

此外，冷冻机油如果遇到水，会变质生成胶状物，导致压缩机的活塞、活塞环和轴承等主要零件损坏，破坏压缩机的正常工作。为了避免以上情况的发生，可采取以下预防措施：

① 尽量不让空气进入制冷系统中，因为空气中含有水分。

② 冷冻机油要经常加盖。

③ 在周围环境有水分或在露天、下雨等情况下，绝对不能修理制冷装置。修理制冷装置时，如果压缩机等部件的内部暴露在大气中，必须用真空泵抽真空。

2）不能让空气进入系统。空气具有很大的弹性，如果空气存留在压缩机的管道中，压缩机就不能顺利泵动制冷剂，导致压缩机做无用功，造成压缩机过热等不良后果。同时，压缩机里的冷冻机油吸收了空气，空气中的氧和冷冻机油起作用发生化学变化，形成胶状物质，以致使冷冻机油变质，压缩机轴承磨损，影响压缩机寿命。

冷冻机油中如果渗入了空气，当冷冻机油跟制冷剂离开压缩机到蒸发器之后，由于空气有弹性，致使冷冻机油不能跟制冷剂一起回到压缩机。这样，冷冻机油只出不进，使压缩机里出现严重缺少冷冻机油的现象，损坏压缩机。预防措施如下：

① 冷冻机油要加盖。

② 管子接头一定要锁紧，要用专门的管夹。

③ 必要时要抽真空，压缩机装好后，需用真空泵抽出里面空气。抽完真空后，要停几分钟，查看真空吸力是否有变化，用此法检查整个系统是否漏气。如不漏气，就说明空气和水汽没有侵入。

3）不能让脏物进入系统。如果脏物进入了系统，容易使制冷剂和冷冻机油变质，腐蚀零件，而且容易引起堵塞。预防措施是：

① 不让空气进入制冷装置。

② 一定要保持修理工具的清洁。

2. 防止腐蚀

要防止制冷装置生锈及化学变化的侵蚀，这些现象会使气门、活塞、活塞环、轴承等受到腐蚀，若遇到了高温、高压，腐蚀会加剧。

3. 防止高温高压

在正常的运转情况下，压缩机的温度是不会高的。如果冷凝器堵塞，压缩机的温度会越来越高、温度高使气体发生膨胀，产生高压，高温和高压两个因素互为因果，形成恶性循环。

此外，如果冷凝器由于某种原因通风不好，热量散不出去，也会增加压缩机的负荷，使压缩机温度升高。

高温会使制冷剂橡胶软管变脆，压缩机磨损加剧，使腐蚀机器的化学变化加速，机器容易损坏。同时，高温的气体压力变大，被高温引起变脆的软管很容易爆破，由于压缩机内部压力超过正常范围，压缩机的气门容易产生变形而影响密封。

4. 保护好控制系统

制冷系统中的风管、控制风向的阀门、电磁离合器等，每一零部件的失灵，都会影响制

冷装置的正常运转。所以控制系统的风管、开关等部件，都要保护好，才能使制冷装置正常工作。

7.1.1.2　正确使用

1. 非独立式空调的正确使用

对于非独立式汽车空调，其操作使用是比较方便的，但是否正确使用，对机组的空调性能及寿命、发动机的工作稳定及功耗都有很大影响。为此，空调使用时应注意以下几点：

① 起动发动机时，空调开关应处于关闭位置，发动机熄火后，也应关闭空调，以免蓄电池电量耗竭。

② 夏日应避免直接在阳光下停车暴晒，尽可能把车停在树荫下，在长时间停车后车厢内温度很高的情况下，应先开窗及通风；用风扇将车内热空气赶出车厢，再开空调，开空调后车厢门窗应关闭，以降低热负荷。

③ 不使用空调的季节，应经常开动压缩机，避免压缩机轴封处因油干而泄漏，也避免转轴因油干而咬死。一般一个月应运转一、二次，每次 10min 左右。冬季气温过低时，可将保护开关电线短路，待保养运行完毕，再将电路恢复原样。

④ 长距离上坡行驶，应暂时关闭空调，以免散热器开锅。超车时，若本车空调无超速自动停转装置，则应关闭空调。

⑤ 使用空调时，若风机开在低速档，则冷气温度开关不宜调得过低。否则易使蒸发器结霜，产生风阻，而且容易出现压缩机液击现象。

⑥ 在空调运行时，若听到空调装置有异常响声，如压缩机响、风机响、管子爆裂等，应立即关闭空调，并及时请专业维修人员检修。

2. 独立式空调的正确使用

对于安装独立式空调的汽车，应严格按使用说明书的规定起动和运行空调，因这类空调通过遥控装置控制辅助发动机的起动和运行，起动方法要比非独立式空调复杂。

一般使用时的注意事项与非独立式大体相同，但由于辅助发动机有时有单独的油箱，因而还要经常注意检查油箱的储油情况，并要检查发动机冷却液温度、油压情况。

7.1.2　汽车空调的检查保养

7.1.2.1　主要检查内容和方法

汽车空调制冷系统的维修必须由经过培训的空调专业人员进行，但空调系统平时的常规检查和一般性的保养(指不打开制冷系统)，则可由驾驶员和一般汽车维修人员进行。为了保证空调系统正常运行，在没有制冷测试仪的情况下，可进行下列检查工作。检查时应将汽车停放在通风良好的场地上，如果需要开动压缩机，则应保持压缩机转速为 2000r/min 左右，空调风机开最高速，车内空气为内循环。制冷的高压部分温度是很高的，注意不要烫伤，检查时汽车附近不能有明火。

1. 主要检查和保养内容

① 制冷剂是否存在泄漏。

② 制冷量是否正常。

③ 各控制元件工作是否正常，电路是否能接通。

④ 冷凝器是否通畅，有没有明显污垢、杂物。

⑤ 制冷软管是否正常，各连接处连接是否牢靠。

⑥ 压缩机皮带张力是否正常。

⑦ 系统运行时是否有异常响声和气味。

2. *主要检查方法*

汽车空调系统主要检查方法包括：用手感检查各部分温度是否正常、用肉眼检查泄漏部位及表面情况、从窗玻璃判断系统状况、用断开和接合电路方法检查电器部件、用耳听和鼻嗅的方法检查是否有异常响声和气味等。

1）用手感检查温度。用手触摸空调系统管路及各部件，检查表面温度。正常情况下，低压管路是低温状态，高压管路是高温状态。

① 高压区：从压缩机出口→冷凝器→储液干燥器→膨胀阀进口处，这一部分是制冷系统的高压区，这部分部件应该先烫后热，温度是很高的，手摸时应特别小心，避免被烫伤。如果在其中某一部分(例如在冷凝器表面)发现有特殊热的部位，则说明此部分有问题，散热不好。如果某一部位(如膨胀阀入口处)特别凉或者结霜，也说明此部分有问题，可能是堵塞。储液干燥器进出口之间若有明显温差，则说明此处有堵塞，或者制冷剂量不正常。

② 低压区：从膨胀阀出口→蒸发器→压缩机进口处，这部分低压区部件表面应该是冰凉的，但膨胀阀处不应发生霜冻现象。

③ 压缩机高低压侧：高低压侧之间应该有明显温差，若没有则说明几乎没有制冷剂，系统有明显泄漏。

2）用肉眼检查渗漏部位。所有连接部位或冷凝器表面一旦出现油渍，一般都说明此处有制冷剂渗漏。但压缩机前轴处漏油，有可能是轴承漏油，应区别对待；一旦发现渗漏，应尽快采取措施修理，也可用较浓的肥皂水涂在可疑之处，观察是否有气泡现象。

重点检查渗漏的部位是：

① 各个管道接头及阀门连接处。

② 全部软管，尤其在管接头附近察看有否鼓包、裂纹、油渍。

③ 压缩机轴封、前后盖板、密封垫、检修阀等处。

④ 冷凝器表面被刮坏、压扁、碰伤处。

⑤ 蒸发器表面被刮坏、压扁、碰伤处。

⑥ 膨胀阀的进出口连接处，膜盒周边焊接处，以及感温包与膜盒焊接处。

⑦ 储液干燥器的易熔安全塞、视液镜(检视窗)、高低压阀连接处。

⑧ 歧管压力表(如果安装的话)的连接头、手动阀及软管处。

3）从视液镜判断系统工况。视液镜大多安放在储液干燥器上，个别也安放在从储液干燥器到膨胀阀之间或冷凝器到储液干燥器之间的管路上。从视液镜判断工况要在发动机运转、空调工作时才能进行。

从视液镜中看到的工质情况如图 7-1 所示。

① 清晰、无气泡，说明制冷剂适量。过多或完全漏光，可用交替开关空调机的办法检查。若开、关空调机的瞬间制冷剂起泡沫，接着就变澄清，说明制冷剂适量；如果开、关空调机从视液镜内看不到动静，而且出风口不冷，压缩机进出口之间没有温差，说明制冷剂漏光；若出风口不够冷，而且关闭压缩机后无气泡、无流动，说明制冷剂过多。

② 偶尔出现气泡，并且时而伴有膨胀阀结霜，说明系统中有水分；若无膨胀阀结霜现

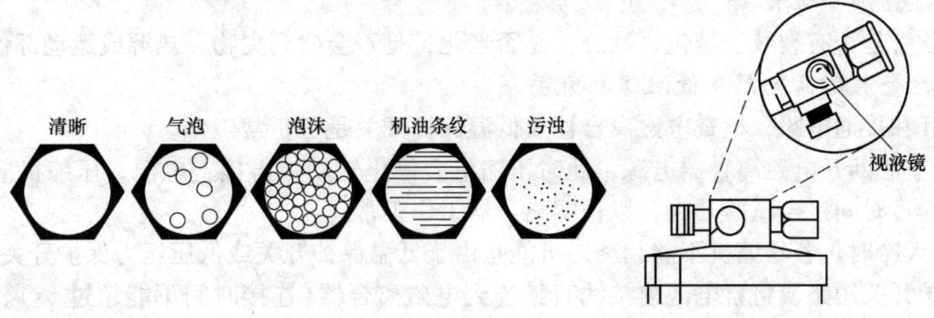

图 7-1　视液镜迹象

象，可能是制冷剂略缺少或有空气。

③ 有气泡且泡沫不断流过，说明制冷剂不足。如果泡沫很多，可能有空气。若判断为制冷剂不足，则要查明原因，不要随便补充制冷剂。由于胶管一年可能有 100 ~ 200g 的制冷剂自然泄漏，若是使用两年后方发现制冷剂不足可以判断为胶管自然泄漏。

④ 有长串油纹，观察孔的视液镜上有条纹状的油渍，说明冷冻机油量过多。此时应想办法从系统内释放一些冷冻机油，再加入适量的制冷剂。若视液镜上留下的油渍是黑色的或有其他杂物，则说明系统内的冷冻机油变质、污浊，必须清洗制冷系统。

7.1.2.2　各制冷部件及控制机构的检查

1. 检查压缩机

起动压缩机，进行下列检查：

① 如果听到异常响声，说明压缩机的轴承、阀片、活塞环或其他部件有可能损坏，或冷冻机油量过少。

② 用手摸压缩机缸体（小心高压侧很烫），如果进出口两端有明显温差，说明工作正常；如果温差不明显，可能制冷剂泄漏或阀片漏。

③ 如果有剧烈振动，可能传动带太紧，带轮偏斜，电磁离合器过松或制冷剂过多。

2. 检查换热器表面并进行清洗

① 检查蒸发器通道及冷凝器表面，以及冷凝器与发动机室之间是否有碎片、杂物、泥污，要注意清理，小心清洗。

② 冷凝器可用软长毛刷沾水轻轻刷洗，但不要用蒸气冲洗。换热器表面，尤其是冷凝器表面要经常清洗。

③ 检查冷凝器表面是否有脱漆现象，注意及时补漆，以免锈蚀。

④ 蒸发器表面不能用水清洗，可用压缩机空气冲洗，如果翅片弯曲，可用尖嘴钳小心扳直。

3. 检查储液干燥器

① 用手摸储液干燥器进出管，并观察视液镜，如果进口很烫，而且出口管温度接近气温，从视液镜中看不到或很少有制冷剂流过，或者制冷剂很混浊、有杂质，则可能储液干燥器中的滤网堵了，或是干燥剂散了并堵住出口。

② 检查易熔塞是否熔化，各接头是否有油迹。

③ 检查视液镜是否有裂纹，周围是否有油迹。

4. 检查制冷软管

看软管是否有裂纹、鼓包、油迹，是否老化，是否会碰到尖物、热源或运动部件。

5. 检查电磁离合器及低温保护开关

断开和接通电路，检查电磁离合器及低温保护开关是否正常工作。

① 小心断开电磁离合器电源，此时压缩机会停止转动，再接上电源，压缩机应立即转动，这样短时间接合试验几次，以证明离合器工作正常。

② 天冷时，若压缩机不能起动，可能是由于低温保护开关或低压压力保护开关起作用，可将保护开关短路或将蓄电池连接线直接连到电磁离合器(连接时间不能超过5s)。若压缩机仍不转动，则说明离合器有故障。

③ 在低温保护开关规定的气温以下仍能正常起动压缩机，则说明低温保护开关有故障。

④ 若有焦味，可能是电磁离合器烧坏。

6. 检查车速控制机构

首先确认该车空调系统中有哪几种车速控制机构，然后进行检查。

① 低速保护(怠速继电器)。确认怠速保护的转速限值，首先将发动机在高于此限值上运转，确认压缩机工作正常，然后让发动机降速至限定值以下，若压缩机自动停转，则说明怠速继电器工作正常。否则要调整怠速继电器限定值或调整发动机怠速转速。

② 高速保护(超车继电器)。令发动机正常运转，然后短时间让发动机高速运动(模拟超车)几秒钟，观察压缩机能否自动停转，并能否在几秒钟后又恢复正常。若有故障，则检查线路是否有松脱等现象，对症修理。

③ 怠速稳定(怠速提升装置)。起动发动机，不开空调保持怠速运动，测定怠速转速，一般应在600～700r/min，然后开空调，检查发动机转速是否提高(应自动提升至900～1000r/min)及怠速工况是否稳定。若过高或过低，则调整真空促动器的调整螺钉或拉杆位置，若发动机转速不提高，则检查线路是否正常，真空源是否正常，真空管路是否漏气、压扁等。

7. 检查感温包保温层

检查膨胀阀感温包与蒸发器出口管路是否贴紧，隔热保护层是否包扎牢固。

8. 检查换热器壳体

检查蒸发器壳体有无缝隙，冷凝器导风罩是否完好，冷凝器与散热器之间距离是否合理，蒸发器体内是否有杂质。

9. 检查电线连接

检查电线接头是否正常，连接是否可靠。

10. 检查压缩机传动带盘及连接皮带

① 检查传动带张紧力是否适宜，表面是否完好，配对的传动带盘是否在同一平面。传动带新装上时正好，运转一段时间会伸长，因此需要两次张紧。传动带过紧会使传动带磨损，并导致有关总成的轴承损坏，过松则使转速降低，制冷量、冷却风扇风量不足。

② 若用一般V带，新装上的传动带张紧力应为40～50N，运转后张紧力应为25N左右。

③ 齿形传动带的紧力若不足，将会降低齿形传动带的可靠性。但张紧力过大传动带会发出啸声，一般调整在15～18N比较合适。

调整齿形传动带张紧力的办法是齿形传动带张紧后直到运转时发出啸声，然后逐渐减小

张紧力直到啸声消失为止。

④ 保证传动带在一直线运转是非常重要的，可用加减垫片的方法调整轴向位置。

11. 检查风机

检查风机工作时是否有异常声响，是否有异物塞住叶轮，是否碰到其他部件，尤其要检查冷凝器风扇电动机的轴承是否缺油、咬住，压缩机运转时，冷凝器辅助风扇是否同步转动。

12. 定期检查压缩机油面

压缩机有视油镜的，察看油面是否在线以上。在侧面有放油塞的，可略松开放油塞，如果有油流出就是油量正好；若没有油流出，则需要添加冷冻机油。如果有油尺的，根据说明书规定用油尺检查。

7.2　空调系统维修与检测工具

对于汽车空调系统的维修与检测，不但需要有经过培训的专业人员，还需配备有一套专用工具和设备，这样才能保证维修质量，提高维修效率。

7.2.1　维修工具

1. 基本工具

基本工具，即在维修和保养过程中要进行一些基本操作时所要用到的工具，这些工具也是汽车维修中所必须用到的工具，因此无需另行配备。这类工具包括：各种类型和型号的扳手，如活扳手、套筒扳手、梅花扳手、呆扳手、内六角扳手等；各种旋具，包括各种规格的一字形和十字形旋具；各种锉刀，包括圆锉、方锉、扁锉、整形锉、三角锉等；钢锯；各种钳子，包括电工钳、鱼口钳、尖嘴钳、克丝钳、封口钳、卡簧钳、剥线钳瞪；榔头，包括木榔头和铁榔头；起拔器；千分垫；錾子；尖冲等。

2. 专用工具

专用工具是指在对空调系统进行维修时所需的专门工具。

（1）管割刀　管割刀是用于切割制冷剂管（铜或铝管）的专用工具，它的构成如图 7-2 所示。切割时将管子放在两滚轮中间，旋转手柄使滚刀触及管壁。用一手捏紧管子，另一手握手柄，使整个割刀绕管子旋转。每转一圈，旋转手柄 1/4 圈使之进刀。这样边转边进刀，直至管子被割断。注意：进刀量不可一次过大，以免管子变形或管口收缩过小。管子割断后还应用配备的专用刀具除去管口的毛刺，如图 7-3 所示。

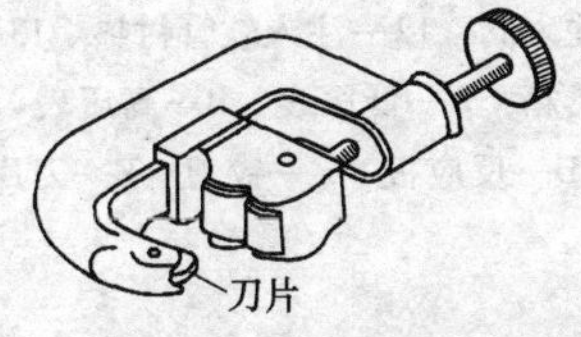

图 7-2　管割刀

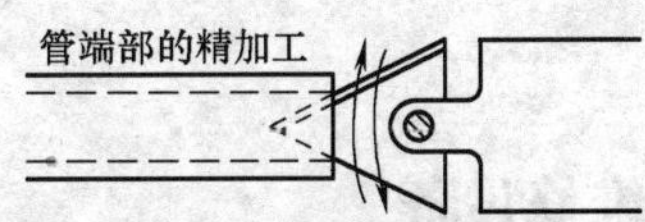

图 7-3　管端加工刀具

（2）扩口器　管子在与锥形面接头连接时，或两管相连焊接时，需对管端口进行处理。一般有两种处理方式，一种是管子与接头连接时，需对管端扩口处理，使端口成喇叭口形。另一种是使端口成凹形台阶状，以便两管连接时可套装，如图 7-4 所示。加工时，将铜管

(需要时可退火处理)放入夹具与其直径相符的管孔中并夹紧。铜管端部应露出口 $a/3$ 高度，然后插入所需口形的扩口头，把扩口工具拉脚卡在夹具板上并慢慢旋转螺杆，使管口胀为所需形状。

(3) 弯管器　对于小管径的铜管，如需弯曲，可用弯管器加工。不同的管径必须用不同规格的弯管模子进行弯曲。应当记住，管子的弯曲半径应大于管径的5倍。当铜管直径小于8mm时，弯管可用弹簧弯管器，它可把铜管弯成任意形状，如图7-5所示。

由于在汽车空调实际应用中，常常有配套耐氟氯丁橡胶软管，因此上述三种工具在一般维护工作中较少用到。

(4) 维修专用成套工具　如图7-6所示是一套汽车空调维修专用工具，它被装在一个工具箱内，便于携带及保管。

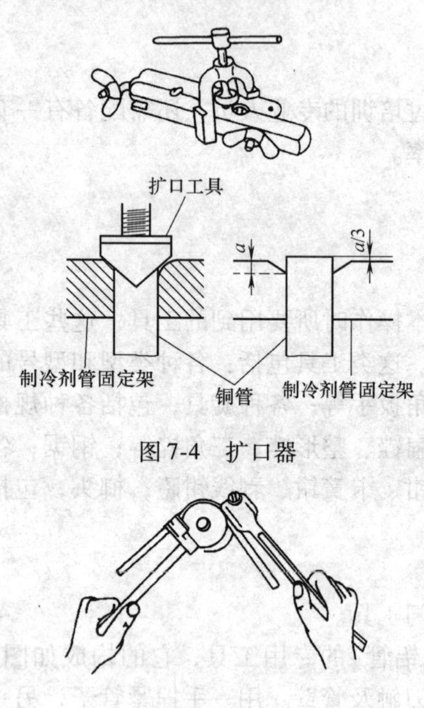

图7-4　扩口器

图7-5　弯管器

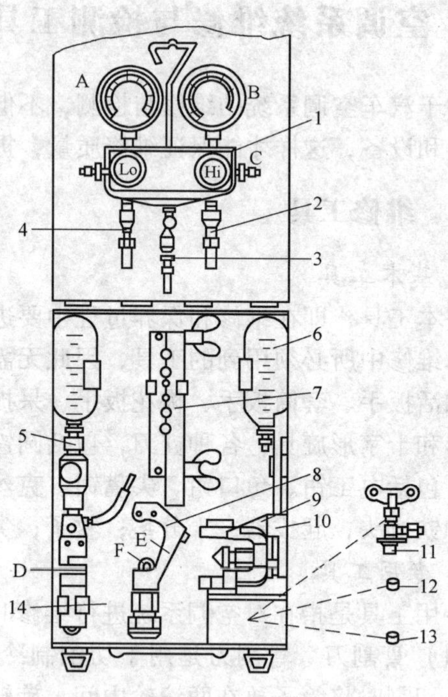

图7-6　便携式维修工具

1—歧管压力表装置(包括A～C)　2—注入软管(红)　3—注入软管(绿)　4—注入软管(蓝)　5—检漏灯　6—备用容器　7—夹管　8—管割刀　9—扩口工具　10—检修阀扳手　11—制冷剂罐注入阀　12—注入软管衬垫　13—检修阀衬垫　14—工具箱　A—低压表　B—高压表　C—压力表座　D—反应板　E—铰刀　F—刀片

7.2.2　维修设备

7.2.2.1　常用设备

在系统的保养和维修中有时要对电路、管路、接头等进行检测和焊接，有时要对部件局部加热，有时制冷剂加注时要知道质量，因此磅秤、万用表、兆欧表、电烙铁、喷灯、焊具、手电钻及各种规格的钻头等常用设备是不可少的。

7.2.2.2　专用设备

1. 歧管压力表组

歧管压力表组是汽车空调系统维修中必不可少的设备，无论是系统抽真空、加注制冷剂、添加冷冻机油，还是系统故障检查和排除都离不开歧管压力表组。

（1）组成　歧管压力表组是由高压表、低压表、高压手动阀（HI）、低压手动阀（LO）、阀体及三个软管接头组成。歧管压力表组配有不同颜色的三根连接软管，一般规定蓝色软管用于低压侧（接低压工作阀），红色软管用在高压侧（接高压工作阀），黄色（也有绿色）软管用在中间，接真空泵或制冷剂罐。

所用压力表为弹簧管式压力表。低压表既用于显示压力，也用于显示真空度，所以也称为连程表，如图7-7所示。

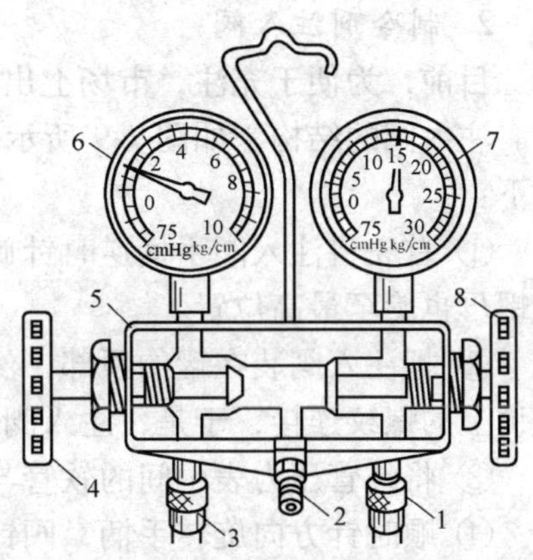

图7-7　歧管压力表组

1—高压工作阀接口　2—加注、抽真空接口　3—低压工作阀接口　4—低压手动阀　5—阀体　6—低压表　7—高压表　8—高压手动阀

（2）工作过程　歧管压力表组的工作过程，如图7-8所示。

1）高压手动阀（HI）和低压手动阀（LO）同时关闭，可对高、低压侧压力进行检测。

2）高压手动阀和低压手动阀同时打开，全部管道连通。此时接上真空泵则可对系统进行抽真空。

3）高压手动阀关闭，而低压手动阀打开，则可由低压侧充注气态制冷剂。

4）高压手动阀打开，而低压手动阀关闭，则可由高压侧充注液态制冷剂，也可排出制

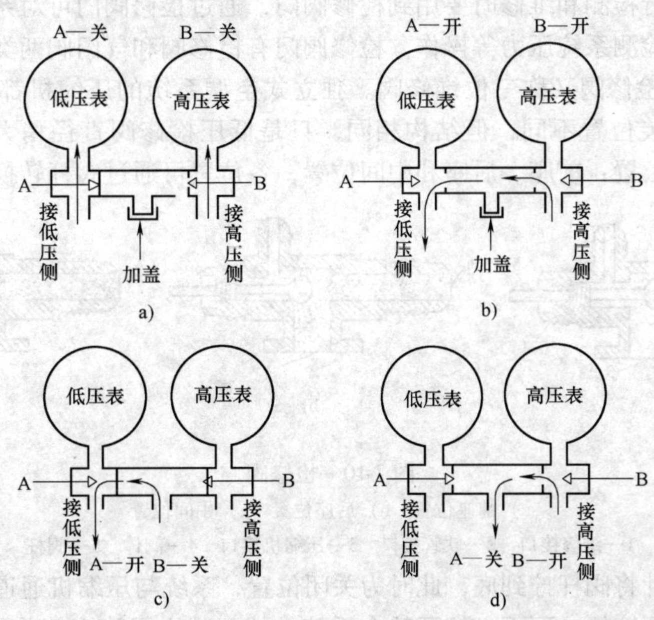

图7-8　歧管压力表组功能

a）检测压力　b）抽真空　c）加注　d）回收

冷剂，使系统放空。

(3) 使用注意事项

1）压力接头与软管连接时，只能用手拧紧，不可使用工具。

2）使用时要排尽管内空气。

3）不使用时，应用堵头将各接口密封，防止管内进入水分或杂物。

4）该表属精密仪表，平时应注意保持清洁，使用时应注意轻拿轻放。

2. 制冷剂注入阀

目前，为便于充注，市场上出现有罐装制冷剂，但它必须有一只注入阀配套才能开罐使用。注入阀的结构，如图7-9所示。它主要由手柄、接头、板状螺母和阀针组成。使用方法如下：

① 首先将注入阀手柄逆时针旋转，使阀针完全缩回，然后将板状螺母也旋至最高位置。

② 把注入阀装在罐的顶部，然后顺时针转动板状螺母，使其与罐顶上的螺纹连接，于是，注入阀便固定在罐的顶部。

③ 将歧管压力表中间的软管与注入阀的接头连接，拧紧。

④ 顺时针方向旋转手柄，阀针将把罐顶刺破。

⑤ 加注制冷剂时将手柄逆时针旋转，使阀针提起，与此同时打开歧管压力表相应的手动阀，开始向系统加注。

⑥ 如要停止加注，可再顺时针转动手柄，使阀针下落将被刺破的小孔封闭，同时关闭歧管压力表的手动阀。

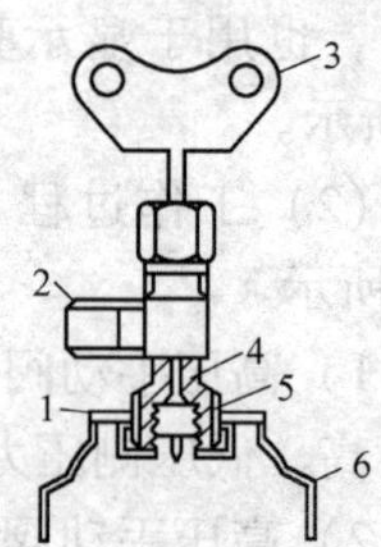

图7-9 制冷剂注入阀

1—板状螺母 2—软管接头 3—手柄 4—阀针 5—衬垫 6—制冷剂罐

3. 检修阀门

对空调系统进行检测和维修时要用到检修阀门，通过检修阀门可对系统进行抽真空、加注或排出制冷剂、检测系统压力等操作。检修阀门有检修阀和气门阀两类。

(1) 检修阀　检修阀又称三位维修阀。独立式空调系统的压缩机都装有高压和低压两个检修阀，两阀安装位置不同，但结构相同，只是低压检修阀直径稍大，如图7-10所示。检修阀有三个工作位置：前座、后座和中间位置，各位置可通过阀杆转换。

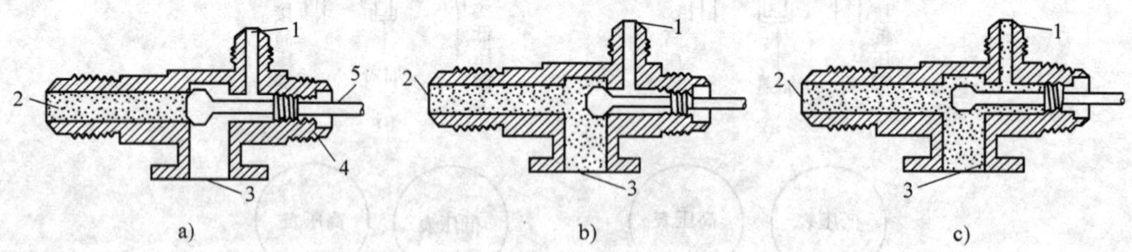

图7-10 检修阀

a) 前座位置 b) 后座位置 c) 中间位置

1—维修接口 2—软管接口 3—压缩机接口 4—阀体 5—阀杆

前座位置顺时针将阀杆拧到底，此时为关闭位置，系统与压缩机通道被切断。在此位置可更换或拆卸修理压缩机，而不必打开整个系统，从而减少了许多工作量。但是应当注意，在前座位置时不可起动制冷系统，否则将损坏压缩机；同时，在拆卸压缩机时要防止残留的制冷剂溅洒。

后座位置将阀杆逆时针拧到底，此时为开启位置，也称正常位置。此时压缩机和系统连通。系统正常工作时，高、低压检修阀均应处于此位置。

中间位置当阀杆拧至前座、后座之间的位置时，为中间位置。此时压缩机、系统及维修接口均连通。阀在中间位置时，可对制冷系统抽真空、加注制冷剂或检测系统压力。

（2）气门阀　气门阀又称阀芯形检修阀，也称施拉德尔阀。它的结构如图 7-11 所示。它的外形与工作原理类似于轮胎的气门芯。正常位置时，靠系统内压力和弹簧压力使阀芯关闭。当外接软管时，软管接头上的顶销使阀芯打开，此时可对系统进行检测或抽真空、加注制冷剂。

在非独立式空调系统中，为简化系统结构，并非在压缩机进、出口安装检修阀，而是采用维修接口的方式，每个维修接口都装有气门阀。维修口的位置通常在压缩机进、出口连接管路上。目前，汽车空调制冷系统所使用的制冷剂仍然有 R134a 与 R12 之分，为防止加注时出现混淆，气门阀有两种形式，一种是螺纹接头，用于 R12 制冷剂系统，另一种是快速接头形式。专用于 R134a 制冷剂系统，如图 7-12 所示。

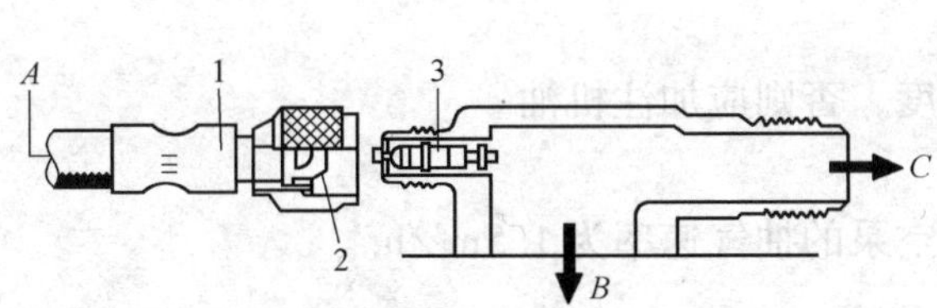

图 7-11　气门阀（施拉德尔阀）
1—软管　2—顶阀杆　3—气门阀

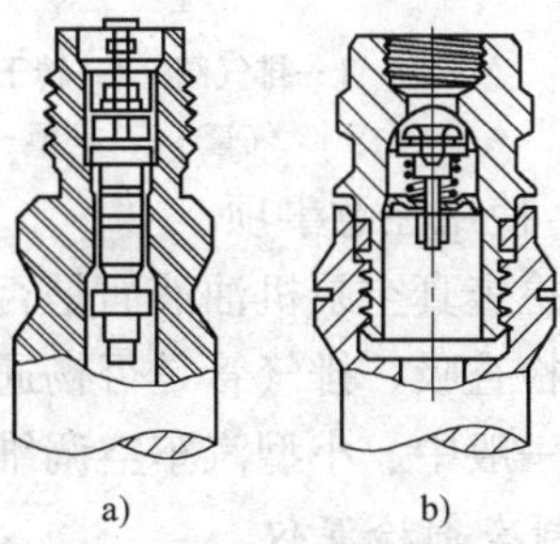

图 7-12　R12 与 R134a 系统检修阀接口对比
a）用于 R12 系统　b）用于 R134a 系统

在使用气门检测或加注制冷剂时应注意连接软管的拆装顺序：安装连接软管时，软管一端应首先与歧管压力表表座连接，然后另一端才能与气门阀连接；拆卸时则相反，首先断开与气门阀的连接，然后从歧管压力表表座上拆卸另一端。

4. 真空泵

空调系统初次加注制冷剂前，或拆卸更换系统零部件后，必须对系统进行抽真空操作，然后才能充注制冷剂。抽真空的目的是把系统中的空气和水分排出。抽真空并不能直接把水抽出，而是系统内产生真空后降低了水的沸点，水在较低的温度下沸腾或气化，以蒸气的形式从系统内抽出。真空泵是系统抽真空的必备设备。

（1）真空泵工作原理　真空泵由机械泵和电动机两部分组成。在汽车空调系统维修中使用的机械泵通常是叶片式旋转泵，它主要由转子、定子、叶片、排气阀、弹簧等零件组成，如图 7-13 所示。工作时，机械泵在电动机带动下旋转，叶片在离心力和弹簧张力的作用下，紧贴在定子的缸壁，并将其分隔为吸气腔与压缩腔。转子旋转时，吸气腔容积逐渐扩大，腔内压力下降，从而吸入气体；同时压缩腔容积逐渐缩小，压力升高，气体从排气阀排出。这样不断循环，便可以把系统内的空气抽出，达到抽真空的目的。

真空泵有单级泵和双级泵两种。双级泵能达到更高的真空度，但价格较贵；而单级泵质量轻，价格便宜，也能满足系统抽真空的要求，因而被广泛使用。

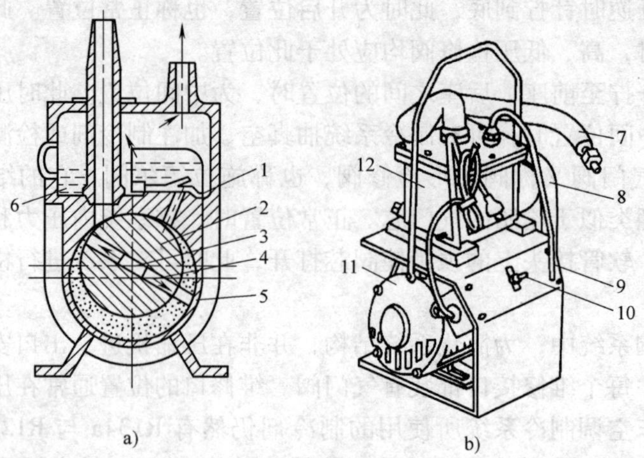

图 7-13 旋转式真空泵

a）结构示意图 b）外形示意图

1—排气阀 2—转子 3—弹簧 4—旋片 5—定子 6—压缩机油 7—吸气管 8—护罩 9—排气嘴 10—开关 11—真空泵 12—电动机

（2）使用注意事项

1）检查真空泵机油液面是否达到规定高度，否则应加注机油。

2）检查吸、排气管是否畅通。

3）一般中、小型汽车空调维修时所用真空泵的抽气速率为 1.5m^3/h。

5. 制冷剂检漏仪

空调系统充注制冷剂后，如有泄漏，可用检漏仪检测。常用检漏仪有两种：一种是卤素检漏灯，一种是电子检漏仪，其关系见表 7-2。

表 7-2 制冷剂泄漏程度与喷灯火焰颜色对应表

燃烧气体	火焰颜色	泄漏程度	燃烧气体	火焰颜色	泄漏程度
丙烷	无色	无泄漏	丙烷	颜色变蓝色	有大量泄漏
	颜色变浅绿	有微量泄漏		颜色变紫色	泄漏严重

（1）卤素检漏灯 卤素检漏灯实际上是一种丙烷气作燃料的喷灯。其原理是当泄漏的制冷剂气体进入喷灯的吸入管（检测管）内，在 600～700℃ 的燃烧区内氟利昂将发生分解，形成氯化氢和氟化氢。这些气体在接触到烧红的铜时，会把火焰染成绿色，并增加火焰高度。喷灯的火焰颜色会随制冷剂泄漏量的多少发生变化。

卤素检漏灯结构，如图 7-14 所示。

使用方法如下：

1）检查储气瓶内液态丙烷是否装满。

2）将储气瓶与漏气检测器主体连接。

3）将划着的火柴插入检漏灯的点火孔里，同时朝逆时针方向缓慢转动调节把手，让储气瓶内的丙烷气化成气体逸出，遇火焰即燃烧，将卤素检漏灯点燃。

4）在反应板加热到红热状态后，方可使用卤素检漏灯检漏。燃烧的火焰应调节到最

小，火焰越小对制冷剂泄漏的反应越灵敏。

5）将吸入管口靠近检测部位，并观察火焰的颜色。

注意：卤素检漏灯只能用于 R12 等含有氯原子的卤素制冷剂的检漏，可测出空气中 R12 容积浓度为 0.1%的泄漏位置。在 R12 浓度很大时，火焰可能熄灭。经燃烧后的 R12 蒸气有毒。

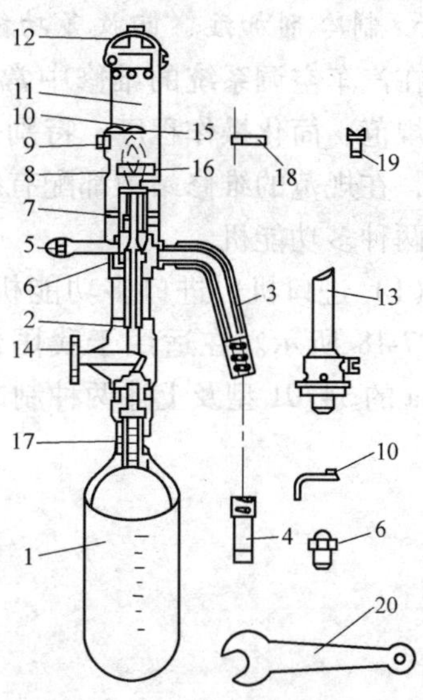

图 7-14 卤素检漏灯结构图

1—检漏灯储气瓶 2—检漏灯主体 3—吸入管 4—滤清器 5—燃烧筒支架 6—喷嘴 7—火焰分隔器 8—点火机 9—反应板螺钉 10—反应板 11—燃烧筒 12—燃烧筒盖 13—栓盖 14—调节把手 15—火焰长度（上限） 16—火焰长度(下限) 17—丙烷气瓶喷嘴 18—喷嘴清洁器 19—储气瓶气体出口阀扳手 20—装拆扳手

（2）电子检漏仪 电子检漏仪工作原理，如图7-15所示。在空气中加热器对阳极加热时，就会有阳离子射向阴极并产生电流。如果两极间通过的气体中有 R12 气体，则回路中的电流将明显增大。电流的大小与 R12 气体的浓度成正比。如图 7-16 所示是根据上述工作原理制作的电子检漏仪结构简图。这里白金质阳极被做成圆筒状，内装有电阻丝，可将其加热到 800℃左右。阳极外侧是筒状阴极，两极之间加有 12V 直流电压。为了使气体在电极间流动，装有一小风扇。工作时，气体被吸入，有卤素元素的阳离子出现时，就会产生电流，经放大后驱动电流表指示，或发光二极管显示。检漏仪内还装有振荡电路，当电流变化时，频率也发生变化，产生音程变化，发出不同的声响，以表示制冷剂泄漏程度的不同。如图 7-17 所示为一种常用的 5650 型制冷剂电子检漏仪。它分为探测和主体两部分。探测部分由保护套、传感器头、探测手柄、复位按钮等组成，手柄内装有高效吸气扇。复位按钮的作用是，当仪器置于已被制冷剂污染的空气中使用时，开关接通后，蜂鸣器会报警，此时按下复位键，仪器便以当时空气中制冷剂的浓度标定为零进行检测，只有当空气中制冷剂的浓度高于标定的“00”浓度，仪器才能显示出来。

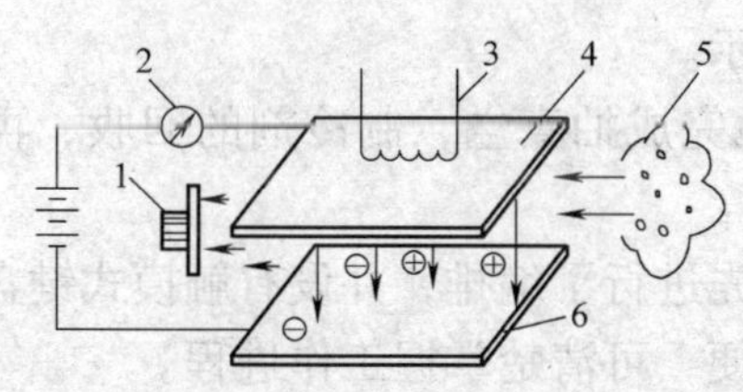

图 7-15 电子检漏仪工作原理

1—吸气扇 2—微安表 3—加热器 4—阳极 5—气体制冷剂 6—阴极

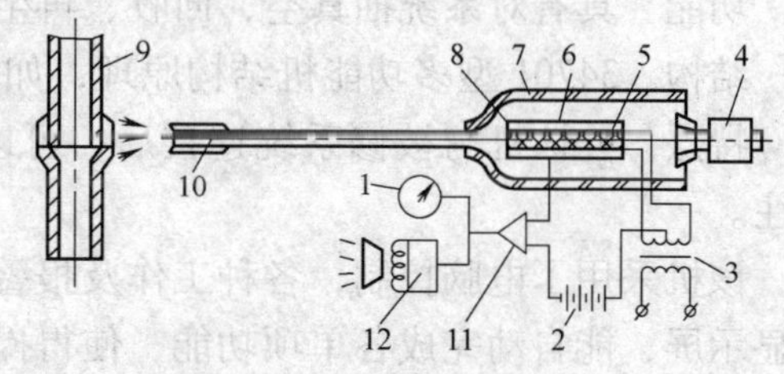

图 7-16 电子检漏仪示意图

1—微安表 2—电源 3—变压器 4—风扇 5—阳极 6—阴极 7—外壳 8—电热器 9—管道 10—吸气口 11—放大器 12—音频振荡器

主体部分包括泄漏强度显示灯、电源显示灯、选择开关等。通过选择开关可选择被测气体类型，如 CFC、HCFC 和 HFC 等制冷剂气体。

和卤素检漏灯相比，电子检漏仪具有预热时间短、灵敏度高、质量轻、体积小、检测范围广等特点，但价格较贵。

6. 制冷剂加注、回收多功能机

在汽车空调系统的维修中常常要对系统抽真空或加注、回收制冷剂。为了提高维修质量，规范、简化操作程序，特别是防止制冷剂的排空，既防止对环境造成污染，又减少经济损失，在规范的维修站中都配有制冷剂加注、回收多功能机。目前，市场上常见的有进口和国产两种多功能机。

(1) 进口机　进口多功能机中，以美国 SPX 公司 ROBINAIR(罗宾耐尔)品牌为常见，如图 7-18 所示。在适用于我国使用的多功能机中有：专用于 R12 的 17701A 型，专用于 R134a 的 34701 型及上述两种制冷剂共用的 12135A 型。下面对 34701 型多功能机作一简要介绍。

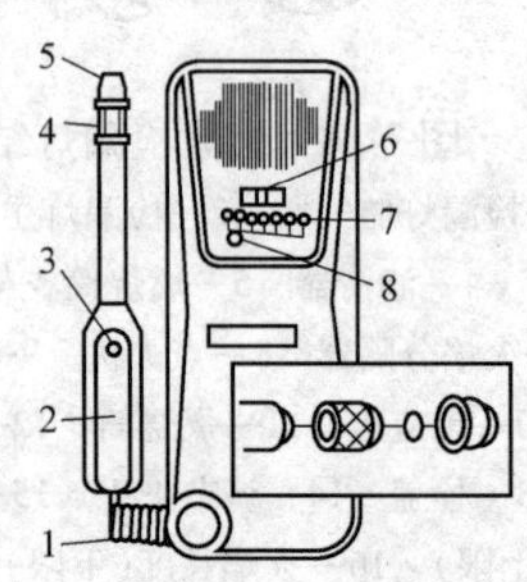

图 7-17　5650 型电子检漏仪

1—导线　2—手柄　3—复位键　4—传感器　5—保护套　6—选择开关　7—泄漏强度指示　8—电源指示

图 7-18　ROBINAIR 34701 型机外观

ROBINAIR 34701 型制冷剂加注、回收多功能机：

功能　具有对系统抽真空，回收、再生及加注制冷剂等功能。

结构　34701 型多功能机结构原理，如图 7-19 所示。

特点　• 该机与被修系统连接后，可以一次性地完成抽真空，制冷剂的回收、再生和重注。

该机采用了电脑控制，各种工作及报警程序都预先进行了编排，并设有触摸式键盘和液晶显示屏，能自动完成各单项功能，使得操作非常简便，可清楚掌握工作进程。

• 制冷剂回收与再生功能主要靠一台半封闭式压缩机完成。为抽真空设有一台高效率真空泵。充注制冷剂，则靠工作罐内制冷剂的饱和蒸气压力与系统内真空度之间的压差来完成。

• 该机配有可快速更换的制冷剂过滤器，并设有指示制冷剂中水分含量的指示器，以颜色的变化来指示含水量的合格与否。

• 采用高精度电子秤，分辨率为 0.01g，使其充灌量具有较高的精度。

• 本机的工作罐具有两个阀门，可反复使用，安全可靠，制冷剂达到标称容量后仍具有较大的剩余空间，可起到一定的冷凝作用，帮助制冷剂液化。

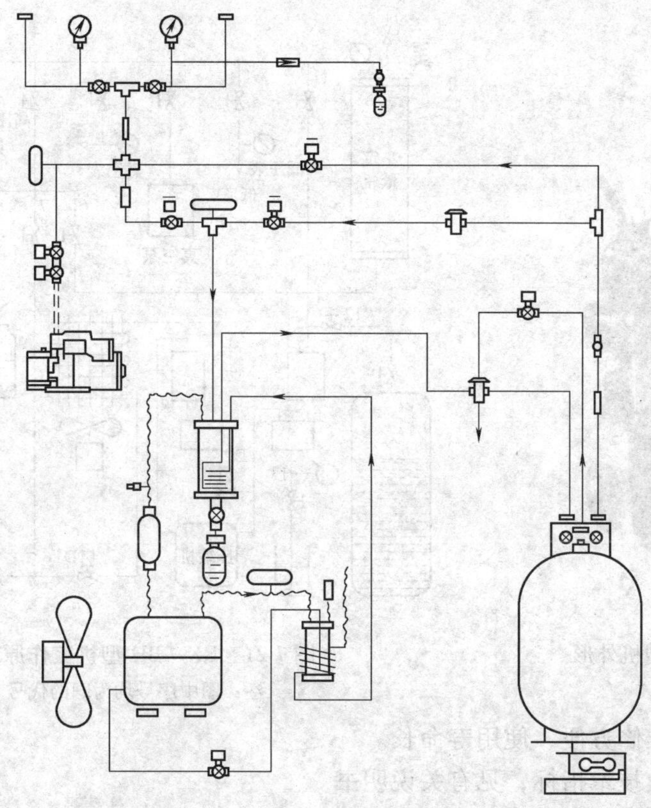

图7-19　34701型多功能机结构原理

详细操作过程请参照有关说明书。

(2) 国产机　国产多功能机从功能上分有加注机、加注—回收机之分，从结构上分又有单瓶和双瓶机。所谓单瓶机是指只有一个装制冷剂的瓶罐，而双瓶是有两个装制冷剂的瓶罐。两瓶可同装一种制冷剂，也可分别装有两种制冷剂，这主要是针对目前我国汽车空调仍在使用R12和R134a两种制冷剂的状况而生产的(如图7-20所示)。现对北京瑞雪飞制冷技术研究所生产的RX—BH型多功能机作一简要介绍。

RX—BH型多功能机：

功能　可对汽车空调制冷系统抽真空，可分别回收R12、R134a两种制冷剂，并对其进行净化处理后重新加注回系统内。

结构　RX—BH为双瓶型多功能机，其结构及工作原理图，如图7-21所示。

特点　• 该机与被修系统连接后，可以一次性地完成抽真空，制冷剂的回收、再生和重注。

• 制冷剂回收与再生功能主要靠一台封闭式压缩机完成，为抽真空设有一台高效率真空泵，充注制冷剂，则靠工作罐内制冷剂的饱和蒸气压力与系统内真空度之间的压差来完成。

• 可检测制冷剂维修后的工作性能及定性判断常见故障的原因。

• 可快速回收、再生两种制冷剂(R12、R134a)，并将其储存在不同的压力容器内，单瓶容量为2.4kg。

• 配有可更换的干燥过滤系统。

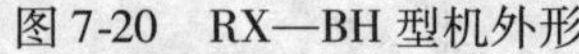

图 7-20　RX—BH 型机外形

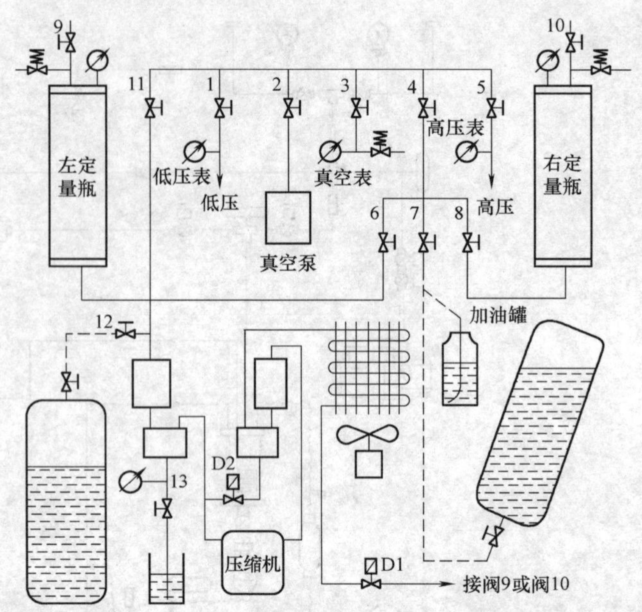

图 7-21　RX—BH 型机工作原理图

注：图中序号均为阀的代号

• 操作简单、维修方便、使用寿命长。

详细操作过程及技术指标，见有关说明书。

7.2.3　维修材料及连接配件

为满足维修的需求，一些维修材料及连接配件是必备的。

1. 制冷剂

根据我国目前汽车空调使用制冷剂的状况，应当备有 R12 及 R134a 两种制冷剂。其灌装形式有一磅(400g 左右)小罐装；有钢瓶灌装，其重量有 4.5kg、6.8kg、11.3kg、13.6kg 几种，钢瓶可反复使用。制冷剂钢瓶应直立存放在干燥、通风、阴凉处，并应标识清楚，分类保管，防止混用。

2. 冷冻机油

针对 R12 制冷剂系统，应使用矿物油：

国产冷冻机油主要牌号有：HD—13、HD—18、HD—25、HD—30、HD—40 等。

进口冷冻机油主要有：SUNISO3GS、SUNISO4GS、SUNISO5GS 等。

针对 R134a 制冷剂系统，应使用合成油：

目前合成油主要有 PAG(多元醇类)和 POE(ester—酯类)两种，多为进口油。

PAG：如 SP10 用于涡旋式压缩机，SP20 用于斜盘式压缩机。

POE：如 SW10、SW22、SW100 等。

冷冻机油牌号越高，粘度越低。不同形式的压缩机，所用冷冻机油的牌号也不同，不可互换混用。制冷系统所使用的制冷剂类型不同，也必须使用相对应的冷冻机油，不可交叉或混用。加注前可参看供应商的说明书。

3. 连接件

(1) 软管 一般轿车用 6 号(内径 5/16″,外径 3/4″)、8 号(内径 13/32″,外径 29/32″)软管;或 8 号、10 号(内径 1/2″,外径 1″)软管。其中,为保证气态制冷剂有足够的通路截面积流入压缩机,低压管路所用软管直径最大,而高压管路所用软管直径较小。

对于 R12 和 R134a 使用软管的材料及结构有所不同。由于 R134a 的分子直径比 R12 的小,对橡胶的溶解性也比 R12 大,为防止其从橡胶管内泄漏出来,管内特加了一层尼龙内衬。两种软管结构对比如图 7-22 所示。

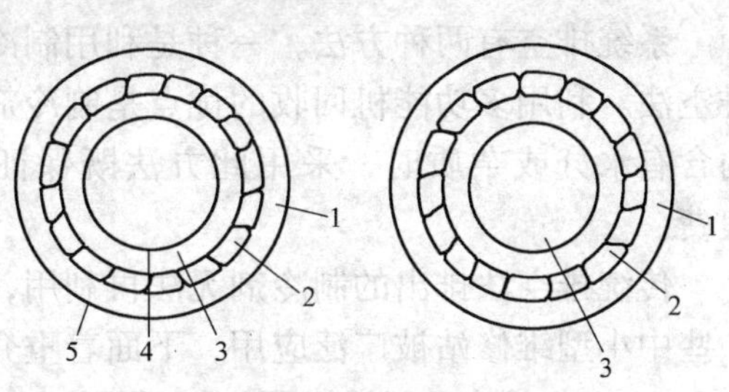

图 7-22 软管结构对比

a) 用于 R134a b) 用于 R12

1—氯丁橡胶或 EPDM 2—织物加强层 3—丁腈橡胶 4—尼龙内层 5—氢化丁腈橡胶

(2) 连接头 用于连接制冷剂软管和空调系统其他部件的金属接头一般有两种形式:一种是 SAE 扩口型接头,另一种是 O 形圈接头,如图 7-23 所示。其中扩口型接头和系统部件连接时,无需加密封垫或密封圈,而 O 形圈接头则要加一个 O 形密封圈。

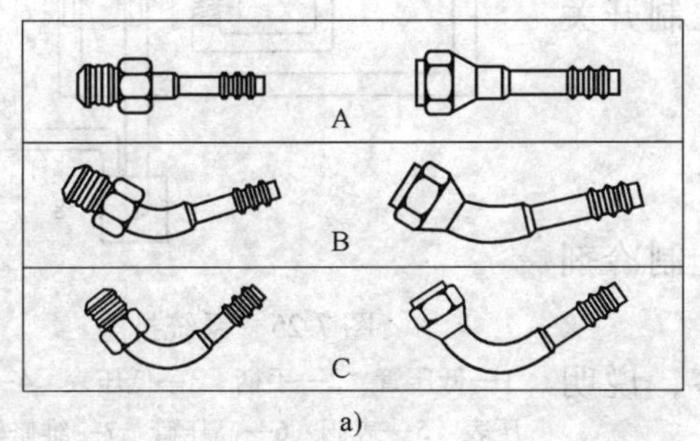

a)

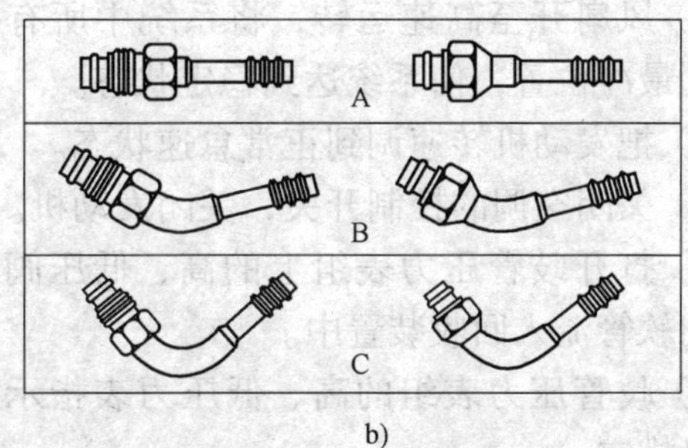

b)

图 7-23 连接头形式

a) SAE 扩口型接头 b) O 形环接头

金属接头与软管连接时,如图 7-24 所示,用管夹箍紧。不同型号的软管与接头连接有以下关系:6 号软管配 3/8″接头,8 号软管配 1/2″接头,10 号软管配 5/8″接头。

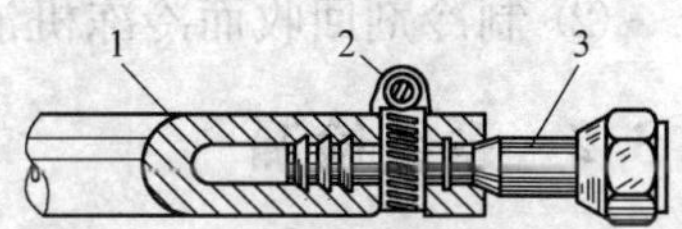

图 7-24 软管与接头连接方法

1—软管 2—管夹 3—接头

(3) 密封圈 O 形密封圈以其形状而命名,它是制冷系统管路连接中不可缺少的密封件。R12 制冷系统中使用的 O 形密封圈材质为丁腈橡胶(NBR),而 R134a 系统中使用的材质为聚丁腈橡胶(H—NBR),两者不得混用。

7.3 汽车空调系统维修、保养基本操作技能

汽车空调系统的故障,80% 是由于系统制冷剂泄漏所造成的。因此在维修和保养中要经常对系统进行试漏、抽真空、加注制冷剂等操作。对于这些操作技能掌握的熟练程度,以及操作是否规范,不但直接影响到空调系统的工作性能,而且也将影响系统的寿命。

7.3.1 系统排空

系统排空是指将制冷系统内制冷剂排出。维修或更换某些系统部件时，首先要将系统内制冷剂排空。

系统排空有两种方法，一种是利用制冷剂加注、回收多功能机进行回收；另一种是传统排空法。利用多功能机回收的优点是制冷剂经回收处理后可继续使用，特别是在系统制冷剂内含有水分或杂质时，采用此方法既保证了制冷剂的纯净度，又避免了因废弃而造成的浪费。

传统排空法排出的制冷剂无法再利用，因此不可避免地造成浪费，但它简单、方便，在一些中小型维修站被广泛应用，下面着重介绍此法。

1. 传统排空方法(如图 7-25 所示)

① 把歧管压力表组连接到系统的高、低压检修阀上。

② 起动发动机并使转速维持在 1000～1200r/min，并运行 10～15min。

③ 风扇开至高速运转，将系统中所有的控制开关都放到最冷位置，使系统达到稳定状态。

④ 把发动机转速调到正常怠速状态。

⑤ 关闭空调的控制开关，关闭发动机。

⑥ 打开歧管压力表组上的高、低压阀，让制冷剂从中间软管流入回收装置中。

⑦ 歧管压力表组的高、低压力表指示为零，说明系统已排空。

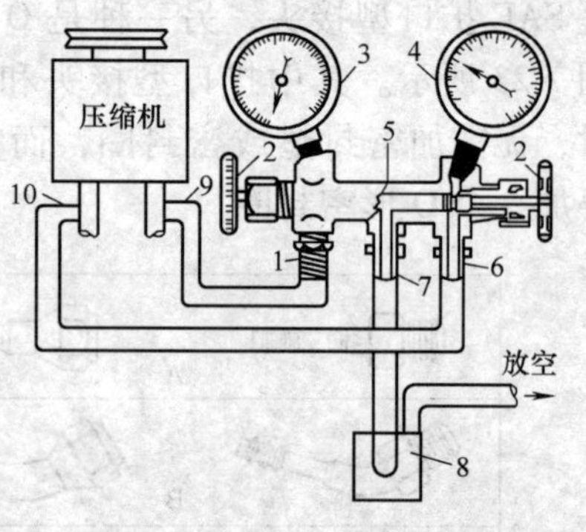

图 7-25 系统排空

1—低压管 2—手柄 3—低压表 4—高压表 5—表阀 6—高压管 7—维修软管 8—集油罐 9—吸气阀 10—排气阀

2. 注意事项

① 回收场地应通风良好；不要使排出的制冷剂靠近明火，以免产生有毒气体。

② 制冷剂回收而冷冻机油并非全部排出，因此应测定排出的油量，以便补充。

7.3.2 系统检漏

空调系统正常工作时，系统内的压力较高，加上制冷剂有很强的渗透力，稍有不严密处就会造成泄漏。因此，在维修或更换系统部件后，在充注制冷剂之前，应对系统进行气密性试验，以便提前消除泄漏隐患。检漏方法分为正压法和负压法。

1. 正压检漏法

正压检漏法是对系统内充以一定压力的气体，然后检查是否有泄漏及泄漏的部位。检查方法如下：

① 将歧管压力表组的高、低压软管分别连接在系统的高、低压检修阀上，中间软管通过减压阀与氮气瓶相连，如图 7-26 所示。

② 排出管内空气，将氮气表压减压至 981kPa 后，向系统加入氮气，直到系统内压力稳定为止。

③ 停止充气 24h 后，压力如无明显下降，说明系统密闭性良好。保压期间，也可用涂

肥皂水的方法检测泄漏部位。

此种方法充入的气体可以完全是氮气，也可以是先充入少量制冷剂后再充入氮气，它的好处是制冷剂用量少，且可以直接用检漏仪检测。在没有氮气的情况下，还可以用干燥的压缩空气代替。同样，也可将图7-26中的氮气瓶换为氟利昂瓶，直接充入R12气体，使系统中压力达到3.5×10^5Pa，然后用检漏仪检漏。

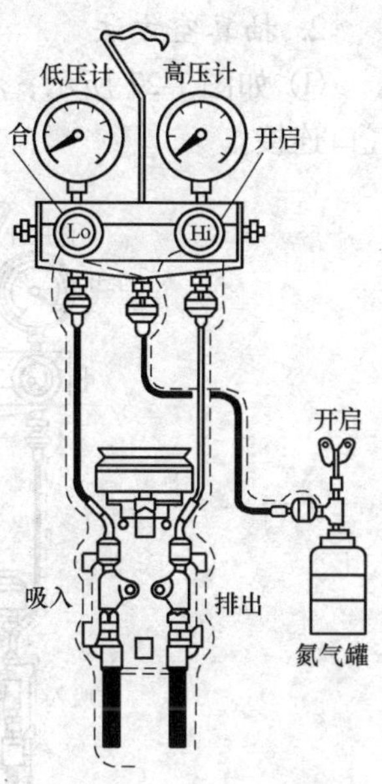

图7-26　正压检漏方法

2. 负压检漏法

对系统抽真空，若达不到真空度或无法保持，说明系统有泄漏部位，应进一步检查。

3. 注意事项

① 充注氮气时，氮气瓶应接有减压阀，保证向系统输送的气压稳定且不可过高。

② 如用压缩空气充注时，必须保证其干燥、清洁。

③ 检漏压力一般不低于348kPa。

④ 无论是肥皂水检漏还是检漏仪检漏，应特别注意拆装过的部位，压缩机轴封、前后端盖、冷凝器、蒸发器、储液干燥器、膨胀阀等进出口连接处，以及管路中易磨损的部位。

7.3.3　抽真空

抽真空的目的是排除制冷系统内残留的空气和水分，同时也可进一步检查系统的密闭性，为向系统内充注制冷剂做好准备。

1. 空气和水分对制冷系统的影响

(1) 空气的影响

1) 空气属不凝气体，它的存在将使排气压力增大，排气温度升高，导致压缩机过热，制冷量下降。

2) 阻碍系统中制冷剂的循环，影响制冷性能。

3) 空气中的氧和水分与机油起化学反应，破坏润滑作用。

(2) 水分的影响

1) 造成系统内冰堵，影响制冷剂的循环。

2) 与制冷剂、冷冻机油起化学作用形成沉淀物，使冷冻机油变质。

3) 水与制冷剂的反应生成酸性物质，腐蚀系统部件。

由此可以看到，系统内如混有空气和水分，不但影响到制冷的效果，而且会损坏系统部件。因此，在发现管路（特别是低压吸气管路）有泄漏时，在充注制冷剂前或维修更换系统部件后必须对系统抽真空。

抽真空时，水分并非直接被排出系统外，而是在抽真空的过程中，随着系统内压力的不断降低，水的饱和温度也在不断降低，也就是说，水的沸点在降低。当真空表指示系统内的真空度为97.83kPa时，水在26.6℃的低温下开始沸腾，这样水变为水蒸气与空气一同被抽出系统。

2. 抽真空方法

① 如图7-27所示，将歧管压力表组与系统高、低压检修阀连接，中间软管与真空泵进气口连接。

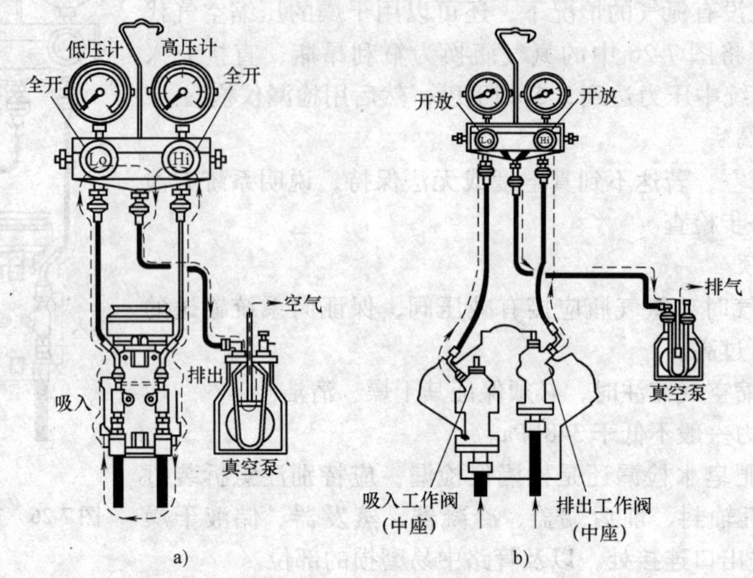

图7-27 系统抽真空

a）轿车抽真空连接图 b）大客车抽真空连接图

② 打开歧管压力表组上的高、低压手动阀，起动真空泵。观察两表，若表针向零以下转动说明工作正常，否则应检查是否有堵塞。

③ 真空泵工作10min后，低压表指示真空度应达到80kPa左右，若没有达到，则应关闭手动阀门及真空泵，此时观察低压表，如果指针上升，说明系统有泄漏，应排除后再继续抽真空。

④ 将系统压力抽至低压表指示100kPa以上，并连续抽真空15min以上。

⑤ 关闭高、低压手动阀及真空泵，停置5~10min，如果低压表指示缓慢上升，则应检查泄漏部位并排除。

⑥ 如果低压表指示值不变，继续抽真空20~30min，在此过程中，可将真空泵排气管插入水中，观察是否有气泡排出。待低压表指示值稳定不变，可关闭高、低压手动阀，关闭真空泵，结束抽真空工作，可以准备加注制冷剂。

3. 注意事项

① 停止抽真空时应先关闭高、低压阀，然后关闭真空泵，防止空气加入系统。

② 抽真空总时间不应少于30min。

③ 不用担心冷冻机油被抽出，因为它的饱和温度比水小得多。抽真空反而可使溶解于冷冻机油内的水分蒸发分离出来，被真空泵抽走。所以，冷冻机油可在系统抽真空之前加入，也可在此之后加入。

7.3.4 加注制冷剂

在制冷系统经过抽真空并确认没有泄漏后，可开始对系统充注制冷剂。充注方法有两

种：一种是从高压端充注，充注的是液态制冷剂，它是靠制冷剂罐内与系统之间的压差与位差进行充注的，这种方法适合于系统内抽过真空而无制冷剂的情况，它的特点是速度快；另一种方法是从低压端充注气态制冷剂，它适合于向系统内补充少量制冷剂的情况。

1. 高压端充注法

① 如图7-28所示，将歧管压力表组与系统检修阀、制冷剂罐连接好。

② 用制冷剂排除连接软管内的空气，具体方法是：先关闭高、低压手动阀，拆开高压端检修阀和软管的连接，然后打开高压手动阀，最后打开制冷剂瓶罐上的阀门。当软管排出制冷剂气体后，迅速将软管与检修阀连接，并关闭高压手动阀。用同样的方法清除低压端连接软管内的空气，然后关闭好高、低压手动阀及制冷剂瓶罐上的阀门。

③ 将制冷剂罐倾斜倒置于磅秤上，并记录起始质量。

④ 打开制冷剂瓶罐上阀门，然后缓慢打开高压手动阀，制冷剂注入系统内，当磅秤指示到达规定质量时，迅速关闭制冷剂阀门。

⑤ 关闭高压手动阀，充注结束。

注意：高压端充注制冷剂时，严禁开启空调系统，也不可打开低压手动阀。

2. 低压端充注法

① 如图7-29所示，将歧管压力表组与系统检修阀、制冷剂罐连接好。

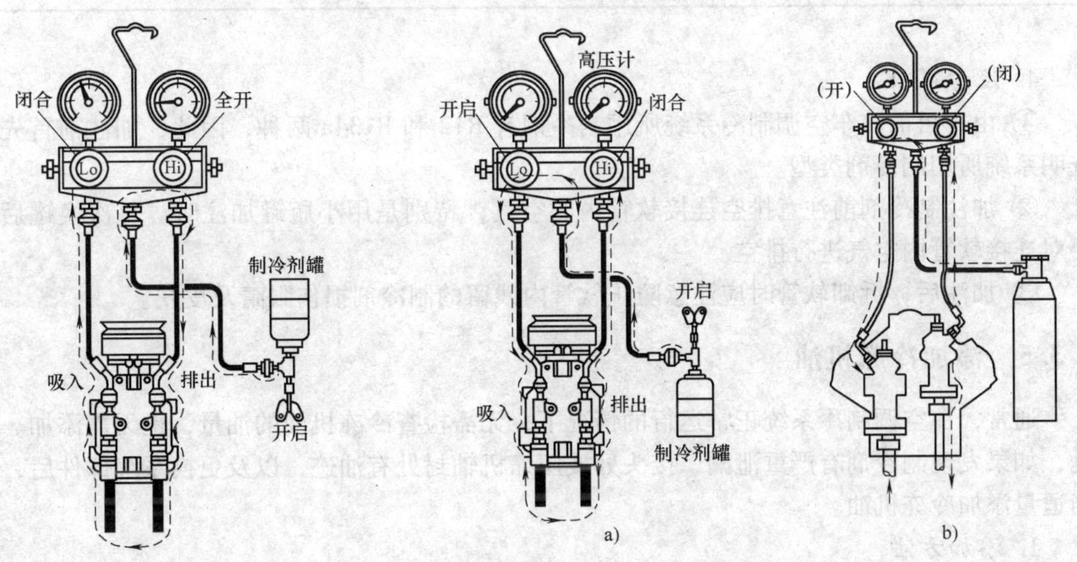

图7-28 高压端充注法

图7-29 低压端充注法
a）轿车充注 b）大客车充注

② 同高压端充注法②。

③ 将制冷剂罐直立于磅秤上，并记录起始质量。

④ 打开制冷剂罐阀门，然后打开低压手动阀，向系统充注气态制冷剂。

⑤ 起动发动机并将其转速调整在1250～1500r/min，接通空调开关，把风机开关和温度控制开关开至最大。

⑥ 当制冷剂充至规定质量时，先关闭低压手动阀，然后关闭制冷剂阀门。

⑦ 关闭空调开关，停止发动机运转，迅速将高、低压软管从检修阀上拆下。

注意：低压端充注时，瓶罐为直立，高压手动阀处于关闭位置。

3. 制冷剂充注量

制冷剂充注量是否合适可从几方面观察：

① 压力表观察：如 R12 制冷剂系统，发动机转速为 2000r/min，风机转速为最高档，气温为 30 ~ 35℃时，系统内低压侧压力应为 0.15 ~ 0.19kPa，高压侧压力应为 1.37 ~ 1.67kPa。R134a 制冷剂系统压力稍低。

② 储液干燥器上视液镜观察：系统工作时视液镜内清亮、无气泡，可观察到有液体流动。

③ 参照厂方提供的手册加注。表 7-3 列出几种车型制冷剂加注量，仅供参考。

表 7-3 制冷剂加注

车型	制冷剂加注量/kg	车型	制冷剂加注量/kg
桑塔纳轿车	1 ~ 1.2	马自达 E200、E1800 型旅行车	1.6
普通轿车	0.7 ~ 0.8	三菱 ROSA 牌 BS310C 型旅行车	2.7
丰田 CROWN 牌 MS112、MS122 小轿车	前置空调：0.8； 双联空调：1.2	丰田 HIACE 牌 RH20 型旅行车	2.4
日产 DA1H 烈牌(430)小轿车	前置空调：0.9； 双联空调：1.4	日野 RC420 型、RE200 型大客车	7
		三菱 BST01T 大客车	6.3

4. 注意事项

① 由于目前汽车空调制冷系统所用制冷剂有 R12 和 R134a 两种，因此，加注前首先要查明系统所用制冷剂类型。

② 加注制冷剂前注意排空连接软管内的空气，特别是用小瓶罐加注时，每次换罐后都要对连接软管内空气进行排空。

③ 加注后，拆卸软管时应注意防止软管内残留的制冷剂损伤眼睛及皮肤。

7.3.5 添加冷冻机油

通常，在空调制冷系统正常运行的情况下，无需检查冷冻机油的油量，也无需添加。但是，如果发现制冷剂有严重泄漏、接头处或压缩机轴封处有油迹，以及更换系统部件后，应当适量添加冷冻机油。

1. 添加方法

添加冷冻机油一般可在系统抽真空之前进行，其方法有：

（1）直接加入法　将冷冻机油装入干净的量瓶里，从压缩机的旋塞口直接倒入即可，这种方法适合于更换蒸发器、冷凝器和储液干燥器时采用。

（2）真空吸入法

1）首先将系统抽真空到 100kPa。

2）准备一带刻度的量杯并装入稍多于所添加量的冷冻机油。

3）关闭高压手动阀及辅助阀门，将高压软管一端从歧管压力表组上卸下，并插入量杯中，如图 7-30 所示。

4）打开辅助阀门，油从量杯内被吸入系统。

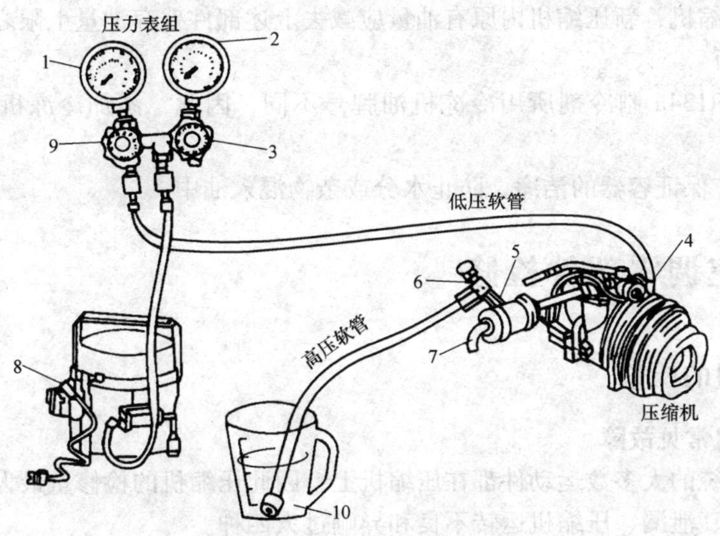

图7-30 冷冻机油加注方法

1—低压表 2—高压表 3—高压手阀 4—低压检修阀 5—高压检修阀
6—辅助阀门 7—高压管路 8—真空泵 9—低压手阀 10—冷冻机油

5）当油面到达规定刻度时，立即关闭辅助阀门。

6）将软管与歧管压力表组连接，打开高压手动阀，起动真空泵，先对高压软管抽真空，然后打开辅助阀门对系统抽真空。

2. 冷冻机油添加量

（1）系统新加油量 新装汽车空调系统中，只有压缩机内装有冷冻机油，油量一般为280～350g。不同型号的压缩机内充油量也不同，具体可查看供应商手册。表7-4列出几种常见压缩机充油量，仅供参考。

表7-4 常见压缩机充油

汽车制造厂家	压缩机型号	充油量/mL	汽车制造厂家	压缩机型号	充油量/mL
丰田汽车	6D152A	350	三菱汽车	2C—90C	230
	6E171	280		3A224	450
	6P134	230		6F308HB	2000
	6P127	170		2Z306S	350
	2M110A	270	日产汽车	DKP—12D	190
	2M110B	210		6C—500	1700～1900
	2C—90	320	13野汽车	6E—300	1500

（2）补充油量 维修当中，如果更换了系统部件或管路，由于这些部件中残存有冷冻机油，因此，更换的同时应当向系统内补充冷冻机油，其补充量可参考表7-5。

表7-5 冷冻机油补充

被更换部件	冷冻机油补充量/mL	被更换部件	冷冻机油补充量/mL
冷凝器	40～50	储液干燥器	10～20
蒸发器	40～50	制冷循环管道	10～20

如果更换压缩机，新压缩机内原有油量应减去上述部件残存油量上限之和。

3. 注意事项

① R12 与 R134a 制冷剂所用冷冻机油牌号不同，因此，添加冷冻机油时应注意防止混淆。

② 添加时应保证容器的洁净，防止水分或杂物混入油中。

7.4 汽车空调零部件检修

7.4.1 压缩机的检修

7.4.1.1 压缩机常见故障

汽车空调系统的大多数运动件都在压缩机上，因此压缩机的检修量最大。一般压缩机常见的故障有卡住、泄漏、压缩机运转不良和异响过大四种。

（1）卡住　卡住是压缩机卡住时其不能转动。卡住的原因通常是润滑不良或者没有润滑。如果发现冷冻机油因制冷剂的泄漏而泄漏，或者蒸发器的溢油管、POA 阀的溢油阀、CCOT 系统的油气分离器(积累器)的油孔堵塞，都会使压缩机因得不到足够的冷冻机油而卡住。

如果发现离合器或传动带打滑，在排除不是离合器和传动带的故障后，一般都是由压缩机卡住所致。这时应立即关闭 A/C 开关，检查系统是否泄漏，如果系统泄露而带跑冷冻机油，则应进行检漏；如系统不泄漏，则是油路问题，检查溢油阀与蒸发器压力控制装置是否堵塞。如果堵塞，将系统中的制冷剂放掉或回收，更换溢油器，并清洗其他各阀，重新装回系统。

如果压缩机卡住很牢，根本不能转动，可能是活塞在气缸内咬死，这种情况压缩机已无修理价值，一般作报废处理。

（2）泄漏　泄漏也是压缩机常见的故障。压缩机泄漏有漏油和漏气两种情况，泄漏轻微，只泄漏制冷剂，严重时，既泄漏制冷剂又泄漏冷冻机油。在轴封处也有很微量的泄漏，如果每年的泄漏量小于 14.2g，不影响制冷系统的性能，认为是正常情况；若泄露量超过 14.2g，就必须进行检修，更换密封件。如果压缩机的缸体上出现裂纹产生泄漏，则应更换压缩机。

（3）压缩机运转不良　压缩机出现运转不良，可用歧管压力表检测压缩机的吸气压力和排气压力，如果两者压力几乎相同，用手触摸压缩机，发现其温度异常的高，其原因是压缩机缸垫窜气，从排气阀出来的高压气通过气缸垫的缺口窜回到吸气室，再次压缩，产生温度更高的蒸汽，这样来回循环，会把冷冻机油烧焦造成压缩机报废。

如果进、排气弹簧片破坏或者变软，也将造成压缩机不能压缩制冷剂或压缩不良，这种故障只是吸气压力和排气压力相同或相差不大，而压缩机不会发热。

（4）异响　空调系统的异响主要来源于压缩机和蒸发器风扇，但异响如果由压缩机发出的，异响的主要原因如下：

1）尖叫声主要由离合器结合时打滑发出；或者由于传动带过松或磨损引起。

2）振动压缩机的振动以及轴的振动也是异响的来源之一。首先检查其支撑是否断裂，紧固螺栓是否松动，引起压缩机振动的还有传动带张力过紧或传动带轮轴线不平行。压缩机

的轴承磨损过大，会引起轴的振动。传动带轮轴承润滑不良，也会引起异响。

7.4.1.2　压缩机的检修

压缩机发生故障时，虽然大多数都能修复，但由于压缩机零配件不多，而且装配精度要求高，需要专用装配工具和夹具。所以许多汽车修理厂以检测判断故障为主，只对压缩机轴封泄露和异响进行维修。

1. 压缩机就车诊断

起动发动机，保持 1250 ~ 1500r/min，把歧管压力表接入制冷系统中，打开空调开关，风扇开到最大位置，触摸压缩机的进气口和排气口，正常情况应是进气口凉、排气口烫，二者之间的温差较大。如果两者温差小，再看歧管压力表，表上显示高低压相差不大，则说明压缩机的工作不良，应拆下修理；如果压缩机较热，再看歧管压力表，表上显示低压侧压力太高，高压侧压力太低，则说明压缩机内部密封不良，应更换压缩机；如果制冷系统的高、低压都过低，则说明系统内部的制冷剂过少，应进行检漏，如果是压缩机出现泄漏，则应更换或修理。压缩机正常运转，发出轻脆均匀的阀片跳动声，如果出现异响，判断异响的来源，进行修理。

2. 压缩机的维修

（1）压缩机的拆装

1）发动机怠速运转，使空调系统运转 10min，停止发动机，并拆下蓄电池的负极。拔掉电磁离合器插头，将制冷系统中的制冷剂排出或回收。

2）从压缩机上拆下排出和吸入软管，并把排出和吸入软管接头用胶带捆扎密封好，防止潮气和灰尘进入。

3）松开紧固调节装置，拆下传动带。

4）拆下搭铁线，压缩机固定螺栓，螺母，托架和压缩机。

5）压缩机的安装，按与拆卸时的相反顺序操作。

（2）修理离合器　以 SD-5 类型的离合器的压缩机为例，当电磁离合器出现故障时，需要修理更换。其维修更换步骤如下：

1）把前扳手的两个销插入离合器前板的两个螺孔中，用 19mm 套筒拆除螺母，如图 7-31所示。

2）用前板拔取器取下前板，如图 7-32 所示对准拔取器中心螺栓和压缩机轴均匀地拧入 3 个螺钉，顺时针拧动拔取器螺钉，直到前板松开。

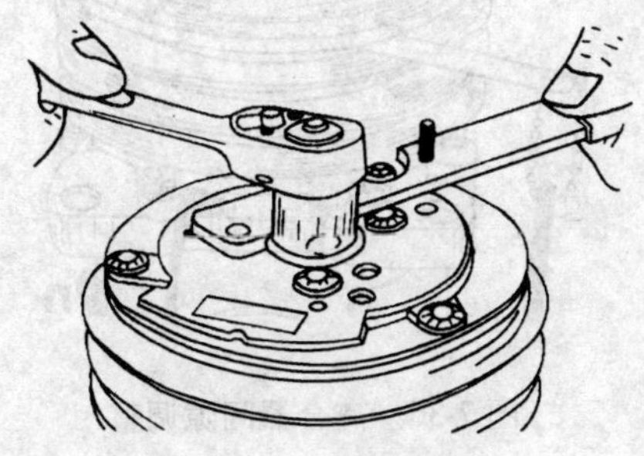

图 7-31　拆除螺母

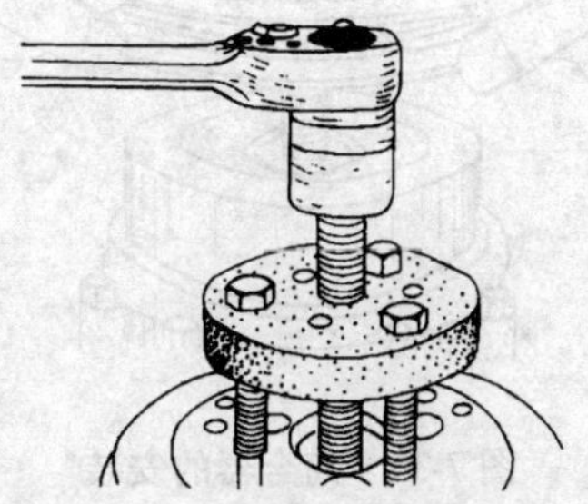

图 7-32　取下前板

3）拆下平键，并卡管钳取出轴承卡簧。

4）用卡管钳取出前盖卡簧。

5）拆下传动带盘总成，把颚夹唇端插入卡簧槽，把拔轮器护套放在轴上（如图 7-33 所示）。

将拔轮器螺钉拧入颚夹，用手拧紧。用 17mm 套筒扳手顺时针方向拧转拔轮器中心螺栓，直至带轮盘松动为止，如图 7-34 所示。

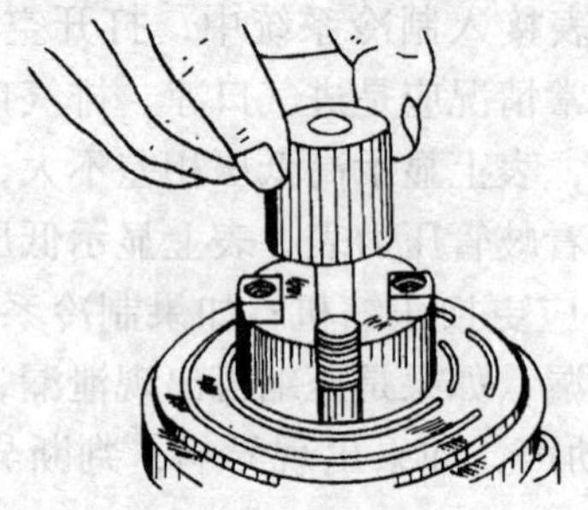
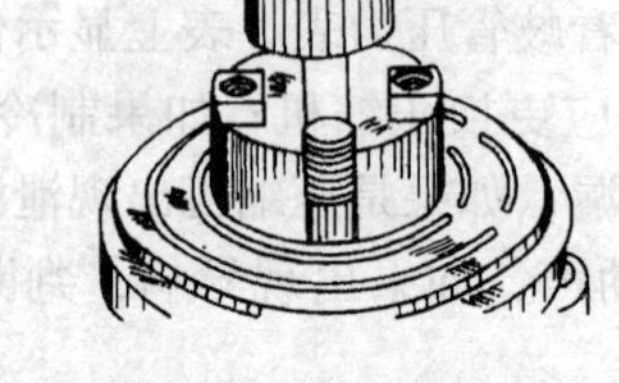

图 7-33　安装拔轮器护套

图 7-34　取带轮盘

如果因为离合器打滑发出尖叫声，则就修理驱动盘、摩擦板和带轮的摩擦端面。使之不含有油污和其他杂质，然后按技术规范调整它们之间的间隙。如果离合器轴承已磨损，用轴承取出器将轴承取出并换上新轴承。用万用表检查电磁线圈有无短路，若有短路则更换。

（3）离合器的安装

1）如图 7-35 所示，让压缩机直立，用四个孔直接支撑压缩机，千万不可钳住机体，将传动带盘笔直对准前盖轮壳。轻轻套上，用专用装轴承套件和木锤轻敲传动带盘，使其落入前盖轮壳。用卡簧钳装上轴承卡簧和前盖卡簧。

2）重新放回前板总成，装入离合器间隙垫片、平键、敲打轴护器，直到前板碰到间隙垫片为止。

3）调整检查离合器间隙，如图 7-36 所示，用测隙规检查离合器间隙，应在 0.4 ~ 0.8mm 之间，若间隙不均匀，在低处轻轻撬起，最高处轻轻敲下；若间隙不合格，则拆下前板，调整垫片厚度，再重新安装。

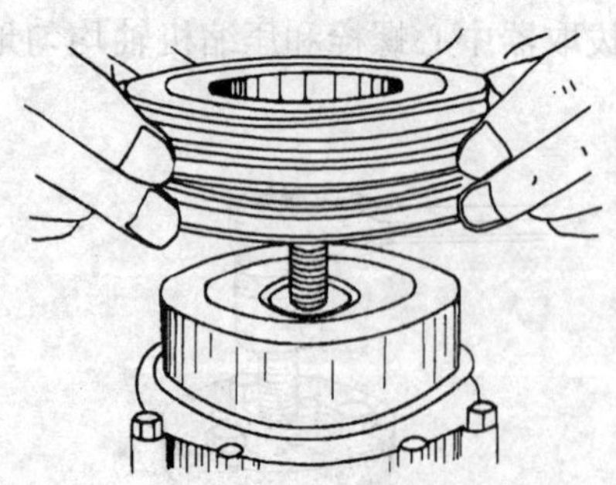

图 7-35　离合器的安装

图 7-36　离合器间隙调整

4）装上六角螺母，拧紧力矩为 33.8 ~ 40.7N · m。

（4）修理轴封泄漏　如果发现压缩机的轴封泄漏，就要修理轴封的密封部分，其修理

步骤如下：

1）按修理离合器的方法，将离合器总成拆下。

2）如图 7-37 所示，用卡钳插入毛毡金属环两个洞中把毛毡取出。

3）拿掉调整垫片，用卡簧钳拆掉封座卡簧。

4）如图 7-38 所示，用轴封专用钳取出轴封座。

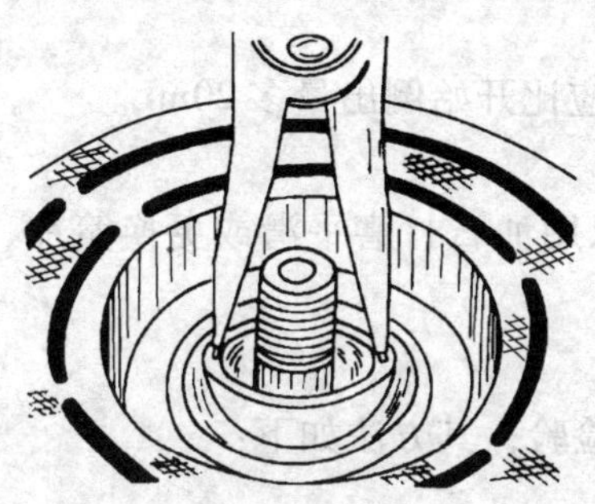

图 7-37　用卡钳取毛毡环

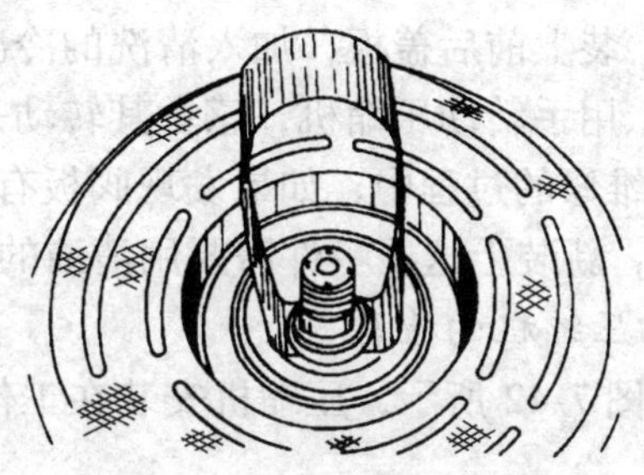

图 7-38　用轴封专用钳取出轴封座

5）如图 7-39 所示，用 O 形圈钩卸下 O 形圈，注意小心别划伤槽。

6）如图 7-40 所示，用拆轴封专用工具插到轴封上，压下弹簧并转动工具，直到感觉此工具已扣入轴封外壳的开缝中，提出轴封组件。至此，密封件总成全部拆卸完毕，密封座、密封圈、密封件都是一次性的，不能再用，必须更换。

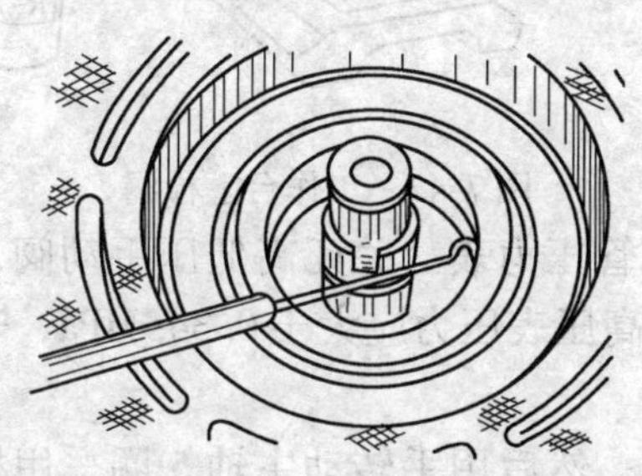

图 7-39　用专用工具取出 O 形圈

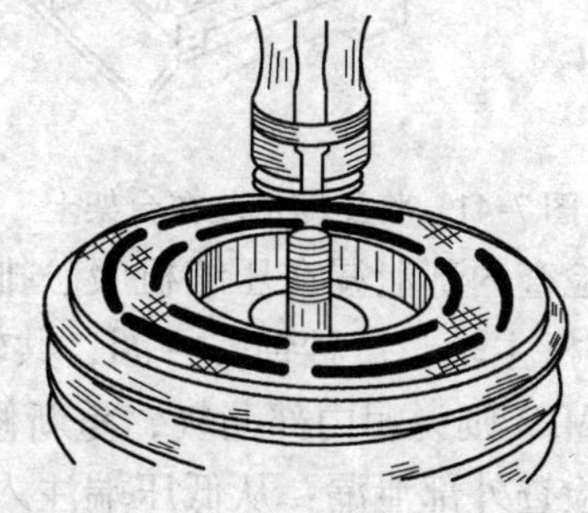

图 7-40　用拆轴封专用工具拆轴封

（5）安装轴封总成　安装轴封总成的步骤如下：

1）用清洁的冷冻机油清洗干净压缩机密封部位。

2）用清洁的冷冻机油涂抹 O 形密封圈，再用专用工具推下去，保证其装在沟封槽内，用手电筒进行透光检查。

3）把清洁的冷冻机油涂在静环上，用钳子把静环安装上并轻轻压向密封面。

4）把封套保护器插在压缩机轴上，把轴封拆装专用工具的开口扣进新轴封壳，将轴封压入压缩机，反方向转动工具，拿出工具。

5）重新装上卡簧，把斜切边朝压缩机外，扁面朝内。

6）装上间隙调整垫片。

7）将新毛毡垫轻轻地敲入压缩机轴上应有的位置。

8）重新装上离合器总成。

（6）压缩机内部窜气的维修　压缩机发生内部窜气，其维修步骤如下：

1）将压缩机从机体上拆下，把其里面的冷冻机油倒入一个量杯中，并安装在如图 7-41 所示的夹具上。

2）拆下前后盖的螺栓，取下前后端盖。

3）取下前后缸垫、O 形圈、簧片阀板。

4）取出内部的活塞、轴承、斜板等，用汽油或其他溶剂清洗，再用冷冻机油清洗。用清洗的冷冻机油涂抹全部，重新装上。

5）装上前后盖板，加入清洗的冷冻机油，注入量应比开始倒出量多 20mL。

6）用手转动压缩机，感觉其转动是否顺利。

在维修的过程中，如果发现阀板有故障，阀板可以用油石打磨平滑或更换簧片、缸垫、O 形圈，新装上这些零件需要用清洁的冷冻机油涂抹。

3. 压缩机的检验

如图 7-42 所示，压缩机安装在工作台上，即可以检验，其方法如下：

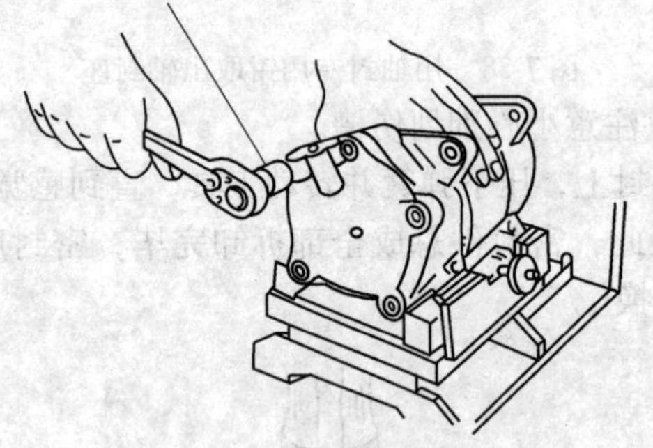

图 7-41　将压缩机装在台架上

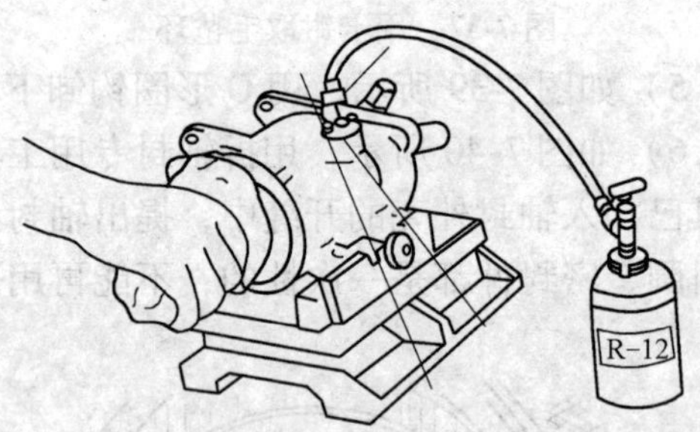

图 7-42　工作台上检漏

① 检查内部泄漏在压缩机吸、排气检修阀上装歧管压力表。关死高低压手动阀，用手转动压缩机主轴，每秒钟转一圈，共转 10 圈，这时，高压表压力应大于 0.345MPa，若压力小于 0.3MPa 则说明内部漏气，重新修理阀片、缸垫。

② 检查外部泄漏：从低压端注入 0.5kg 的制冷剂，然后用手转动主轴 5 圈。用检漏仪测轴封、两端盖、吸排气阀口等处，若无泄漏即可装回发动机。

7.4.2　热交换器的检修

热交换器是冷凝器与蒸发器的总称，它们常见的故障是外面脏污，导管内部出现脏堵以及泄漏等。

1. 冷凝器的检修

（1）冷凝器检查　用前面所讲述的检漏方法检查冷凝器的泄漏情况。如果是冷凝器进、出口处出现泄漏，可能是密封圈老化出现泄漏，需要紧固或换密封圈；如果是冷凝器本身泄漏，则应拆下进行修理。检查冷凝器的外观，看冷凝器外表面有无污垢、残渣翅片是否倒伏，如果有则会造成冷凝器散热不良。

用歧管压力表检查冷凝器内部脏堵，如果发现压缩机高压过高，不能正常制冷，冷凝器导管外部有结霜或下部不烫的现象，则说明导管内脏堵或因外部压瘪而堵塞。

（2）冷凝器拆卸

1）将制冷系统中制冷剂排出或回收。

2）把冷凝器的进、出口连接处连接螺母拆下来，并立即封闭制冷系统两端的管路。

3）拧下其紧固螺栓，取出衬垫，拆下冷凝器。

（3）冷凝器维修

1）如果仅是外表有积污，杂物塞在冷凝器散热片中，应用水清洗或用压缩空气吹，注意不要损伤冷凝器散热片，如发现散热片倒伏，应加以矫正。

2）如果是冷凝器内部脏堵，用压缩氮气吹洗，不能用水冲或压缩空气吹洗。如果是冷凝器本身损坏而泄漏，则应拆下焊补。

3）装上与拆下的顺序相反，但要注意进出口切勿接错。如果有冷冻机油漏出，要加一定量的冷冻机油。

2. 蒸发器的检修

（1）蒸发器检查

1）检查蒸发器外表是否有积污，异味物。

2）看蒸发器本身是否损坏。

3）检查蒸发器是否泄漏。

4）观察排水管是否有水流出，检查里面是否清洁、畅通。

（2）蒸发器拆卸

1）拆下蓄电池负极。

2）对制冷剂系统进行排空或制冷剂进行回收。

3）把蒸发器两端的接头拆下，拿出蒸发器，并立即封住其开口部位和两端系统软管接口。

（3）蒸发器维修

1）用高压水或压缩空气清洁蒸发器表面积污异味物，注意不能用高压蒸汽冲洗蒸发器。

2）如果发现有泄漏并找出漏点进行焊补。

3）安装时，注意入口和出口切勿接错，温控元件或感温包要牢固地装在合适的位置，膨胀阀的感温包敷好保温材料。如果是更换新的蒸发器，必须加一定量的冷冻机油。

7.4.3　膨胀阀的检修

1. 膨胀阀常见的故障

① 膨胀阀开度过大，制冷剂系统中高、低压均高。低压侧管路有结霜或大量的露水。

② 膨胀阀开度过小，制冷剂中高压侧压力高，低压侧压力低，制冷不足。

③ 膨胀阀入口滤网阻塞。

④ 膨胀阀的针阀(球阀)与阀 IZl 产生粘住、发卡或阀口脏堵。

⑤ 膨胀阀冰堵。

⑥ 感温包、毛细管破裂、失效。

⑦ 感温包位置不当，固装不牢。

2. 膨胀阀拆卸

① 从恒温开关断开其连接插头。

② 拆除连接管路，将其制冷系统两端封闭，拆下固定螺栓，拆出膨胀阀。

3. 膨胀阀的维修

① 检修如果是上述①或②故障，可调整其调节螺栓，顺时针方向拧，内弹簧减弱，开度增大；反之开度小。这里要注意：调整需要专用工具和原厂的一些数据，如没有原厂资料，请不要乱调，否则更换新的膨胀阀。

② 如果是上述③故障，可拆出清洗，烘干装回。

③ 如果是上述④故障，可拆下来用制冷剂冲洗，后加冷冻机油，也可更换膨胀阀。

④ 如果是上述⑤故障，先排空制冷系统，然后抽真空，重新加注制冷剂。

⑤ 如果是上述⑥故障，更换新的膨胀阀。

⑥ 如果是上述⑦故障，应重新安装固定。

4. 膨胀阀的安装

膨胀阀的安装与拆卸的顺序相反，但安装时要注意膨胀阀应垂直安装，不允许倒置，感温包应安装在蒸发器出口的水平管表面的上端，保证两者有良好绑紧并且用隔热防潮胶布包捆好。

7.4.4 储液干燥器的检修

储液干燥器常见的故障是泄漏、脏堵和失效。

1. 储液干燥器检查

① 用检漏仪检查储液干燥器的接头处与易熔塞有无泄漏。

② 检查储液干燥器的外表脏污、观察孔上是否清洁。

③ 用于感觉储液干燥器进出口的温度。如果进出口温差很大，甚至出口处出现结霜的现象说明储液器中的干燥剂散开，堵塞管路。

④ 检查膨胀阀，如果膨胀阀出现冰堵，说明制冷系统中有水，储液干燥剂失效。

2. 储液干燥器拆卸

① 拔掉压力开关的连接插头。

② 拆掉连接管路，将制冷系统两端封闭。拆卸固定螺栓，拆下储液干燥器。

3. 储液干燥器的维修

如果储液干燥器的两端的连接接头出现泄漏，则应紧固其接头或更换密封圈，无需拆下储液干燥器。如果是其他故障，则应更换储液干燥器。

储液干燥器安装按拆卸的相反顺序进行，但要注意几点：

① 垂直安装。垂直安装是保证出口管将制冷剂一起循环的冷冻机油压出储液干燥器，循环回压缩机。

② 储液干燥器在空调系统的安装维修过程中，应该最后一个接入制冷系统中，并且马上抽真空，防止空气进入干燥器。

7.5 汽车空调系统维修后的性能检测程序和步骤

7.5.1 汽车空调系统维修后的外观检查

修理后的汽车空调，每台都要进行外观检查。外观检查主要包括如下的内容。

1. 外观的观察

油漆是否均匀，有无脱落、划痕等缺陷；门窗是否密封；隔热层是否平整、牢固、紧贴；电气路线是否布置整齐、连接是否牢固；空调系统各部件仪表是否干净、有无油污，安装牢固与否等。

2. 各控制键的检查

移动和旋转各个控制键时，应灵活，无阻滞。当开动空调器时，压缩机开动应轻快而噪声小；风扇换档后，送出的风量应相应风扇变化，且并无异常噪声；按下各个功能键时，各风门的风向应按各键所规定的风向送出；移动温度键后，空调器送出的风的温度应该有变化；如果是自动空调，则看其是否在调定的温度范围内稳定运行。

3. 管路和各零部件的泄漏检查

应用电子检测仪对汽车空调系统的管道和器件，进行一次全面而又细致的泄漏检查。若发现有微小泄漏的地方，如果是接管或配合外形密封橡胶圈，只需略微拧紧一点螺母即可（注意：O形橡胶圈压得太紧，密封性能反而下降）。如果是管道有裂纹等，就要补焊或更换。

这里要注意压缩机主轴轴封的泄漏问题。因为到目前为止，汽车空调压缩机的主轴轴封泄漏制冷剂的问题还没有得到完全的解决，这是全世界汽车业界碰到的大难题。所以如果用精密的电子检漏仪调整最小档，总能发现压缩机的轴封有微量的制冷剂泄漏出来，如何才能判定其不属于正常泄漏？目前最通常的异常泄漏判断方法如下：将电子检漏仪的灵敏度调整到每年为15g泄漏量即报警。如果小于15g/年，则认为是允许的，不会妨碍空调系统的工作。这个泄漏量用卤素检漏灯是不能检出的。因为卤素检漏灯在每年漏量为48g时，已不能检出，在每年288g，其火焰微绿色，每年漏量384g，火焰颜色变为淡绿色。由此可见，若轿车空调系统的制冷剂每年泄漏量为200g时，其制冷剂损失已相当严重，不能正常工作了。这样，汽车空调检漏的可靠方法应是电子检漏仪和肥皂水检测法，卤素灯只能作辅助检查，不能作为出厂的质量检漏工具。

7.5.2　汽车空调系统维修后的性能测试

在所有安装或修理工作结束后，并经过外观检查，应在路试之前先做一些简单项目的性能测试：以保证下一步路试的进行或外修的质量。须说明的是修理后的汽车空调，保温性能、车内气流分布、温度差异等都不用检查，故汽车空调修理后，只需作简单性能测试后合格即可出厂。

汽车空调简单性能测试的方法是用表阀测量其高、低压力值和用温度计测量空调器吹出的空气温度即可。

一般空调性能测试：

1）如图7-43所示，将表阀和空调制冷系统压缩机吸、排气维修阀连接。连接时，先关死高、低压手动阀，并在接好管后，排除管内的空气（否则管内空气会跑到制冷系统内）。

2）起动发动机，设压缩机的转速保持在2000r/min；置空调控制板上的功能选择键在Max（或A/C）位置，温度键于Cool位置，风扇键于Hi位置，并打开车窗门。用大风量风扇对准冷凝器吹风。

3）将一根玻璃管温度计放在中风门空调出风口，而将一根湿温度计放在车内空气循环进气口处（注：湿温度计的球都要覆盖饱蘸水的棉花）。

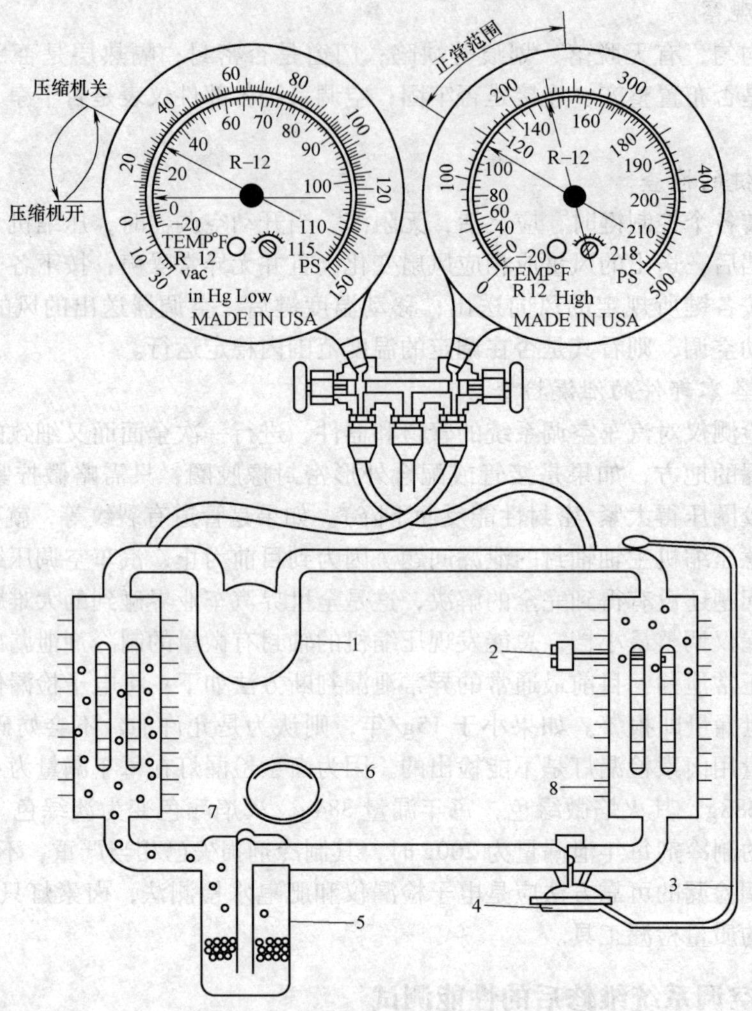

图 7-43　空调制冷系统高、低压力值正常范围

1—压缩机　2—恒温器　3—感温包毛细管　4—膨胀阀　5—储液干燥器　6—视液镜　7—冷凝器　8—蒸发器

4）空调系统至少要正常工作 15min 后，才能进行测试工作，记录数据。空调系统的正常值达到如下的要求方可出厂。

CCOT 系统如图 7-44 所示。

环境温度：21～32℃。

高压表值：1.0～11.55MPa。

低题表值：压缩机开动后，低压表压力开始下降，当降至约 0.118MPa 时，恒温器则会切断离合器电路。压缩机停止工作。这时，低压表压力又会上升至 0.207～0.217MPa，恒温开关接通离合器电路，压缩机又开始工作，低压表压力又下降，系统便周而复始地进行循环。

空调冷风温度：1～10℃。

其他循环离合器制冷系统如图 7-43 所示。

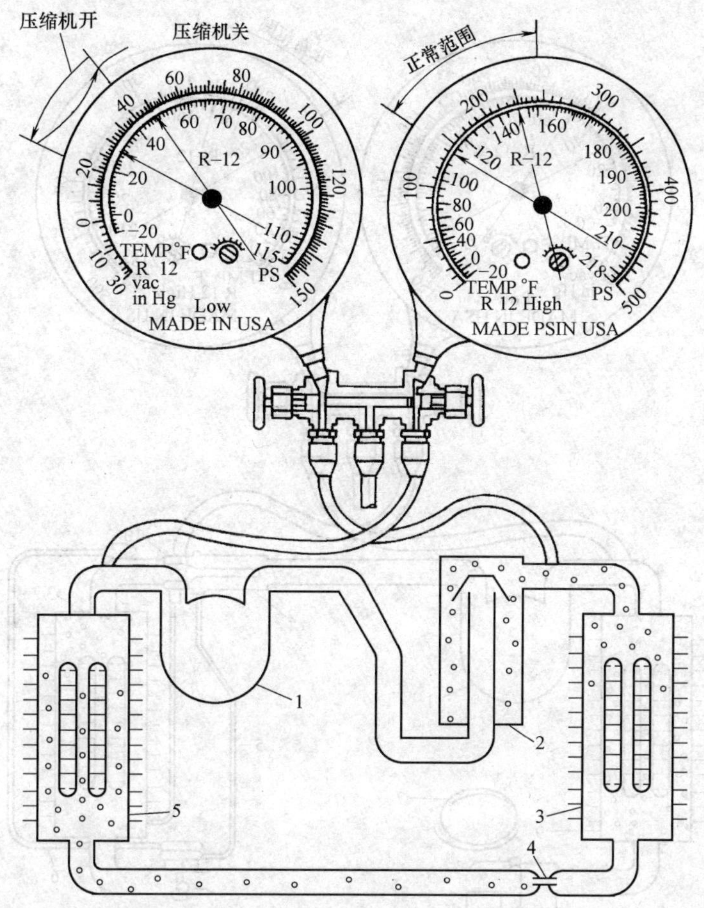

图 7-44　CCOT 系统高、低压力测试

1—压缩机　2—积漂器　3—蒸发器　4—二孔管　5—冷凝器

环境温度和高压表值与 CCOT 系统相同。

低压表值：压缩机运行时，低压表值开始下降，在 0.103MPa 时，压缩机便停止运行。随之，低压表指针开始回升，回升到 0.207 ~ 0.217MPa 时，压缩机又开始运行，低压表值又开始下降，系统便周而复始地进行循环。

空调冷风温度：1 ~ 10℃。

POA、VIR 系统如图 7-45 所示。

POA、VIR 系统的表阀连接方法与循环离合器制冷系统略有不同，因为 POA 阀、VIR 阀上均有一个检修阀门，所以，表间低压管应接至 POA 阀和 VIR 阀的检修阀门(而不是压缩机吸气检修阀)。

环境温度：21 ~ 32℃。

高压表值：1.01 ~ 1.55MPa 范围。

低压表值：0.193 ~ 0.214MPa 范围。

由于 POA、VRA 系统的压缩机不停地运行，所以其低压表值变化不大。

由于制造厂家不同，压力波动值会略有不同，但通常其误差应小于 3.4kPa。空调器冷

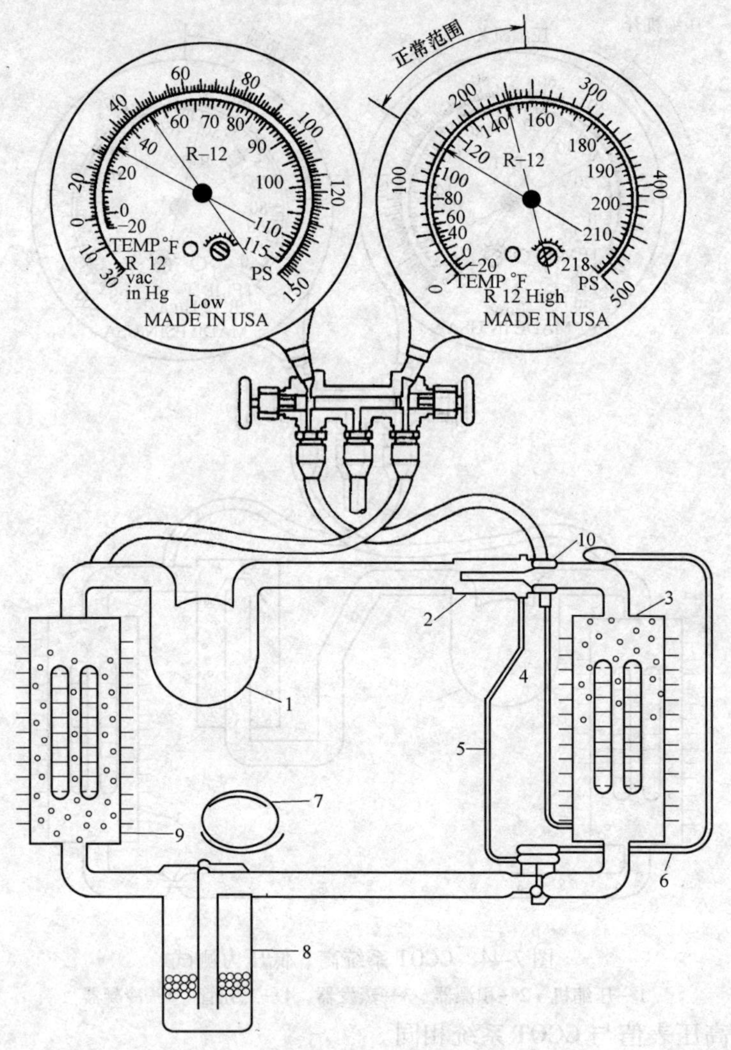

图 7-45 POA、VIR 系统高、低压力测试

1—压缩机 2—POA 阀 3—蒸发器 4—溢油管 5—外平衡管 6—感温包毛细管 7—视液镜 8—储液干燥器 9—冷凝器 10—POA 阀检测口

风温度：1~5℃。

EPR 系统，所谓的 EPR 系统，是指应用蒸发器压力调节阀(EPR 阀)来控制蒸发器的温度而使其不产生冰结现象的系统。EPR 系统多用在克莱斯勒和丰田公司的高、中级轿车的自动空调上。测试连接如图 7-46 所示，表阀高压接口接压缩机排气阀，低压接口接蒸发器出口管上制冷剂注入阀，再在 EPR 阀的压力表阀上装一个低压表。由于 EPR 阀系统的接法与 POA 阀系统不同，故其测试数据也会有所不同。

从 EPR 阀制冷系统的工作可知，蒸发器压力低到一定程度时，EPR 阀主通路关闭，不让制冷剂进入压缩机，而压缩机却还在不停工作，故其测试数据如下：

环境温度：21~32℃。

高压表压力：当 EPR 通路时，压力在 1.01~1.55MPa 范围；当 EPR 通路关闭时，压力在 1.01~1.21MPa 范围；而在 EPR 阀关、开之间，高压表值应由低到高变化。

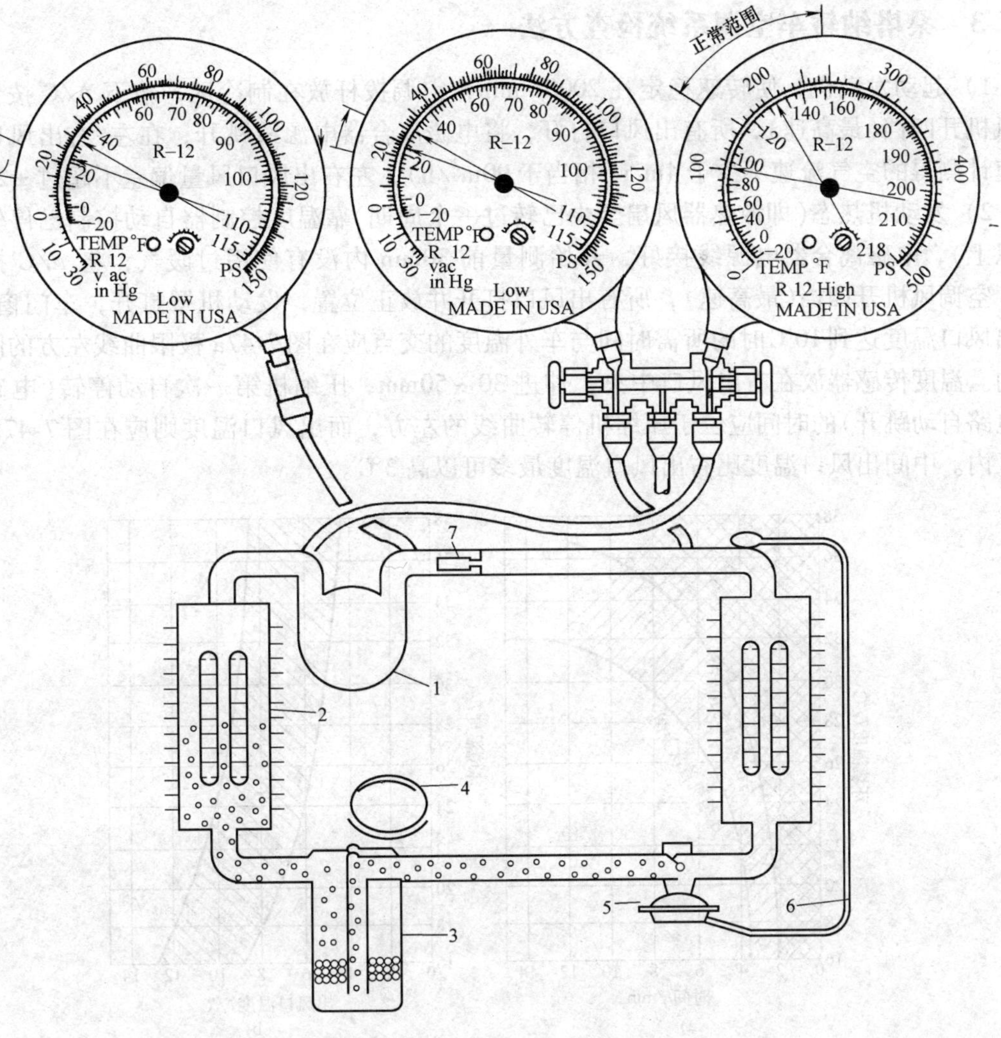

图 7-46　EPR 系统压力测试

1—压缩机　2—冷凝器　3—储液干燥器　4—视液镜　5—内平衡膨胀阀
6—感温包毛细管　7—EPR 阀

低压表压力：0.14～0.20MPa，在 0.14MPa 时，EPR 阀打开。

第三个低压表：0.11～0.14MPa，在 0.14MPa 时，EPR 阀关闭，其压力下降到 0.11MPa，这是因为有小管路的制冷剂和冷冻机油流到压缩机，故其压力在 EPR 阀关闭期间维持在 0.11MPa。此循环不断重复，以保证适当的蒸发温度，保证制冷系统的正常工作。

空调温度：1～10℃。

由此看来，EPR 阀的关闭压力 0.14MPa 是一个基准点，当表阀的低压表值在 0.14MPa 时，EPR 关闭，其指针将开始回升，而第三个低压表由于制冷剂流量小，压缩机的抽力将使其指针下降，直到 0.11MPa，高压表也下降。因此，本系统的 EPR 阀的动作是比较频繁的，而且空调系统送出的空气温度变化比 POA 系统波动大。

7.5.3 桑塔纳轿车空调系统检查方法

1）起动发动机，使转速稳定在2000r/min，空调拨杆放在制冷区，按下A/C按钮，空调风机开四档（最高速），所有出风口打开，将电磁离合器电源线跳开，在左/右出风口处用风速计测得的空气流速不少于4m/s（相当于90m³/h），左右出风口风量偏差不超过±2%。

2）发动机热态（即散热器风扇至少已转过一个周期，靠温度控制器自动控制已停转过一次以上），电磁离合器电源线接好，开始测量前30min内没有使用过暖气，将A/C按钮按下，空调风机开四档（最高速），所有出风口打开并放正位置，发动机罩打开，车门窗关闭，右出风口温度达到10℃时的所需时间与车外温度的交点应在图7-47a极限曲线左方的阴影区域内。温度传感器放在右出风口中央，伸进30～50mm，压缩机第一次自动停转（电磁离合器电路自动跳开）的时间应位于压缩机停转曲线的左方，而出风口温度则应在图7-47b的阴影区内。中间出风口温度比右出风口温度最多可以高3℃。

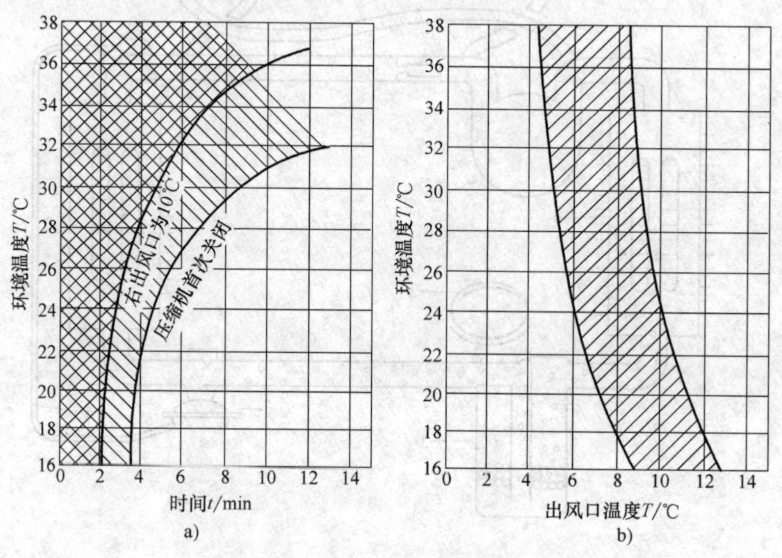

图7-47　桑塔纳轿车空调性能检查图

3）做完上述试验后，马上接着做空调系统密封性试验。发动机、空调风机、冷却风扇停止工作，用高精度检漏仪检查制冷剂回路。除压缩机外，每一个螺纹连接处的检漏仪调定值为59g/a时，不得有任何泄漏反应。对压缩机而言，其泄漏量不得超过28g/a。

4）空调风机和冷却风扇工作时，不得出现干扰性的磨削声、敲击声或轰隆声。操纵各种空调开关和杆件时，不得出现不正常的干涉声，压缩机不得有异常响声。

本章小结

1. 注意汽车空调的正确使用，确保系统中不混入水汽、空气和脏物，防止腐蚀、高温高压，保护好控制系统。
2. 汽车空调系统主要检查方法包括：用手感检查各部分温度是否正常、用肉眼检查泄漏部位及表面情况、从窗玻璃判断系统状况、用断开和接合电路方法检查电器部件、用耳听和鼻嗅的方法检查是否有异常响声和气味等。

3. 系统排空有两种方法，一种是利用制冷剂加注、回收多功能机进行回收；另一种是传统排空法。
4. 检漏方法分为正压法和负压法。
5. 系统充注制冷剂的方法有两种：一种是从高压端充注，充注的是液态制冷剂，它是靠制冷剂罐内与系统之间的压差与位差进行充注的，这种方法适合于系统内抽过真空而无制冷剂的情况，它的特点是速度快；另一种方法是从低压端充注气态制冷剂，它适合于向系统内补充少量制冷剂的情况。
6. 添加冷冻机油一般可在系统抽真空之前进行，其方法有直接加入法和真空吸入法两种。
7. 一般压缩机常见的故障有卡住、泄漏、压缩机运转不良和异响过大四种。热交换器常见的故障是外面脏污，导管内部出现脏堵以及泄漏等。储液干燥器常见的故障是泄漏、脏堵和失效。
8. 汽车空调系统维修后的性能测试是用表阀测量其高、低压力值和用温度计测量空调器吹出的空气温度即可。

复习思考题

1. 如何对制冷系统加注冷冻机油和制冷剂?
2. 制冷系统为何要抽真空？如何进行?
3. 试比较从低压侧和高压侧加注制冷剂的异同点?
4. 简述汽车空调制冷系统检漏、抽真空、充注制冷剂的基本操作步骤。
5. 简述压缩机的常见故障和检修方法。

实训项目五　汽车空调制冷系统压力的检查

一、实训目标

将压力表组正确安装并连接到制冷系统，正确检测制冷系统高、低压力。

能根据检测的压力确定系统工作状况，分析系统可能存在的故障。

二、仪器和设备

空调系统性能良好的实车若干辆、压力表组若干套。

三、操作过程

1）卸掉系统高、低压管路上的检修阀护帽。

2）压力表组高、低压侧手动阀都关闭，蓝色的低压侧软管接低压检修阀，红色的高压侧软管接高压检修阀。

3）起动发动机，调整发动机转速至 1250r/min，起动空调器，将有关控制器调至最凉位置(风机亦应在最高速)，按需要使发动机温度正常(运行 5～10min)后，进行检测。

4）压力表的读数，高、低压侧压力均很低，如图 7-48 所示，说明制冷剂不足。如空调系统工作一段时间出现此现象，可能是系统内某处出现泄漏，必须找出漏点并加以排除。

5）压力表的读数，高、低压侧压力均过高，很可能是制冷剂过多引起，如图 7-49 所示。应从低压侧放出一部分制冷剂，直到压力表显示规定压力为止。如开始时正常，后来出现上述现象，这是由于冷凝器散热差造成的。可检查冷凝器散热片是否堵塞、风扇传动带是否过松，风扇转速是否正常，如是应予排除。

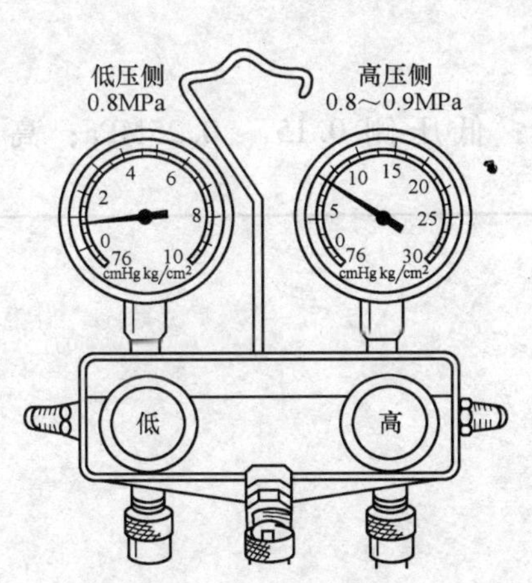

图 7-48　制冷剂不足时压力表的指示

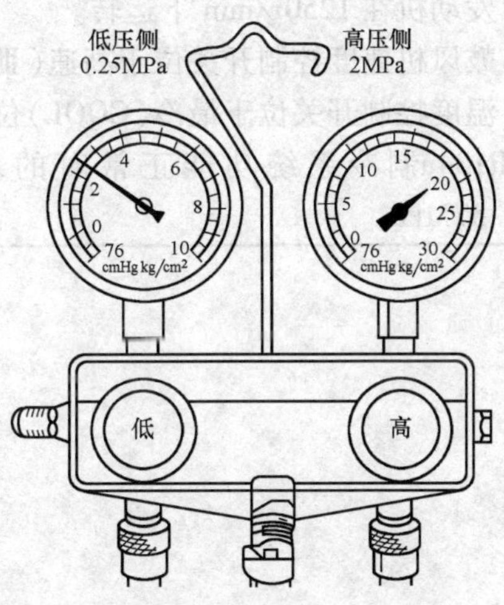

图 7-49　制冷剂过多时压力表的指示

6）经上述方法排除后，高、低压侧压力还是高，可能是加注制冷剂过程中没有将空气抽尽，系统内有空气，可更换干燥剂，清洁冷冻机油，重新加注制冷剂。

7）压力表读数其低压侧偏高，高压侧偏低，如增加发动机转速，高低压变化都不大，如图 7-50 所示。这种情况一般是压缩机工作不良造成。应检查压缩机内阀片是否损坏，活塞及环是否磨损，并予以排除。

8）压力表读数其低压侧出现真空，高压侧压力过低，如图 7-51 所示。这种情况多出现在膨胀阀感温包内的制冷剂完全泄漏，使膨胀阀打不开，制冷剂不流动，系统不能制冷。排除的办法是更换或拆修膨胀阀。

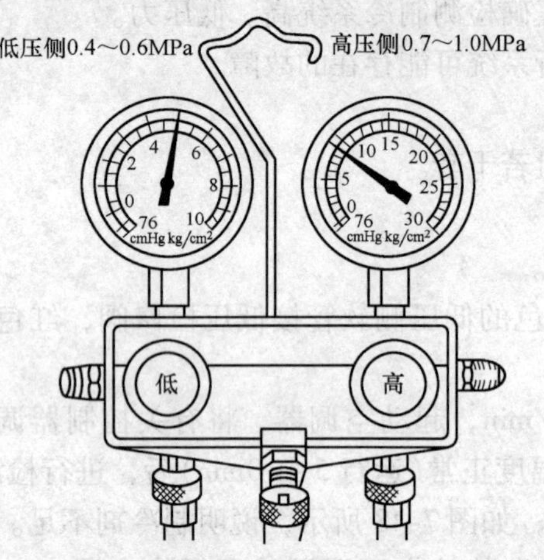

图 7-50　压缩机工作不良压力表的指示

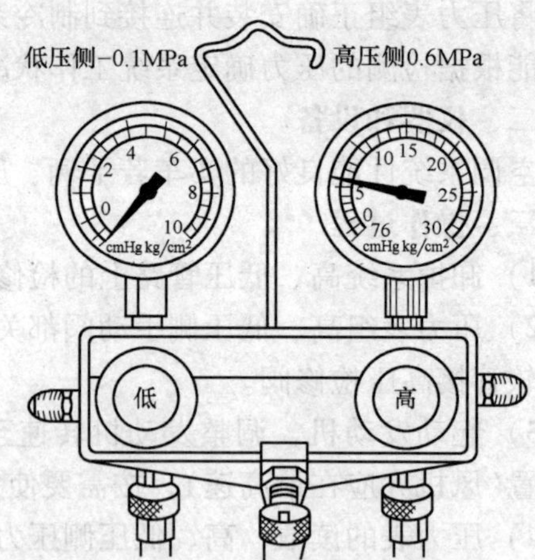

图 7-51　制冷剂不环流压力表的指示

9）检测完毕后，将发动机熄火，卸掉压力表组，把检修阀的护帽旋回。

四、技术标准及要求

1. 当发动机预热后，在下列条件达到稳定时，可从压力表组读取压力值。

1）将开关设定在内循环状态下，空气进口处温度为 30～35℃。

2）发动机在 1250r/min 下运转。

3）鼓风机速度控制开关位于高速（Ⅲ）位置。

4）温度控制开关位于最冷（COOL）位置。

2. R134a制冷系统功能正常时的表读数为：低压侧 0.15～0.25MPa；高压侧 1.37～1.57MPa。

实训项目六　汽车空调系统制冷剂的补充

一、实训目标

掌握空调系统内制冷剂补充的操作步骤。

掌握系统检漏的方法。

掌握系统抽真空的方法。

掌握系统加注制冷剂的方法。

二、仪器和设备

空调系统工作正常的实车若干辆、压力表组若干套、加压机、真空泵各若干台、注入阀若干支、1磅罐制冷剂若干罐。

三、操作过程

1. 放空制冷剂

1）准备工作：

① 压力表组接入系统，调整控制器至最冷位置。

② 发动机转速调至1000～1200r/min，并运行10～15min。

2）放出制冷剂：

① 恢复发动机正常转速，然后关闭发动机。

② 缓慢地开启高、低压侧手动阀，让制冷剂经过中间软管排出。

③ 中间软管开口端应裹上白抹布，如有冷冻机油排出，必显示在抹布上。这时，应关小手动阀，至刚好无冷冻机油排出。

④ 表座上高、低压力表读数均为1个大气压，说明系统已放空。

2. 系统检漏(以加压检漏法为例说明)

1）准备工作。接上压力表组的高压端子，中间软管接在加压机出口上。

2）系统加压。

① 起动加压机，打开压力表组高压阀。

② 观察高压压力指示，当压力达到1.5～2.0MPa时，关闭高压阀，停止加压机的工作。

3）系统检漏。在观察压力表组高压压力是否下降的同时，用肥皂泡抹于系统各连接部位，检查是否有泄漏。

3. 系统抽真空

1）准备工作。

① 压力表组上高、低压手阀打开，中间软管接在真空泵进口上。

② 拆除真空泵排气口护盖。

2）系统抽真空。

① 起动真空泵。

② 打开高、低压手动阀，观察压力表，表针应向下偏摆，略有真空显示。

③ 真空泵运转过10min之后，检查低压表读数是否大于79.8kPa真空度。如果真空度不到79.8kPa，应关闭高、低压手动阀，使真空泵停转，检查系统是否有泄漏，根据情

况修理。如果没有找到泄漏，继续进行抽真空。

④ 将系统压力抽真空至接近 100kPa。关闭高、低压手动阀及真空泵，放置 5 ~ 10min，如果压力上升大于 3.4kPa，说明系统有泄漏，应检查排除后，再进行抽真空工序。

⑤ 如果低压表指针保持不动，继续进行抽真空 30min 以上，关闭高、低压手动阀后，再关闭真空泵。

4. 加注制冷剂

1）准备工作。

① 按逆时针方向旋转注入阀手柄，直至阀针完全退回。

② 将注入阀装到制冷剂罐上，逆时针方向旋转板状螺母，直至最高位置，然后将制冷剂注入阀顺时针拧动，直到注入阀嵌入制冷剂密封塞。

③ 将板状螺母顺时针方向旋转到底，再将压力表组上的中间软管接到注入阀接头上，用手拧紧板状螺母。

2）系统停开时，用 1 磅罐充注制冷剂。

① 顺时针方向旋转手柄，使阀针刺穿密封塞，再逆时针方向旋转手柄，使阀针抬起。

② 松开表座上中间软管接头，放气几秒钟，再拧紧接头。

③ 打开表座上高压侧手动阀，观察低压表，看表针是否从真空范围转至压力范围，如系统堵塞应予排除后抽真空，再进行下一步。

④ 倒置 1 磅罐，使液态制冷剂进入系统。

⑤ 用手指敲击罐底，如果出现空筒声，说明罐已空。如制冷剂不足，第二罐应从低压侧进行加注（与系统运行时的充注方法相同）。

⑥ 关闭表座上高压侧手动阀，从中间软管上拆除注入阀，从系统上拆除压力表组，重新盖上所有的盖和帽。

3）系统运行时用 1 磅罐充注制冷剂。

① 起动发动机，调整发动机转速到 1250r/min，保证表座上两手动阀均处于关闭状态。

② 调整控制器到最冷位置，鼓风机要调至高速。

③ 打开表座上低压侧手动阀，使气态制冷剂进入系统。低压侧压力降至 377kPa 时，倒置 1 磅罐，快速充注制冷剂。

④ 用手指敲击罐底，如果出现空筒声，说明罐已空。如制冷剂不足，可按上述步骤再注入另一罐，直到满足规定为止。

⑤ 关闭表座上低压侧手动阀，从中间软管上拆除注入阀，从系统拆除压力表组，重新盖上所有的盖和帽。

四、技术标准及要求

1）排放制冷剂，不能把制冷剂排放到大气中，要通过回收设备将从系统中排放出的制冷剂回收再利用。

2）空调系统一经开放必须抽真空，以去掉可能进入系统的空气和潮气。在各部件安装好后，系统需抽真空 30min。

3）对于一般轿车，制冷剂充注量为 0.8 ~ 1.1kg；对于小型面包车（有前后两个蒸发器），制冷剂充注量为 1.2 ~ 1.5kg。

第 8 章

汽车空调故障诊断及修理

学习目标：

- 掌握汽车空调系统常见故障及分析、排除方法
- 学会典型汽车空调故障的诊断与排除

8.1 汽车空调系统常见故障及分析、排除方法

汽车空调分独立式和非独立式两大类。大中型客车由于空调系统所需功耗较大，一般常采用独立式空调，有专门的辅助发动机带动空调机组。对于这一类空调机组，常见的故障有空调系统本身及辅助发动机两部分。发动机部分请参见发动机使用说明书，空调系统故障模式与非独立式基本相同，但有比较多的电磁阀、继电器等控制元件。一般轿车、中小型客车、各类工程车、卡车，基本都采用非独立式空调。非独立式空调又分为普通型与豪华型两种，豪华型空调以采用电脑自动控制、全空调模式为基本特点，其电路部分比较复杂，尤其是其中的放大器，若无线路图，较难维修。

由于各种汽车型号不同，同一种车型，出厂年份不同，它们的空调器结构、控制电路都是不同的，没有标准的维修程序和诊断程序。本书前面各章已介绍了空调的基本工作原理、主要结构及使用维修的注意事项，通过举一反三和实践，一般故障都可诊断和维修。本节以介绍轿车的空调维修为主，适当兼顾独立式空调机组的维修。

空调系统的常见故障分为电气故障和制冷系统故障两类，对于独立式空调机组，还有机械故障。常见的故障现象是压缩机—离合器故障和制冷量不足。

8.1.1 制冷压缩机不能起动

制冷压缩机不能起动的原因及其排除方法如表 8-1 所示。

表 8-1 制冷压缩机不能起动的原因及其排除方法

可能的原因	故障排除方法
电器元件接触不良，熔丝熔断，空调开关坏，继电器内线圈脱焊，地线接触不良	检查电器元件，焊牢接线，更换损坏元件
电磁离合器有故障	检查离合器
外界气温过低	检查低温(低压)保护开关
恒温器调定值太高，而室温又很低	将恒温器转至最低温度档检查

（续）

可能的原因	故障排除方法
制冷剂漏光	检查制冷剂量，补漏并加液。检查低压保护开关
怠速提高装置有故障，怠速未提高	检查怠速提高装置并调整、修理
热敏电阻不对	检查热敏电阻
压缩机轴承烧坏或缺冷冻机油	分解压缩机，更换轴承或按规定加冷冻机油
压缩机的传动带过松或断裂	张紧或更换传动带

8.1.2 压缩机因缺油而咬死

压缩机故障中最常见的故障之一是压缩机因缺油而咬死，导致离合器烧坏。尤其当空调长期未使用，重新使用时，转速在1000r/min以上，因滞留在系统中的冷冻机油未来得及返回压缩机，使运动部件因缺油而迅速升温，造成压缩机瞬间烧损。

在压缩机吸气口前加装一个储油器是比较好的解决办法，此办法是将需增加的冷冻机油加在处于压缩机吸气口前的储油器中，这样，压缩机停机时，储油器内总是存留一些冷冻机油，当压缩机开始运转时，可立即从储油器得到机油补充，避免了压缩机因缺油而咬死的弊病，如图8-1所示。由于储油器中的回油管离存油面有一定距离，可防止大量油瞬时被吸入压缩机而发生油液击的现象。如图8-2所示为以日本电装10PA20压缩机为例，说明有、无储油器对压缩机回油时间的影响。

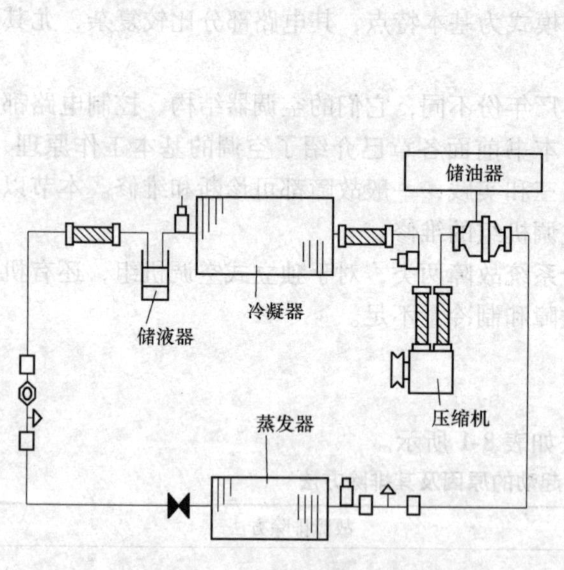

图8-1 储油器的安装位置

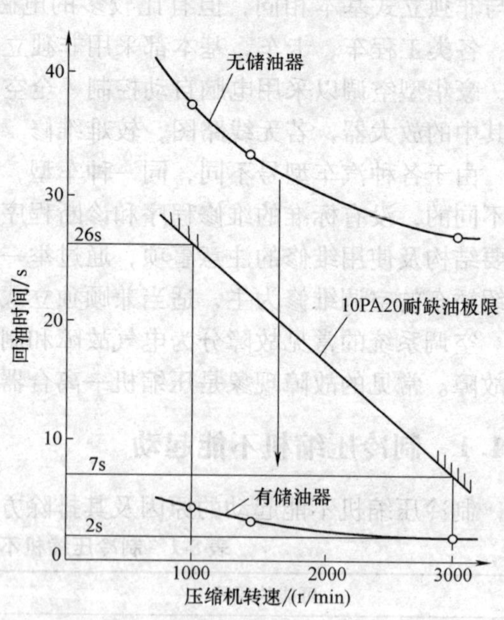

图8-2 有无储油器对回油时间的影响

8.1.3 压缩机不能正常自动停转

在正常工作情况下，对于采用循环离合控制方式的空调机组(大部分汽车空调采用此方法)，压缩机会间断停转(由温控器自动控制)。若压缩机一直不停运转，或在过低气温下、

缺少制冷剂情况下或系统高压过高(冷凝器温度过高)时，压缩机仍能运转，则是不正常的。

产生这种现象的原因有：

① 低压(或低温)保护开关坏。

② 高压压力开关坏。

③ 温控器失灵。

④ 电线短路。

8.1.4　离合器与压缩机断续结合

正常情况，在最大制冷工况下，离合器应与压缩机完全结合。二者不结合、结合不紧、有滑动、断续结合均属不正常，有可能是下列原因造成：

① 电气故障：导线不通、电压过低、继电器有故障。

② 恒温器有故障。

③ 离合器线圈断。

④ 离合器间隙太大。

⑤ 压缩机咬死。

⑥ 外界气温太低。

⑦ 系统压力过高。

⑧ 系统制冷剂太少。

8.1.5　冷气出风温度不够低

冷气出风温度不够低的原因及排除方法如表 8-2 所示。

表 8-2　冷气出风温度不够低的原因及排除方法

伴随现象	可能原因	故障排除方法
见表 8-4(二)	1）制冷剂不足 2）冷凝器冷却不良	检漏、修理、加液 1）改善冷却条件 2）检查风机传动带张紧力 3）检查有关的高压开关 4）检查冷凝风扇电动机
见表 8-4(四)	3）制冷剂太多	释放多余制冷剂
见表 8-4(五)	4）系统中有空气	更换储液干燥器，反复抽真空、加液
见表 8-4(六)	5）系统中有水分	
见表 8-4(七)	6）系统中有脏物或干燥剂散了	清洗膨胀阀或更换储液干燥器
见表 8-4(八)	7）膨胀阀开度过大或感温包未包扎好 8）压缩机传动带过松	调整膨胀阀开度或包扎好感温包，张紧或更换传动带
低压侧压力过高，高压侧压力过低，压缩机有不正常敲击声，压缩机外壳高低压测温差不大	9）压缩机阀片碎，轴承坏，密封垫坏	修理或更换压缩机，更换全部密封垫和密封圈
视液镜中可见混浊气泡	10）冷冻油过多 11）储液干燥器上的易熔塞熔化 12）恒温器有故障，不能处于最冷状态 13）新风门未关或未关严	快速放出制冷剂，并重新补液 更换储液干燥器 检查恒温器 检查并关严风门

8.1.6 管路中有噪声

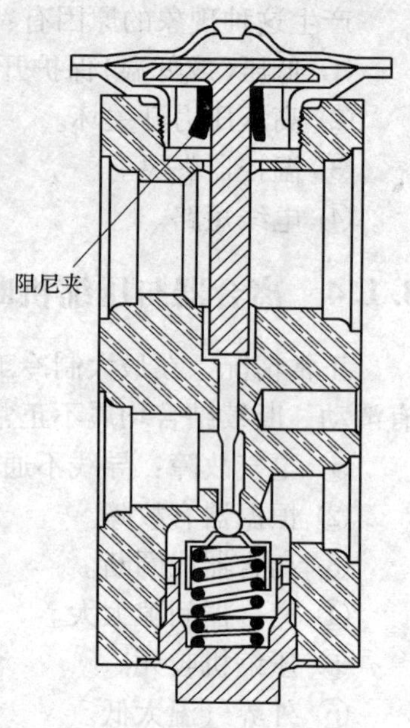

图 8-3 阀头装有阻尼夹的 H 型膨胀阀

发生在蒸发箱和连接管路处的噪声问题比较难解决，需要仔细查找产生噪声的部位及发生原因。这部分噪声可能是由于膨胀阀阀针的喘振(由于制冷剂的脉动造成)引起的。根本的解决是在膨胀阀内加阻尼夹，如图 8-3 所示。这种带阻尼夹的 H 阀是在动力头下方的传动杆上安装有冠状簧片式阻尼夹，当阀针运动时，阻尼夹对阀座内腔产生摩擦力，对因制冷剂压力脉动而产生的振动起阻尼作用，使阀针动作滞后，从而消除了因膨胀阀喘振而在管路中造成的噪声。

消除管路中噪声的另一办法是在管路中加设消声器(即在管路中接一个比软管内径大的圆柱形空心容器)，该消声器对管路中传递的脉动压力进行缓冲和吸收。消声器的安装位置是很关键的，必要时需多次试验，寻找正确部位。目前绝大部分轿车和高级面包车上都采用这种办法消除空调系统噪声。

利用加厚压缩机后盖尺寸或加大排气腔容积，使之起到消声作用，也是有效办法之一。

8.1.7 其他故障

其他故障产生的原因及排除方法如表 8-3 所示。

表 8-3 其他故障产生的原因及排除方法

现　象	可能的原因	故障排除方法
断断续续有冷气流出	电磁离合器打滑，有可能是制冷剂过量造成	检查离合器或排除过量的制冷剂
	膨胀阀冰堵或脏堵	按有水或脏物处理
	电器接线接触不良	重新连接
只在高速时有冷气	冷凝器阻塞	清理冷凝器
	压缩机传动带打滑	调整传动带张紧力
	压缩机有故障	修理压缩机，更换全部密封垫和密封圈
冷风风量不足，蒸发器及低压管大量结霜	蒸发器或风道阻塞	清理蒸发器、风道
	蒸发器箱或风道漏	修理箱壳或风道
	恒温器有故障	检查并调整恒温器
	风机有故障	修理或更换风机
	风机调速电阻故障	修理或更换电阻器
车厢内漏冷凝水	蒸发器的集水管堵塞或安装位置不对	清除障碍物，调整安装集水管的位置
	低压管路暴露在车厢内	采取相应隔热措施
在 -4℃ 气温以下压缩机仍能运转	气温保护开关短路 电磁离合器短路 离合器无法分离	更换有关零件

（续）

现　　象	可能的原因	故障排除方法
温度或风速无法自动控制	传感器失灵	更换传感器
	自动控制的真空管扭曲或接头松	更换真空管或接好接头
	转速继电器失效	更换继电器

8.1.8　综合检查制冷剂工作情况

利用歧管压力计、手摸管路、观察视液镜等方法综合检查，可比较正确地判断制冷剂在系统中的工作状况，详见表 8-4 综合检查条件为：汽车门窗打开。空调 A/C 开关置于 "ON"；风速选择开关置于最高档；开空调 5min 后进行观察。

表 8-4a　综合检查制冷系统工况

情况判断 / 检查内容	（一）几乎没有制冷剂	（二）制冷剂不足	（三）制冷剂适量	（四）制冷剂太多
(1) 高低压管路的温况	几乎没有温差	高压侧是热的，低压侧相当冷	高压侧是热的，低压侧是冷的	高压侧异常热
(2) 视液镜中的状况	不断有气泡流过，气泡会消失，若有一点点制冷剂，则会出现油雾或冷冻机油条纹	间隔 1 ~2s 出现几个气泡，或不断有气泡流过	几乎是清晰的，当发动机转速突然升高或降低时会出现气泡	清晰、无气泡
(3) 压力系统	高压侧压力异常低	高低压侧压力都偏低	两侧压力都正常	两侧压力都过高
(4) 出风状况	不冷	不够冷	很冷	不够冷
(5) 其他现象	—	—	—	—
(6) 修理方法	立即关掉压缩机进行全面检查	检查泄漏处，根据需要修理，再补充制冷剂	不用修理	从低压维修阀处释放制冷剂

表 8-4b　综合检查制冷系统工况

检查内容 / 情况判断	（五）管路中有空气	（六）管路中有水分	（七）管路中有脏物	（八）膨胀阀开度过大	（九）膨胀阀感温包漏
(1) 高低压管路的温况					
(2) 视液镜中的状况	气泡很多	偶尔出现气泡	气泡增多，或泡沫较混浊，有杂质		无动静
(3) 压力系统	高低压两侧压力都过高	低压侧压力有时变真空，有时正常	高低压两侧压力都低，有时低压侧呈真空	高低压两侧压力都过高	同(七)
(4) 出风状况	不够冷	断断续续冷，最后不冷	不够冷	不够冷	不冷

（续）

检查内容 情况判断	（五） 管路中有空气	（六） 管路中有水分	（七） 管路中有脏物	（八） 膨胀阀开度过大	（九） 膨胀阀感温包漏
（5）其他现象	压力表抖动	有时膨胀阀结霜	储液干燥器或膨胀阀前后管道上可看到结霜或露水，或储液干燥器出口管道温度接近气温	低压侧管道结霜或有大量露水	膨胀阀前管路上大量结霜或有露水
（6）修理方法	更换储液干燥器，检查压缩机油是否弄脏或不是抽真空，加制冷剂	更换储液干燥器，反复抽真空，加新的制冷剂	更换储液干燥器	检查感温包安装情况，试验膨胀阀，若有问题，更换膨胀阀	换膨胀阀

1）若低压侧压力过高，高压侧压力过低，则可能是压缩机问题，需修理或更换压缩机。

2）从视液镜中看到的气泡受环境温度影响，在低于20℃环境温度下气泡很难见到，假如此时根据视液镜加制冷剂，则要稍多加一点。

3）若泡沫较混浊，出风口不够冷，有可能是冷冻机油太多(指新加了冷冻机油后出现的现象)。

8.1.9 桑塔纳轿车空调系统常见故障及排除方法

桑塔纳轿车空调系统的常见故障及排除方法与前面基本相同，本节补充部分细节：

1）1号、14号熔丝坏，13号继电器坏，会造成散热风扇不转，空调风机不转，电磁离合器脱开，压缩机停止工作，从而造成空调无冷风。另外，若空调进风门电磁开关因电路问题失灵，真空管路内无真空负压，使内循环风门打不开，也会造成出风口无冷风。

此时应先排除电路故障，换上新的熔丝及继电器，接通开关，再观察有无冷风。

2）若空调工作时，压缩机一直运转，无暂停现象，可能是温控开关失灵。可将温控开关小心卸下，在冰箱冷冻室放置几分钟后取出，用万用表测电阻，用温度计测感温头的温度。若温度回升至3℃左右开关接通，并有轻微“嗒”的响声，说明温控开关正常，否则就需更换。

3）假如热水调节阀未关严，会造成出风不够冷，或中央出风口出冷风，两旁出风口出热风。可调整钢丝绳长度，使水阀能关严。若水阀仍不能关严，则需更换水阀或进行修理。

4）若空调风机只有一档风速，可能是13号继电器损坏或风机电阻有故障。

5）散热风扇在发动机停转后仍长时间运转。由于制冷剂过量，高压大于1.5MPa，导致高压开关接通，使散热风扇长期运转，可放出部分制冷剂。

6）储液干燥器上的易熔塞容易熔化，换上新的不久又出现同样故障，检查散热风扇是否不转或未高速运转，检查F1熔丝是否熔断。检查高压开关是否失灵。

桑塔纳轿车空调电路中，电磁离合器与散热风扇的电源是相互独立的。散热风扇处于长期工作状态，容易损坏，例如风扇电动机线圈短路或轴承咬死等，导致风扇电动机工作电流变大，使S1熔丝熔断，风扇停转，而空调压缩机继续运转，使冷凝器因冷却不良而温度急

剧上升，制冷剂压力也随之异常升高，导致干燥器易熔塞熔化，制冷剂全部泄漏；或导致压缩机气缸垫被冲破。使用和维修时要引起注意。

8.2　汽车空调故障诊断排除实例

8.2.1　空调压缩机电磁离合器易烧坏

（1）故障现象　桑塔纳 LX 型轿车，装用 JV 型发动机，行驶里程为 8 万 km。驾驶员反映，在炎夏行驶途中，空调电磁离合器线圈突然被烧毁。为使该空调及时投入使用，维修时换上一新的电磁离合器线圈。但只行驶了 1500km 左右，电磁离合器线圈又被烧毁。

（2）故障原因　制冷剂加注过量。

（3）故障诊断与排除　空调电磁离合线圈被烧毁，除零件质量问题外，主要是空调系统内的压力过高，带动压缩机运转的阻力过大，超过该电磁线圈的电磁吸力，使离合器主、被动盘产生相对滑移摩擦，导致过热而烧毁。

空调系统压力过高有以下三种原因：

① 停车时发动机怠速运转，且长时间在太阳暴晒下使用空调。

② 当散热风扇出现故障时，还长时间、高强度地使用空调（散热风扇是与空调冷凝器风扇共用的）。

③ 制冷系统中加入的制冷剂过量。

在压缩机开始工作时，注意查看储液干燥器的视液镜，发现视液镜内一点气泡都没有，再将空调高、低压表接入制冷系统中，检查其压力，发现高压侧和低压侧压力均偏高。显然制冷剂加注过量。

将制冷剂从低压侧适量排出后（以高压侧压力 1.2～1.8MPa、低压侧压力 0.15～0.30MPa 为适宜），故障被排除。

为避免此类故障发生，平时在以下三种情况下不应使用空调。

一是制冷剂加入量超过规定时，要及时放出，否则不准使用空调。检查制冷剂多少的方法是：在压缩机开始工作时，看储液器视液镜内有无气泡，如果没有气泡，说明制冷剂太多，适量放出；如果气泡太多，说明制冷剂太少，应适量添加制冷剂。

二是散热风扇发生故障停止运转时，应立即停止使用空调，否则制冷系统将产生超高压，使电磁离合器打滑而烧毁。

三是停车时，发动机怠速运转不良情况下最好不开空调。

8.2.2　打开空调后，发动机易熄火

（1）故障现象　桑塔纳 2000GLS 型轿车，装用 JV 型发动机，行驶里程为 9.5 万 km。驾驶员反映，该车不开空调时怠速运转平稳，开空调后，发动机易熄火。

（2）故障原因　节气门开度真空阀控制线路断路。

（3）故障诊断与排除　化油器式的桑塔纳轿车采用了空调怠速提高装置，在发动机怠速开空调时，该装置能将发动机转速由 800r/min 提高到约 1100r/min，防止发动机熄火。该装置由节气门开度真空阀、电磁阀及真空管等组成，其真空度传递路线是这样的：进气歧管

的真空度至电磁阀，再到真空阀。

拆下空气滤清器，起动发动机，开、关空调开关，观察到节气门开度真空阀不动作，拔下阀上的真空管发现无真空度，再拔下进气歧管上的真空管感觉有真空度，检查证明真空管无泄漏处，说明电磁阀不工作。

电磁阀不工作的原因有：

① 电磁阀损坏。

② 电磁阀无控制电压。

将电磁阀插头拔下，直接从蓄电池引电源线至电磁阀端子，可听到电磁阀动作的声音，说明电磁阀正常，故障在其控制线路上。

用万用表测量至节气门开度真空阀之间的控制线，无12V电压，而此时压缩机离合器吸合，压缩机离合器上有12V电压，说明从节气门开度真空阀至发动机机舱右侧线束这段线路有断路，检查果然发现此段线路中间折断。该车故障是由于节气门开度真空阀控制线路断路引起的。

重新连接后，打开空调开关，发动机怠速转速由800r/min提高到1100r/min，故障排除。

在开空调时，真空阀不工作，节气门开度不能增大，而空调运转需要一定能量，这样原怠速就会降低，引起发动机抖动，甚至熄火。

8.2.3 空调制冷效果不佳，补充制冷剂后不长时间，制冷效果又变差

(1) 故障现象　桑塔纳LX型轿车，装用JV型发动机，行驶里程为11.6万km。驾驶员反映，该车制冷效果变差，用压力表组检查，高、低压压力均低，就补充了制冷剂，制冷效果变好。一天后，制冷效果又变差了。

(2) 故障原因　冷凝器有泄漏处。

(3) 故障诊断与排除　将空调压力表组接在空调系统的高、低压测试口检测，高、低压端压力又降低了，说明制冷系统有泄漏处。

制冷系统泄漏的检查一般有以下几种方法：

① 仪器法。用制冷系统测漏仪检测。

② 观察法。一般情况下泄漏处能将制冷系统的制冷剂漏出，制冷剂沾上灰尘形成油污，用肉眼能判断出。

③ 肥皂沫法。在各管接头或怀疑处涂上肥皂沫，观察肥皂沫的变化，泄漏处会产生气泡。

④ 听音法。将车停在寂静的地方，若系统有泄漏，用耳朵可以听到。

首先用观察法，观察露在外面的制冷系统管路，制冷系统管路装置上有没有油污；用测漏仪检测在冷凝器附近，仪器发出鸣叫声，但找不出具体的部位；将车停在寂静处，用手轻轻摇动冷凝器，听出声音在冷凝器下部。若不拆下冷凝器，看不到泄漏处。

拆下冷凝器，发现其下部中间位置有一处油污，经检查发现，该处泄漏。经检查，车架前部有一铁皮开焊，正好与泄漏处相接触，使冷凝器磨漏。

将铁皮重新焊于车架上，将冷凝器泄漏处焊好，装复，对制冷系统抽真空，充制冷剂后，制冷系统制冷效果一直良好。

8.2.4　空调鼓风机调到高速档、调温杆拨到最冷处，制冷效果仍较差

（1）故障现象　桑塔纳 LX 型轿车，装用 JV 型发动机，行驶里程为 7.7 万 km。驾驶员反映，该车空调系统工作不良，即便把调温杆拨到最冷处、鼓风机调到高速档，制冷效果仍然较差。

（2）故障原因　空调离合器打滑。

（3）故障诊断与排除　掀开发动机室盖，用细铁丝压下制冷剂充注单向阀，有制冷剂向外喷出，隔着手套都能感到特别冰手，感觉制冷系统并不缺少制冷剂。用手摸高、低压管路，结果高压不太热，低压也不太凉，感觉好像制冷剂没有在系统中流动起来。

让驾驶员在车内反复打开、关闭空调，观察离合器动作情况。发现离合器能够吸合、断开，并无异常，发动机也能随着空调的打开而自行提高怠速转速，过渡过程中的轻微抖动也与正常车一样。

由于“制冷系统不缺少制冷剂”这一判断是凭感觉得来的，终归有些不可信，于是接上歧管压力表测试空调系统的高、低压压力，结果符合要求，没有故障。再检查混合风门的位置及开闭情况，混合风门开闭自如，当调温杆拨到最冷处时，混合风门也处在最冷位置，没有异常之处。

由于一时找不到故障原因，便坐在车内查阅资料(此时车辆怠速运转,开着空调)，无意中发现发动机有怠速“游车”现象，发动机转速忽高忽低，且间隔时间比较长。据驾驶员讲，以前该车怠速一直很稳定，从无“游车”现象。

受此启发，下车观察空调压缩机离合器动作情况，发现离合器能吸合，但不能可靠地传递动力，出现离合器打滑现象，导致空调间歇工作，冷风不凉。

经重新打磨空调压缩机离合器的主、被动盘接触面后，装复试车，空调系统恢复正常，故障排除。

桑塔纳轿车压缩机离合器因长时间使用，粉尘容易进入离合器主、被动盘的间隙之间，造成接触面拉伤，使离合器打滑、烧坏，直接影响压缩机的效果。其实多数可修复继续使用。拆下离合器的主、被动盘，有条件的可以在磨床上把烧坏的接触面轻微地磨去，无条件的可以用砂布打磨其接触面，装配后效果很好。因此不需更换新件，以免造成不必要的浪费。

8.2.5　出风口有时有冷气，有时又没有冷气

（1）故障现象　桑塔纳 2000GLi 型轿车，装用 AFE 型发动机，行驶里程为 4 万 km。驾驶员反映，空调出现间歇性制冷现象，开始是出风口有时有冷气，有时没有冷气，时间长了，风口不输送冷气了，第二天开启空调，这个现象又重复发生。

（2）故障原因　制冷系统内有水分。

（3）故障诊断与排除　驾驶室内仪表板上空调开关(A/C)灯未闪亮，说明空调系统电路无故障，而且空调压缩机能够运转。压缩机离合器接合、断开迅速，未观察到有打滑现象，可见是制冷循环系统发生了障碍，应用歧管压力表检测。

用歧管压力表检测，需满足以下条件：

① 发动机预热后并保持转速为 1500r/min。

② 鼓风机开关置于高档。

③ 温度控制杆置于最冷。

④ 出风口杆置于重复循环位置。

读取歧管压力表高、低压力值：低压表显示的数值有时偏低有时正常（低压端正常值为0.15～0.25MPa）；高压表值也是有时正常有时不正常（高压端正常值为1.37～1.57MPa），这表明制冷系统有水分，需进一步检查空调部件验证。

通过储液干燥器视液镜观察，制冷剂为红色，表明湿度呈过饱和状态。检查膨胀阀，其内部结冰（由低压管道上结霜判断）。

更换干燥剂，反复抽真空，排除系统中的水分，加注制冷剂R134a至规定值。试车，故障排除。

8.2.6 空调系统制冷效果差

（1）故障现象　桑塔纳LX型轿车，装用JV型发动机，行驶里程为7万km。驾驶员反映，空调系统制冷效果差。

（2）故障原因　制冷剂加注过多。

（3）故障诊断与排除　发动机运转后，打开空调开关观察储液干燥器视液镜，制冷剂清晰无气泡，但出风口空气不够冷，关掉空调1min后却有气泡慢慢流动，初步诊断为制冷剂过多。

用歧管压力表测量，高、低压端显示的压力值都较额定值高，验证了原注入制冷剂过多的判断。

放出部分制冷剂，使发动机运转，打开空调后从储液干燥器视液镜中看到制冷剂有少量气泡，并且出风口空气是冷的。再用歧管压力表测量高、低压端压力值，均符合要求，表明制冷剂合适。

许多人有这样的认识误区，以为多加注制冷剂有益无害，可增强制冷效果，其实不然。过多的制冷剂会加重压缩机工作负荷，冷凝器不能充分交换热量，反而降低了制冷效果。

8.2.7 打开空调后，感觉制冷效果不佳

（1）故障现象　桑塔纳2000GLi型轿车，装用AFE型发动机，行驶里程为4.5万km。驾驶员反映，打开空调后，感觉制冷效果不佳。

（2）故障原因　因泄漏导致制冷剂缺少。

（3）故障诊断与排除　检查压缩机及离合器，工作正常。发动机运转数分钟后，使发动机怠速运转，打开空调开关，从储液干燥器视液镜可以见到有连续的气泡，但出风口空气不冷，初步诊断是制冷剂缺少。

用空调压力表检测高、低压端显示的压力值均偏低。验证了制冷剂缺乏的判断。制冷剂缺少，多数为制冷系统有泄漏处。

经检查，发现储液干燥器的接头部位有泄漏。更换垫片，按规定力矩拧紧螺母。在真空状态下注入制冷剂R134a，直至空调压力表上压力指到100kPa，然后再进行气体泄漏检测。发动机运转过程中，从视液镜观察制冷剂无过多气泡，而且出风口空气是冷的，表明制冷剂量适当，故障排除。

8.2.8　空调系统制冷效果不佳，且间歇制冷

（1）故障现象　桑塔纳 2000GLi 型轿车，装用 AFE 型发动机，行驶里程为 4.8 万 km。驾驶员反映，制冷效果不佳，并有间歇制冷现象。

（2）故障原因　制冷系统中混有空气。

（3）故障诊断与排除　从储液器视液镜观察，制冷剂在空调运转时有大量气泡。但膨胀阀处无结霜现象，用手触摸低压管道感觉发烫，初步诊断为空调系统中混有空气。

用多用测量表测量，高、低端显示的压力值都较额定值高，验证了制冷系统混入大量空气的判断。对空调系统反复抽真空 10min，注入新的制冷剂，制冷效果良好，故障排除。

制冷系统中混有空气，大都是因为制冷系统打开后，没有抽真空就灌注制冷剂，这样空气便会随之混入制冷系统中。空气混入后，形成的气阻使制冷剂循环受阻。

8.2.9　出风口喷出热风，空调不制冷

（1）故障现象　桑塔纳 2000GLi 型轿车，装用 AFE 型发动机，行驶里程为 4 万 km。驾驶员反映，打开空调开关，出风口喷出热风，空调不制冷。

（2）故障原因　膨胀阀有故障导致制冷剂循环受阻。

（3）故障诊断与排除　经观察，空调压缩机及离合器工作正常。从储液干燥器视液镜观察，制冷剂没有气泡，也无波动迹象，初步诊断为制冷剂循环受阻。

进一步检查，发现在膨胀阀和集液器/干燥管前后的管子上结露，怀疑是膨胀阀有故障导致制冷剂循环受阻。用歧管压力表测量，低压端压力出现真空，高压端压力极低，验证了制冷剂不循环的判断。

将压力表与膨胀阀以及制冷剂罐连接起来，将膨胀阀的感温包浸入水温可调的容器中(如图 8-4 所示)，关闭测量表高、低压端手动阀。打开高压端手动阀，并把高压侧压力调到 0.49MPa。读出低压量表读数的同时，用温度计测量水温，把两个实测值与图中所示的膨胀阀的压力与温度曲线进行比较(若交叉点在阴影区域,说明膨胀阀工作正常)，显然该车膨胀阀已有堵塞迹象，测量值在阴影区外。

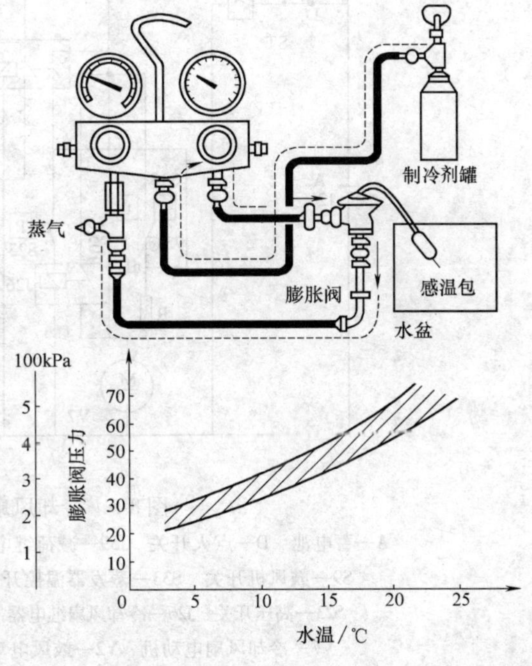

图 8-4　检查膨胀阀

顺时针方向转动膨胀阀上的调整螺栓，减弱弹簧弹力使流量增大，但已调整无效，表明感温包已损坏。

更换膨胀阀，故障排除。

膨胀阀的功用是将储液干燥器来的高压液态制冷剂转化成为低压、低温雾状制冷剂，然后进入蒸发器。它是热能重要转换部件，容易发生阻塞和结冰故障。

8.2.10 打开空调时，冷却风扇不转动，空调制冷效果差

（1）故障现象　桑塔纳 LX 型轿车，装用 JV 型发动机，行驶里程为 9 万 km。驾驶员反映，打开空调时，冷却风扇高、低速均不转动，致使空调制冷效果差。

（2）故障原因　主继电器损坏。

（3）故障诊断与排除　桑塔纳轿车冷却风扇由专用电动机带动，风扇的转速与曲轴转速无关，即使发动机熄火，它仍能转动。

冷却风扇、空调电路原理如图 8-5 所示，当不开空调时，冷却风扇电动机仅受温控开关 S38（装在发动机缸盖出水口处）控制；而当打开空调器时，冷却风扇还受电路中冷却风扇继电器 J26、高压开关 S23、主继电器 J32 以及熔丝 F14、F23 的控制。当高压开关处的压力低于 1.5MPa 时，风扇继电器 J26 的触点断开，冷却风扇低速运转；当高压开关处的压力高于 1.5MPa 时，继电器 J26 触点接通，电阻 R 被短路，冷却风扇高速运转。

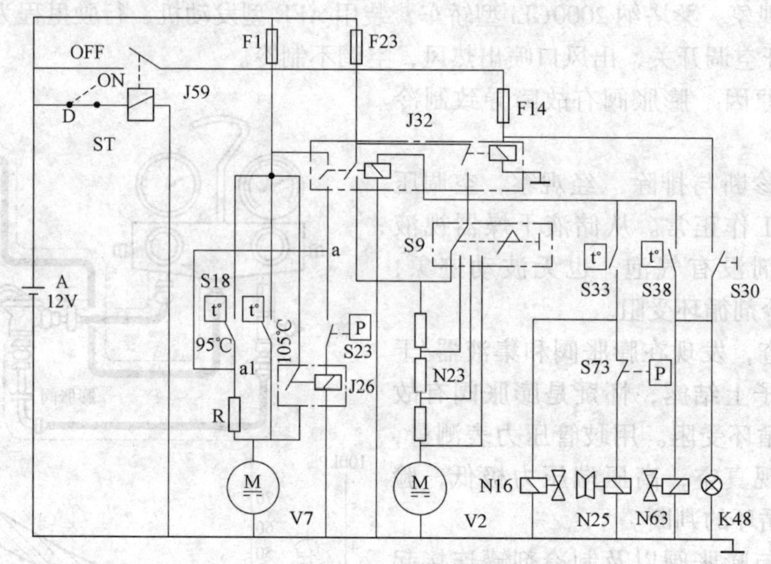

图 8-5　冷却风扇、空调电路原理

A—蓄电池　D—点火开关　J59—减荷继电器　J32—主继电器　F1、F23、F14—熔丝
S9—鼓风机开关　S33—蒸发器温控开关　S38—温度开关　S30—（空调）开关
S23—高压开关　J26—冷却风扇继电器　N23—鼓风机调速电阻　S73—低压开关
V7—冷却风扇电动机　V2—鼓风电动机　N16—怠速提升电磁真空转换阀
N25—电磁离合器　N63—新鲜空气翻板电磁阀
K48—指示灯　S18—温控开关

在不开空调时电动风扇能正常运转，表明冷却液和温控开关均无故障。起动发动机并打开空调开关，用万用表检查电动风扇各连接导线有无断路或短路，再观察插接件插片接触部位有无脏污或烧蚀，结果均为正常。短接高压开关，电动风扇仍不能转动，说明故障与高压开关无关，需要继续查找。

检查熔丝 F14 及 F23、主继电器 J32，发现熔丝 F14 烧断，更换熔丝后电动风扇仍不转

动。接着用万用表检查主继电器 J32，电阻值为 0。（额定电阻值 0.3Ω），表明继电器触点烧蚀不能闭合。更换主继电器，故障排除。

8.2.11　发动机怠速时空调没有冷气输出，需踩下加速踏板提高发动机转速，空调才能正常工作

（1）故障现象　桑塔纳 LX 型轿车，装用 JV 型发动机，行驶里程为 6 万 km。驾驶员反映，发动机怠速时没有冷气输出，需踩下加速踏板提高发动机转速，空调器才能正常工作，输送冷气，这为夏季过路口等绿灯和停车带来不便。

（2）故障原因　化油器怠速控制阀插接线连接错误，导致发动机怠速转速过低。

（3）故障诊断与排除　分析该车的故障现象，当发动机转速越过怠速区域即可正常工作，表明空调器本身无故障。该故障实质是发动机怠速转速≤800r/min 时，动力太小，不足以带动空调系统制冷。用万用表检测空调离合器，无断路或短路故障；再用万用表电阻档检测该电磁离合器线圈，电阻值为 40Ω，也在正常值范围内，说明空调电磁离合器本身无故障。

从空调控制原理分析，我们着重检查了怠速提升装置，踩动加速踏板，怠速提升装置动作灵活，调整装置也无问题。实测转速，发动机怠速转速竟为 600r/min 以下，而发动机正常怠速转速为(850±50)r/min。检查怠速工况下化油器工作部件，真空提前装置(控制阀)无电，而通气补气阀上却有电。通气补气阀只有在高速时，阀门才打开补充进气，以改善高速时燃烧质量，怠速时不应通电工作，而真空控制阀应通电，发挥真空调节点火提前角的作用(怠速时,节气门开度小,真空度大)，显然两个控制阀插接错误。

两个控制阀插接线对调，试车，怠速工况下，空调压缩机运转，输出冷气正常。

事后询问驾驶员得知，该车出故障前曾拆装过化油器，显然是在那时发生了接线错误。两控制阀接线发生错误后，怠速时，补气阀通电开启，额外补充进气，使怠速时混合气变稀，发动机怠速转速低，空调压缩机不能运转，造成无冷气输出。

这时空调压缩机不转的原因，不是离合器电磁力不足(因为电磁力只与线圈“安匝”有关)，而是怠速转速过低，转矩太小，不足以带动压缩机旋转。

8.2.12　空调系统改装后，空调压缩机离合器易烧损

（1）故障现象　桑塔纳 LX 型轿车，装用 JV 型发动机，行驶里程为 7 万 km。驾驶员反映，空调系统改装后，空调压缩机离合器易烧损，制冷效果不佳。

（2）故障原因　空调改装不彻底。

（3）故障诊断与排除　驾驶员反映，原来空调制冷效果很好，自从改装成 R134a 空调后便发生了上述问题。该车是 1995 年车型，当时装用的是 R12 空调器。于是查看压缩机上的铭牌及管道上标注，为 R134a 标记。询问驾驶员，是全套改换了 R134a 空调器，还是部分更换。驾驶员回答，压缩机和冷凝器都未换。显然，这是利用原 R12 压缩机改装成 R134a 空调器。

这辆车因更换制冷剂，除管路、O 形密封圈、干燥器、冷冻机油等必换的部件外，主件压缩机、离合器、冷凝器均保留使用了原件，这样可以节省改装费用。但使用 R134a 制冷剂，负荷和压力较 R12 制冷剂的大，R134a 空调器的离合器较 R12 空调器的有了加强和改

进，冷凝器散热片也较 R12 空调器的长和高。而现在这部车的改装因保留这两个原件，自然不能适应运用 R134a 制冷剂的要求，在长期间使用空调时发生离合器烧损和制冷效果不佳的故障。

该车故障根本的解决办法是，全套换用 R134a 空调器。如果还是沿用现改装部件，只好在使用中避免空调高强度使用和加强维护与保养。

8.2.13 空调系统储液器上的易熔塞更换后又熔化

（1）故障现象　桑塔纳 LX 型轿车，装用 JV 型发动机，行驶里程为 4.7 万 km。驾驶员反映，该车空调系统不制冷，检查系统中无制冷剂，再检查是由于储液干燥器上的易熔塞熔化。更换易熔塞，对制冷系统抽真空、充 R12 后，制冷系统工作正常。但几天后，制冷系统又不制冷了，经检查易熔塞又熔化了。

（2）故障原因　制冷系统高压开关插头氧化损坏。

（3）故障诊断与排除　桑塔纳 LX 型轿车在储液干燥器上装有易熔塞，具有温度保护作用。在 4.23MPa 压力下，温度达到 103～110.5℃时，易熔合金熔化，防止空调系统的其他部件受损害。易熔塞损坏，说明空调系统压力和温度过高。

易熔塞熔化的主要原因有：

① 制冷剂充注量过多，使系统负荷过大。

② 高压管路或储液干燥器堵塞，使系统高压过高。

③ 冷凝器散热不好。

更换易熔塞，将制冷系统抽真空、充制冷剂后，在系统的高、低管路测试接口上接上歧管高、低压压力测试表。高压端的压力在 1.1～1.4MPa 之间，低压端的压力约为 0.15MPa，符合标准。这说明制冷剂充入量合适，高压管路或储液干燥器无堵塞，故障可能是由于冷凝器散热不良造成的。检查冷凝器，无堵塞。当打开空调开关时，散热器风扇开始转动，观察压力表组高压表指针，一直在 1.1～1.4MPa 间变化。当冷却液温度升高后，散热器风扇也能以高速转动。

那么故障在哪里？桑塔纳轿车的风扇工作有以下四个状态：

一是冷却液温度达到 95℃，风扇以低速档工作。

二是冷却液温度达到 105℃，风扇以高速档工作。

三是打开空调开关，系统压力低于 1.5MPa 时，风扇以低速档工作。

四是系统压力高于 1.5MPa 时，风扇以高速档工作。

前三种状态检查，均正常。为了检测第四种状态，当冷却液温度在 95℃以下时，将风扇插头拔下，让风扇不转，系统压力很快达到 1.5MPa 以上，这时插上风扇电动机插头，查看电动机是否以高速档转动。结果风扇仍以低速档转动，这说明当制冷系统压力升高时，风扇高速档不能工作。

风扇高速档除受冷却液温度开关控制外，还受制冷系统高压开关控制。检查高压开关正常，再检查高压开关插头已氧化。

将插头处理后，制冷系统压力升高，风扇能以高速档工作，储液干燥器上的易熔塞再也没熔化过，故障排除。

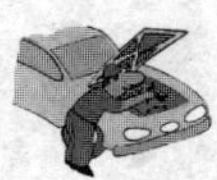

8.2.14　前排乘员侧地板易积水

(1) 故障现象　桑塔纳 LX 型轿车，装用 JV 型发动机，行驶里程为 4.9 万 km。驾驶员反映，该车前排乘员侧的地板上，夏天经常积许多水，用布擦干净后，一会儿又积许多。

(2) 故障原因　蒸发器外壳下方的排水小孔堵塞。

(3) 故障诊断与排除　造成前排乘员侧的地板上积水可能的主要原因是：暖风水箱管漏水或冷空调热交换时产生的水分，考虑到现在用冷空调，用手摸一下积水的温度，感觉很凉，可以断定是空调产生的水。

空调系统的蒸发器位于前排乘员侧，蒸发器是空调制冷系统的一个热交换装置，其内部流动的是制冷剂，它的作用是带走车内的热量，使车内降温。当蒸发器和车内热空气进行热交换时，热空气中的水分凝结在蒸发器上，成为水滴。因此在蒸发器外壳下方装有排水小孔，以保证蒸发器上的水分能排到车外去。

桑塔纳轿车的排水管正对蒸发器的下部，即车的右前底部。用高压空气对准排气口吹几下，将排水管吹通，蒸发器上的水就排到车外了。

桑塔纳轿车的排水管易堵塞，所以在每年使用空调前，首先要将排水管吹通。地板被水弄湿后，要及时吸干，否则地板上的皮革、地毯易腐烂，甚至产生臭味。

8.2.15　刮水器有时不工作，空调冷风时有时无

(1) 故障现象　桑塔纳 LX 型轿车，装用 JV 型发动机，行驶里程为 4.8 万 km。驾驶员反映，该车运行过程中，空调冷风时有时无，并且在使用刮水器系统时，刮水器系统有时工作不正常。

(2) 故障原因　中央电器盒上的减荷继电器线头焊接不牢，造成电路时断时通。

(3) 故障诊断与排除

首先试车，发现故障现象如驾驶员所述，开空调时有时车内很凉，鼓风机高、低档都有；而当车辆因路面不平而颠簸时，鼓风机会突然停止转动，怎么拨动鼓风机开关也无济于事；而当车辆再颠簸时，鼓风机又会自行工作，一切又恢复正常。当空调鼓风机突然停止转动时，有意识地使用刮水器系统，发现其不工作；而当空调鼓风机正常工作时试验刮水器系统，此时刮水器系统又能正常工作。

针对故障现象，首先检查所有熔丝和继电器，未发现有熔断和接触不良现象。仔细检查鼓风机、鼓风机开关、洗涤器和间歇刮水器继电器、刮水器电动机、间歇刮水器开关，也没发现有异常。

考虑到两个系统同时出现故障的可能性比较小，于是判断为两者的公共电源部分出了问题。查阅桑塔纳轿车电路原理图，公共电源是来自于中央电器盒上的减荷继电器(J59)。拔下该继电器，打开盖后，用镊子拨动各个线头，发现继电器线圈的一端即 1/85 脚的线头虚焊。

因该线头焊接不牢，造成减荷继电器触点时通时断，从而影响了空调和刮水器系统的正常工作。先前也检查过这个继电器，由于不太仔细，未能发现线头焊接不牢这一故障。

焊好继电器线头，重新插回车上试车，故障排除。

8.2.16　使用空调时，蒸发器上结一层白霜

（1）故障现象　桑塔纳2000GLi型轿车，装用AFE型发动机，行驶里程为6万km。驾驶员反映，使用空调时，发现空调蒸发器结霜的故障，影响空调效果。

（2）故障原因　驾驶员对空调系统操作不当。

（3）故障诊断与排除　正常情况下蒸发器是不应该结霜的，所以需要及时排除。空调蒸发器结霜的原因很多，但主要原因可能有：

① 驾驶员操作不当。

② 热风漏入驾驶室内。在炎热的夏季，热风漏入轿车室内会使轿车室内热负荷增加。通过蒸发器的空气流量会因热风漏入而降低，引起制冷能力不足及蒸发器结霜。

③ 驾驶室内热负荷增加。一般是通过门窗及仪表板等部位导入轿车室内的热量增加，将引起压缩机开停比减小。

④ 制冷能力下降。引起制冷能力下降的原因也很多，诸如制冷剂缺少，膨胀阀堵塞，蒸发器回路内存在堵塞，蒸发器风量减少等。

⑤ 温控开关误动作，温度控制器停机温度通常设定为最冷档-2～-3℃。如果温度低于上述设定范围仍不停机，则温控开关发生故障。

热风漏入驾驶室内，通常是由于引入新鲜空气风门拉索松弛、新鲜空气风门控制杆操作不当、风门或风门组件变形引起的。于是对这部分机构进行检查和重新调整，未发现异常现象；接着对制冷剂量进行观察，从观察窗观看，制冷剂量充足；随后对膨胀阀、蒸发器回路均进行了检查，也未发现有异常现象。

蒸发器结霜发生在操作不当的比例较大，也就是说，当轿车加速或空调风量转至低档时，空调系统蒸发器温度降到0℃。如果轿车室内温度设定在25℃，车速为80km/h，即使空调风量开高档，蒸发器温度也会降到0℃以下。当蒸发器降到0℃以下时，蒸发器上就会结霜，这项任务是由温控开关来完成的。在控制温度时很多驾驶员喜欢将风量开关从高转到低，而将温控开关置于强冷档，这样很容易引起结霜。

经询问，驾驶员的操作与上述情况相符，说明该车故障是由于操作不当引起的，而不是机械和电气故障。除操作不当引起结霜外，温控开关感温包接触不良或脱落也会引起结霜。

8.2.17　更换膨胀阀后，空调制冷效果差

（1）故障现象　桑塔纳200GLi型轿车，装用AFE型发动机，行驶里程为10万km。在一次空调故障检修中，发现膨胀阀损坏，采购员就买来一只热力膨胀阀装上。经过使用，发现空调不正常，即冷气严重不足，制冷效果差。

（2）故障原因　更换的膨胀阀不匹配。

（3）故障诊断与排除　空调出现冷气严重不足的原因很多，其中主要原因可能有：

① 压缩机吸气压力过高，放气压力过低。

② 压缩机吸气和放气压力都异常低。

③ 制冷剂严重不足。

④ 膨胀阀有故障或不匹配。

⑤ 冷却系统高压开关有故障。

⑥ 温控开关失灵。

根据分析，需要逐个检查。桑塔纳 2000GLi 型轿车空调热力膨胀阀比普通桑塔纳轿车有所改动，由于制冷剂由 R12 改用 R134a，它们的热力学特性不同，因此热力膨胀阀的技术参数及结构材料也相应作了更改。具体改动项目如下：

① 开阀压力设定值不同。

② 内部材料有更改，由弹簧钢改用不锈钢。

③ 进出液接头尺寸有改动，螺纹由英制改为米制。

④ O 形密封圈材质有改动。

⑤ 节流装置已由原 F 型热力膨胀阀改为 H 型外平衡式热力膨胀阀，使蒸发器中的温度控制与整个系统匹配得更好。

检查换上的热力膨胀阀是否为 H 型外平衡式热力膨胀阀，打开发动机室盖进行检查，发现换上的热力膨胀阀是 F 型热力膨胀阀，问题可能就出在这里。

买来一只 H 型外平衡式热力膨胀阀换上，经过几天的使用试验，空调恢复原来的正常状态，故障排除。

8.2.18　打开空调开关，空调压缩机不工作

(1) 故障现象　桑塔纳 200GLi 型轿车，装用 AFE 型发动机，行驶里程为 11 万 km。该车打开空调开关后，从风口吹出热风，检查发现空调压缩机不工作。

(2) 故障原因　储液干燥器上的压力开关有故障。

(3) 故障诊断与排除　根据故障现象，做如下检查：

① 将空调系统检查用支管压力表组接在空调管路的高、低压接口上，在压缩机不工作时，观察压力表指示约 400 ~ 500kPa，正常。

② 拔下压缩机上电磁离合器的插接头，测量电磁离合器线圈的电阻值为(3.7 ± 0.2)Ω，正常。

③ 当点火开关在“ON”位置时，打开空调开关，测量至电磁离合器插接头端子上无电压。

④ 从蓄电池正极直接接电至电磁离合器线圈，电磁离合器迅速吸合，说明电磁离合器无故障。

压缩机电磁离合器的工作电流是从储液干燥器的压力开关上送来的。压力开关的插座上共有 4 个端子，其中 2 个是低压开关端子。检查一个端子，当点火开关在 ON 位置，空调开关打开时有 12V 电压；另一个是至压缩机电磁离合器的，用万用表测量储液干燥器上的低压开关端子，电阻值为∞，说明此时开关处于断开状态。压力开关上有一标签上写着：HP OFF 3.14MPa；MP ON 1.77MPa；LP OFF 0.196MPa。标签上表明当系统压力低于 0.196MPa 时，低压开关断开。而此时压力表上的指针在 0.4 ~ 0.5MPa 之间，低压压力应闭合。用万用表检查低压开关断路，说明压力开关损坏了。

更换储液干燥器上的压力开关，故障排除。

8.2.19　使用空调时，仪表板中间风口吹冷风，两侧风口吹热风

(1) 故障现象　桑塔纳 LX 型轿车，装用 JV 型发动机，行驶里程为 5.7 万 km。驾驶员

反映，在使用空调时，仪表板中间风口吹冷风，两侧风口吹热风，制冷效果不好。

（2）故障原因　热水开关在关闭位置时有泄漏。

（3）故障诊断与排除　检查空调开关及控制开关，位置正确；检查制冷系统高、低压力正常，制冷剂充足。

从结构上分析，仪表板两侧出风口的管道途经加热器，如果加热器的热水开关失效，就会产生上述故障。检查加热器热水开关，此开关已关闭，但水管还呈热态。

拆下热水开关检查，发现它在关闭位置时尚有泄漏。

换一热水开关后，故障排除，空调制冷效果改善。

8.2.20　蒸发器内的冷凝水排出不通畅，经常溢到驾驶室内

（1）故障现象　桑塔纳 LX 型轿车，装用 JV 型发动机，行驶里程为 6.6 万 km。驾驶员反映，在使用空调时，制冷正常。但蒸发器内的冷凝水排出不通畅，经常溢到驾驶室内。

（2）故障原因　蒸发器的泄水阀堵塞。

（3）故障诊断与排除　这种故障产生的原因，一般是蒸发器的泄水阀堵塞造成的。桑塔纳轿车进风口处的滤网易脱落。一旦脱落，树叶或其他杂物进入风道，滞留在蒸发器的底部便会使泄水口堵塞。由于桑塔纳轿车的蒸发器是碟式结构，所以冷凝水积到一定高度溢到驾驶室内了。

把进风口拆除，从上部把蒸发器内的杂物清除干净，使泄水口畅通无阻后，把进气口的滤网固定好，试车，故障排除。

本章小结

1. 空调系统的常见故障分为电气故障和制冷系统故障两类，对于独立式空调机组，还有机械故障。常见的故障现象是压缩机、离合器故障和制冷量不足。
2. 利用歧管压力计、手摸管路、观察视液玻璃等方法综合检查，可比较正确地判断制冷剂在系统中的工作状况。

复习思考题

1. 汽车空调常见故障的判断方法有哪些？
2. 系统中有水分的故障现象是什么？如何判断和排除？
3. 空调制冷效果差的故障如何分析与排除？

实训项目七　空调系统不制冷的故障诊断

一、实训目标

熟悉空调系统不制冷的故障现象。

掌握不制冷故障的原因。

掌握不制冷的检查和排除方法。

二、仪器和设备

实验用轿车若干辆或完整的空调系统示教台若干台、拆装工具若干套、空调压力表组若干组、风扇若干台、万用表若干个、检漏仪若干台、抽空机若干台、冷冻机油若干瓶、制冷剂若干瓶。

三、操作过程

1. 检查故障现象

起动发动机并稳定转速在1500r/min左右运行2min，打开空调开关及鼓风机开关，冷气口无冷风吹出，即制冷系统不能产生冷空气，失去制冷作用。

2. 分析故障原因

1）传动带太松或带断裂。

2）压缩机不工作，传动带在带轮上打滑，或者离合器接合后带轮不转。

3）压缩机阀门不工作，在发动机不同转速下，高、低压表读数仅有轻微变动。

4）膨胀阀不能关闭，低压表读数太高，蒸发器流出液体制冷剂。

5）熔断器熔断，接线脱开或断线，开关或鼓风机的电动机不工作。

6）制冷剂管道破裂或泄漏，高、低压表读数为零。

7）储液干燥器或膨胀阀中的细网堵死，软管或管道堵死，通常在限制点起霜。

3. 故障诊断

空调系统不制冷分风机不工作和风机工作正常两方面，而风机工作正常，又可能有压缩机工作和压缩机不工作两种现象。

空调系统不制冷的故障诊断流程图，如图8-6所示。

如图8-7所示为三菱帕杰罗吉普车送出空气但不制冷故障诊断流程图。

4. 故障排除方法

1）拉紧或更换传动带。

2）拆下压缩机，修理或更换。

3）修理或更换压缩机阀门。

4）更换膨胀阀。

5）更换熔断器、导线，修理开关或鼓风机的电动机。

6）换管道，进行系统检漏，修理或更换储液干燥器。

7）修理或更换储液干燥器。

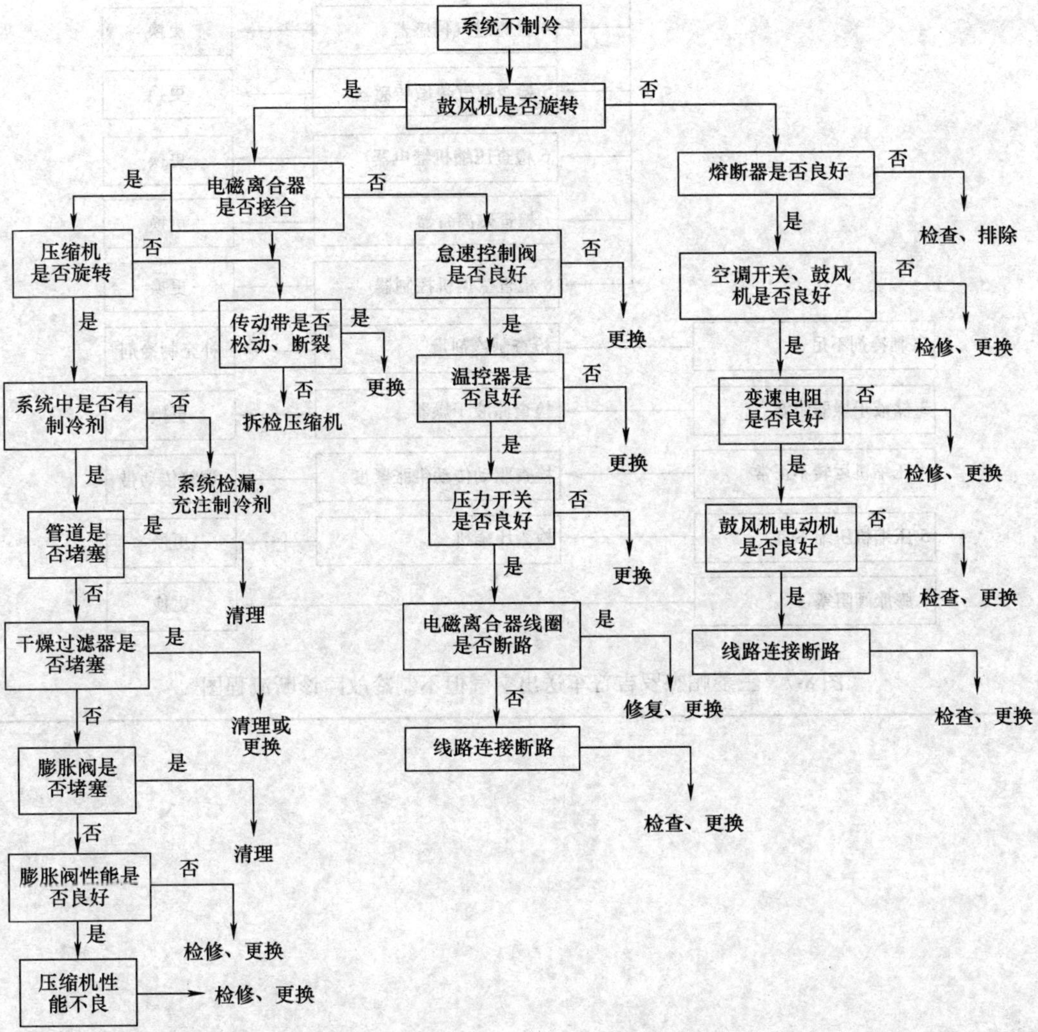

系统不制冷

鼓风机是否旋转

是

否

熔断器是否良好

否

检查、排除

是

空调开关、鼓风机是否良好

否

检修、更换

是

变速电阻是否良好

否

检修、更换

是

鼓风机电动机是否良好

否

检查、更换

是

线路连接断路

检查、更换

电磁离合器是否接合

是

压缩机是否旋转

否

传动带是否松动、断裂

是

更换

否

拆检压缩机

是

系统中是否有制冷剂

否

系统检漏，充注制冷剂

是

管道是否堵塞

是

清理

否

干燥过滤器是否堵塞

是

清理或更换

否

膨胀阀是否堵塞

是

清理

否

膨胀阀性能是否良好

否

检修、更换

是

压缩机性能不良

检修、更换

否

怠速控制阀是否良好

否

更换

是

温控器是否良好

否

更换

是

压力开关是否良好

否

更换

是

电磁离合器线圈是否断路

是

修复、更换

否

线路连接断路

检查、更换

图 8-6　空调系统不制冷的故障诊断流程图

故障	检查	处理
1. 电磁离合器没有转换到合上的位置	1. 检查熔丝（10A）	更换
	2. 检查空调机开关	更换
	3. 检查双重压力开关	更换
	4. 检查进气传感器	更换
	5. 检查空气热敏传感器	更换
	6. 检查压缩机继电器	更换
	7. 检查磁离合器	更换
	8. 检查空调机控制器	更换
2. 制冷剂不足	检查制冷剂量	补充制冷剂
3. 储液干燥器阻塞	检查储液干燥器	更换
4. 压缩机运转不正常	检查驱动传动带张紧度	调整传动带
5. 压缩机压缩不良	检查压缩机	更换
6. 膨胀阀阻塞		更换

图 8-7　三菱帕杰罗吉普车送出空气但不制冷故障诊断流程图

实训项目八　空调系统制冷不足的故障诊断

一、实训目标

熟悉空调系统制冷不足的故障现象。

掌握制冷不足的故障原因。

掌握制冷不足的检查排除方法。

二、仪器和设备

实验用轿车若干辆或完整的空调系统示教台若干台、拆装工具若干套、空调压力表组若干组、风扇若干台、万用表若干个、检漏仪若干台、抽空机若干台、冷冻机油若干瓶、制冷剂若干瓶。

三、操作过程

1. 检查故障现象

空调系统长时间运行，车厢内温度能够下降，但吹风口吹出的风不冷，没有清凉舒适的感觉。制冷量不足。

2. 分析故障原因

当外界温度为 34℃左右，出风口温度为 0 ~ 5℃时，车厢内温度应达到 20 ~ 25℃。若达不到此温度，则说明空调系统有问题。凡是引起膨胀阀出口制冷剂流下降的一切因素，均可以导致系统制冷不足。此外，系统高、低压侧压力、温度超过或低于标准值也会引起制冷不足。所以，引起制冷不足的主要是制冷剂、冷冻机油和机械方面的原因。

1）压缩机离合器打滑。

2）出风通道空气不足。

3）鼓风机的电动机运转不顺畅。

4）外面空气管道开着。

5）冷凝器周围的空气流通不够，高压表读数过高。

6）蒸发器被灰尘等异物堵住。

7）蒸发器控制阀损坏或调节不当，低压表读数太高。

8）制冷剂不足，观察玻璃处有气泡，高压表读数太低。

9）膨胀阀工作不正常，高、低压表读数过高或过低。

10）储液干燥器细网堵住，高、低压表读数比正常高或低。

11）系统有水气，高压侧压力过高。

12）系统有空气，高压表值过高，观察玻璃处有气泡或呈云雾状。

13）辅助阀定位不对。

3. 故障诊断

系统制冷不足的故障诊断流程图如图 8-8 所示。如图 8-9 所示为三菱帕杰罗吉普车制冷不足故障诊断流程图。

4. 故障排除方法

1）拆下离合器总成，修理或更换。

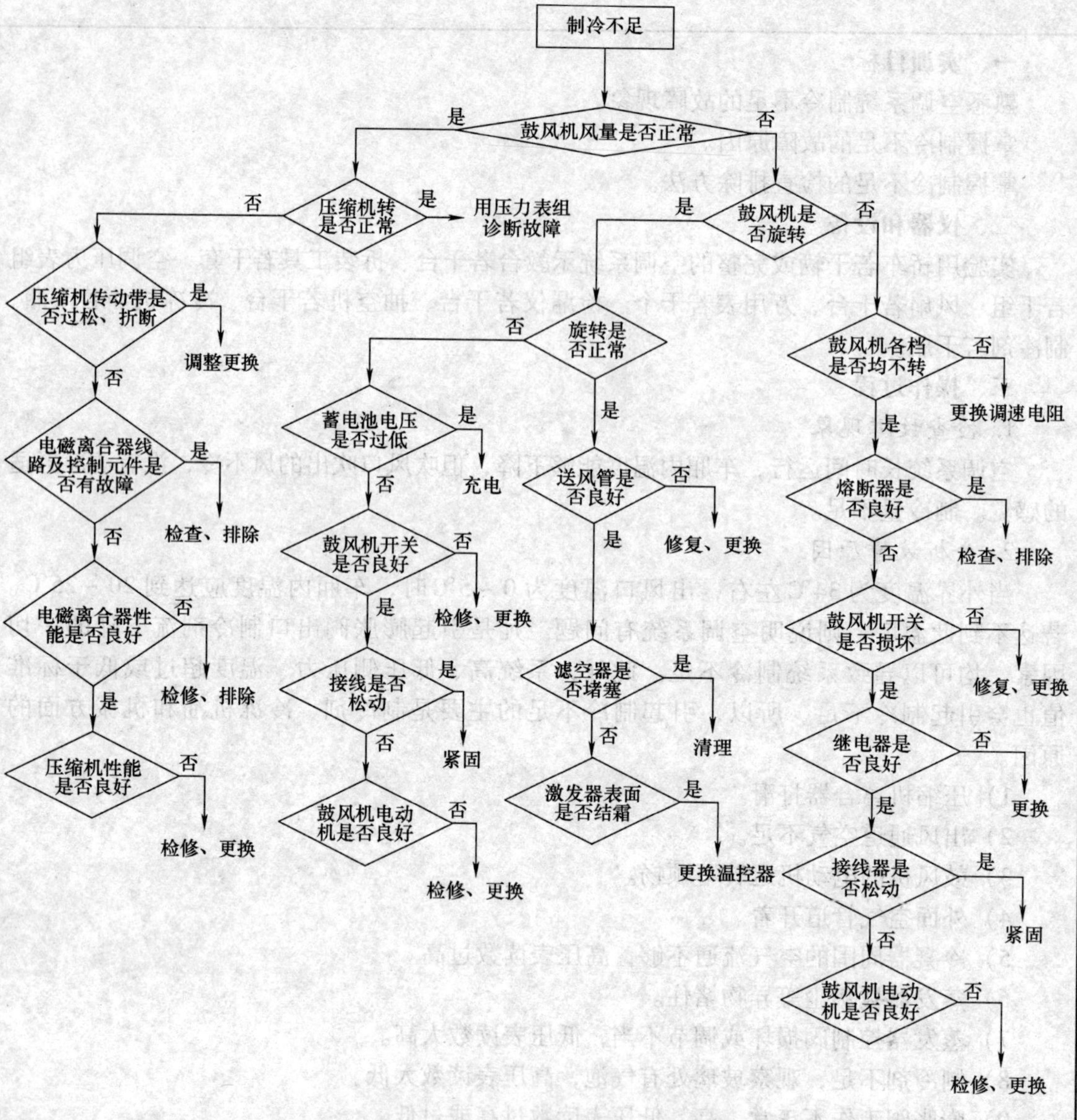

- 制冷不足
- 鼓风机风量是否正常
  - 是 → 压缩机转是否正常
    - 是 → 用压力表组诊断故障
    - 否 → 压缩机传动带是否过松、折断
      - 是 → 调整更换
      - 否 → 电磁离合器线路及控制元件是否有故障
        - 是 → 检查、排除
        - 否 → 电磁离合器性能是否良好
          - 否 → 检修、排除
          - 是 → 压缩机性能是否良好
            - 否 → 检修、更换
  - 否 → 鼓风机是否旋转
    - 是 → 旋转是否正常
      - 否 → 蓄电池电压是否过低
        - 是 → 充电
        - 否 → 鼓风机开关是否良好
          - 否 → 检修、更换
          - 是 → 接线是否松动
            - 是 → 紧固
            - 否 → 鼓风机电动机是否良好
              - 否 → 检修、更换
      - 是 → 送风管是否良好
        - 否 → 修复、更换
        - 是 → 滤空器是否堵塞
          - 是 → 清理
          - 否 → 激发器表面是否结霜
            - 是 → 更换温控器
    - 否 → 鼓风机各档是否均不转
      - 否 → 更换调速电阻
      - 是 → 熔断器是否良好
        - 是 → 检查、排除
        - 否 → 鼓风机开关是否损坏
          - 否 → 修复、更换
          - 是 → 继电器是否良好
            - 否 → 更换
            - 是 → 接线器是否松动
              - 是 → 紧固
              - 否 → 鼓风机电动机是否良好
                - 否 → 检修、更换

图 8-8 系统制冷不足的故障诊断流程图

2）清洗或更换空气滤清器，清除通道中的阻碍物，排顺绕住的空气管。

3）更换电动机。

4）关闭通道。

5）清洁发动机散热器和冷凝器，安装强力风扇、风扇挡板，或重新摆好散热器和冷凝器的位置。

6）清洗蒸发器管道和散热片。

7）按需要更换或调节阀门。

8）向系统充液，直至气泡消失，压力读数稳定为止。

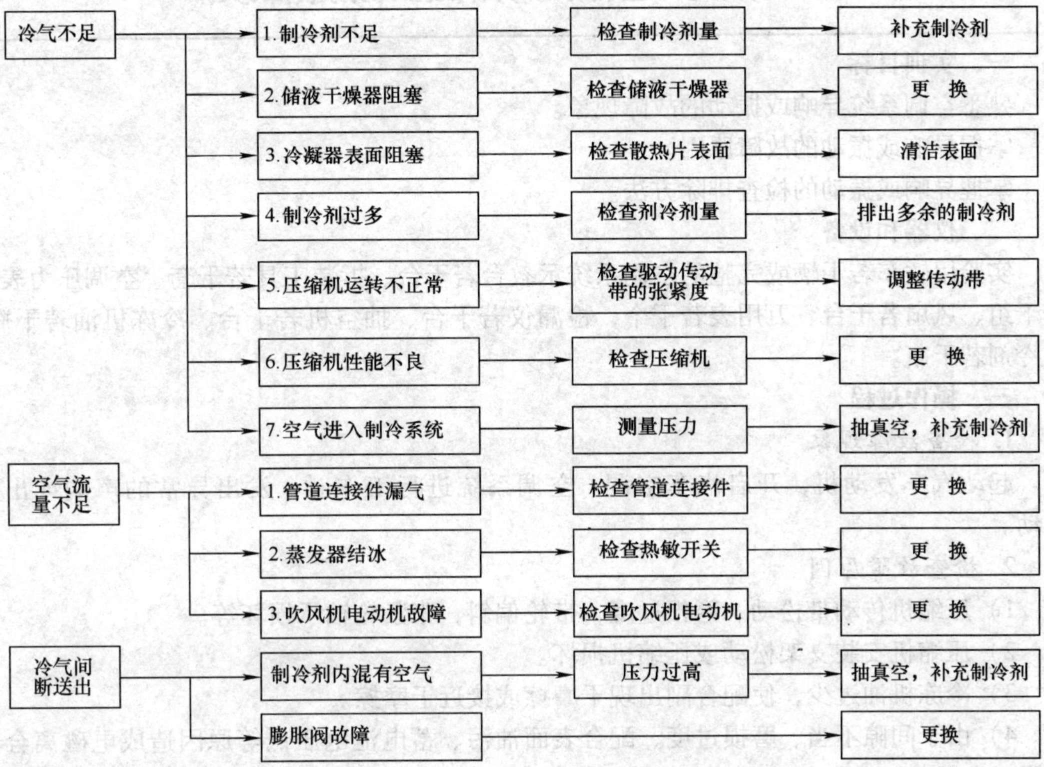

故障现象	故障原因	检查	处理
冷气不足	1. 制冷剂不足	检查制冷剂量	补充制冷剂
	2. 储液干燥器阻塞	检查储液干燥器	更　换
	3. 冷凝器表面阻塞	检查散热片表面	清洁表面
	4. 制冷剂过多	检查剂冷剂量	排出多余的制冷剂
	5. 压缩机运转不正常	检查驱动传动带的张紧度	调整传动带
	6. 压缩机性能不良	检查压缩机	更　换
	7. 空气进入制冷系统	测量压力	抽真空，补充制冷剂
空气流量不足	1. 管道连接件漏气	检查管道连接件	更　换
	2. 蒸发器结冰	检查热敏开关	更　换
	3. 吹风机电动机故障	检查吹风机电动机	更　换
冷气间断送出	制冷剂内混有空气	压力过高	抽真空，补充制冷剂
	膨胀阀故障		更换

图 8-9　三菱帕杰罗吉普车制冷不足故障诊断流程图

实训项目九　空调系统异响或振动的故障诊断

一、实训目标

熟悉空调系统异响或振动的故障现象。

掌握异响或振动的故障原因。

掌握异响或振动的检查排除方法。

二、仪器和设备

实验用轿车若干辆或完整的空调系统示教台若干台、拆装工具若干套、空调压力表组若干组、风扇若干台、万用表若干个、检漏仪若干台、抽空机若干台、冷冻机油若干瓶、制冷剂若干瓶。

三、操作过程

1. 检查故障现象

起动汽车发动机，开启汽车空调。空调系统进行工作时，发出异常的声响或出现振动。

2. 检查故障原因

1）压缩机传动带松动、磨损过度，带轮偏斜，张紧轮轴承损坏等。

2）压缩机安装支架松动或压缩机损坏。

3）冷冻机油过少，使配合副出现干摩擦或接近干摩擦。

4）由于间隙不当、磨损过度、配合表面油污、蓄电池电压低等原因造成电磁离合器打滑。

5）电磁离合器轴承损坏，线圈安装不当。

6）鼓风机电动机磨损过度或损坏。

7）系统制冷剂过多，工作时产生噪声。

3. 故障诊断

空调系统异响或振动的故障诊断流程图如图 8-10 所示。

4. 故障排除方法

1）压缩机传动带松动、带轮偏斜，应调整张紧，磨损过度应更换，轴承损坏应换新。

2）压缩机安装支架松动应紧固，压缩机损坏应检修或换新。

3）冷冻机油过少，应排空后，添加冷冻机油，重新抽真空，充注制冷剂。

4）电磁离合器打滑时，间隙不当应调整、磨损过度应更换、油污应清洁、蓄电池电压低应充电。

5）电磁离合器轴承损坏应更换，线圈安装不当应调整。

6）鼓风机电动机磨损过度或损坏应更换。

7）系统制冷剂过多，工作时产生噪声，应放出适当制冷剂。

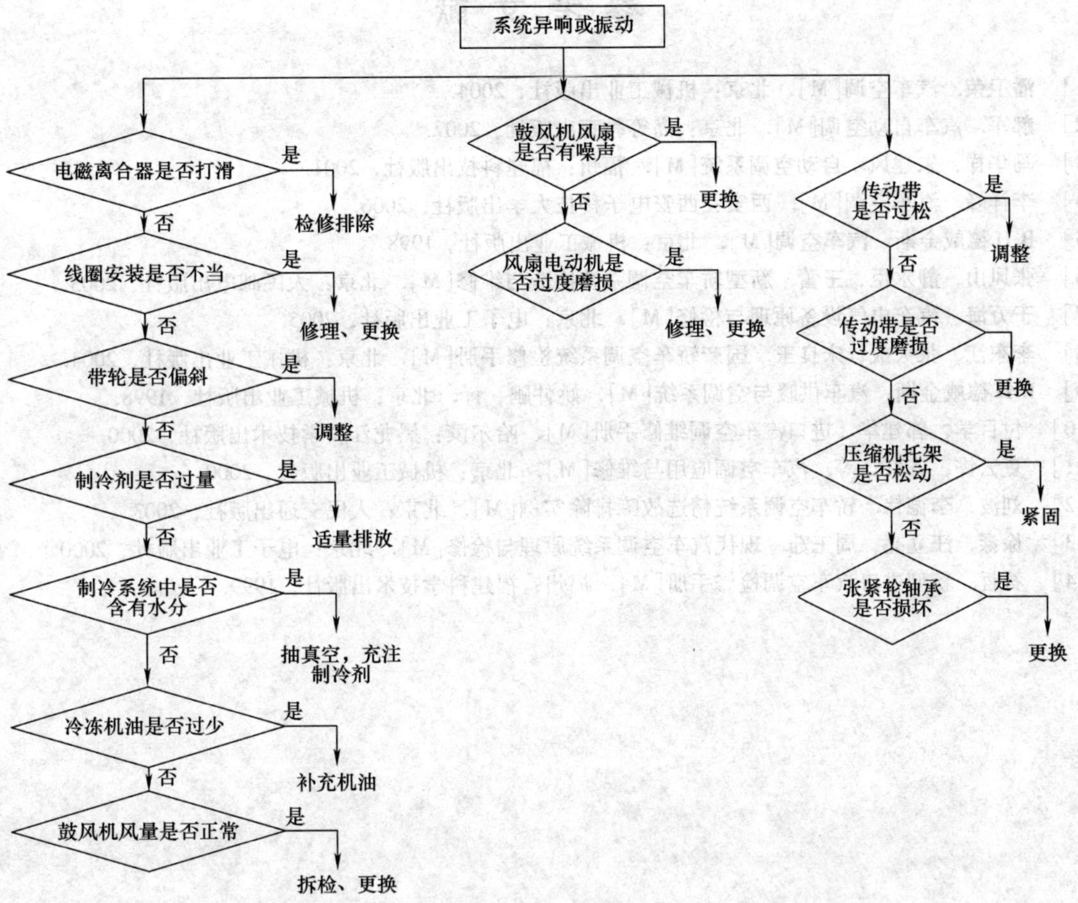

系统异响或振动

- 电磁离合器是否打滑 —是→ 检修排除
  - 否 → 线圈安装是否不当 —是→ 修理、更换
  - 否 → 带轮是否偏斜 —是→ 调整
  - 否 → 制冷剂是否过量 —是→ 适量排放
  - 否 → 制冷系统中是否含有水分 —是→ 抽真空，充注制冷剂
  - 否 → 冷冻机油是否过少 —是→ 补充机油
  - 否 → 鼓风机风量是否正常 —是→ 拆检、更换
- 鼓风机风扇是否有噪声 —是→ 更换
  - 否 → 风扇电动机是否过度磨损 —是→ 修理、更换
- 传动带是否过松 —是→ 调整
  - 否 → 传动带是否过度磨损 —是→ 更换
  - 否 → 压缩机托架是否松动 —是→ 紧固
  - 否 → 张紧轮轴承是否损坏 —是→ 更换

图 8-10　空调系统异响或振动的故障诊断流程图

参 考 文 献

[1] 潘卫荣. 汽车空调[M]. 北京：机械工业出版社，2004.
[2] 郝军. 汽车自动空调[M]. 北京：高等教育出版社，2007.
[3] 马华祥，朱建风. 自动空调系统[M]. 福州：福建科技出版社，2001.
[4] 李祥峰. 汽车空调[M]. 西安：西安电子科技大学出版社，2006.
[5] B H 德威金斯. 汽车空调[M]. 北京：机械工业出版社，1998.
[6] 张风山，静永臣，王蕾. 新型轿车空调系统构造与维修[M]. 北京：人民邮电出版社，2005.
[7] 于万海. 汽车电气设备原理与检修[M]. 北京：电子工业出版社，2005.
[8] 李东江，张大成，宋良玉. 国产轿车空调系统检修手册[M]. 北京：机械工业出版社，2004.
[9] B H 德威金斯. 汽车供暖与空调系统[M]. 姚仲鹏，译. 北京：机械工业出版社，1998.
[10] 付百学，郭建华. 进口汽车空调维修手册[M]. 哈尔滨：黑龙江科学技术出版社，2000.
[11] 夏云铧，齐红，等. 汽车空调应用与维修[M]. 北京：机械工业出版社，2000.
[12] 刘波，李德伟. 轿车空调系统精选故障排除实例[M]. 北京：人民交通出版社，2003.
[13] 徐淼，汪立亮，周玉茹. 现代汽车空调系统原理与检修[M]. 北京：电子工业出版社，2000.
[14] 石哲. 新型进口汽车空调检修手册[M]. 福州：福建科学技术出版社，1999.